すらすら図解

新 IFRSのしくみ

あずさ監査法人　IFRSアドバイザリー室【編】

オフバランスからオンバランスへ

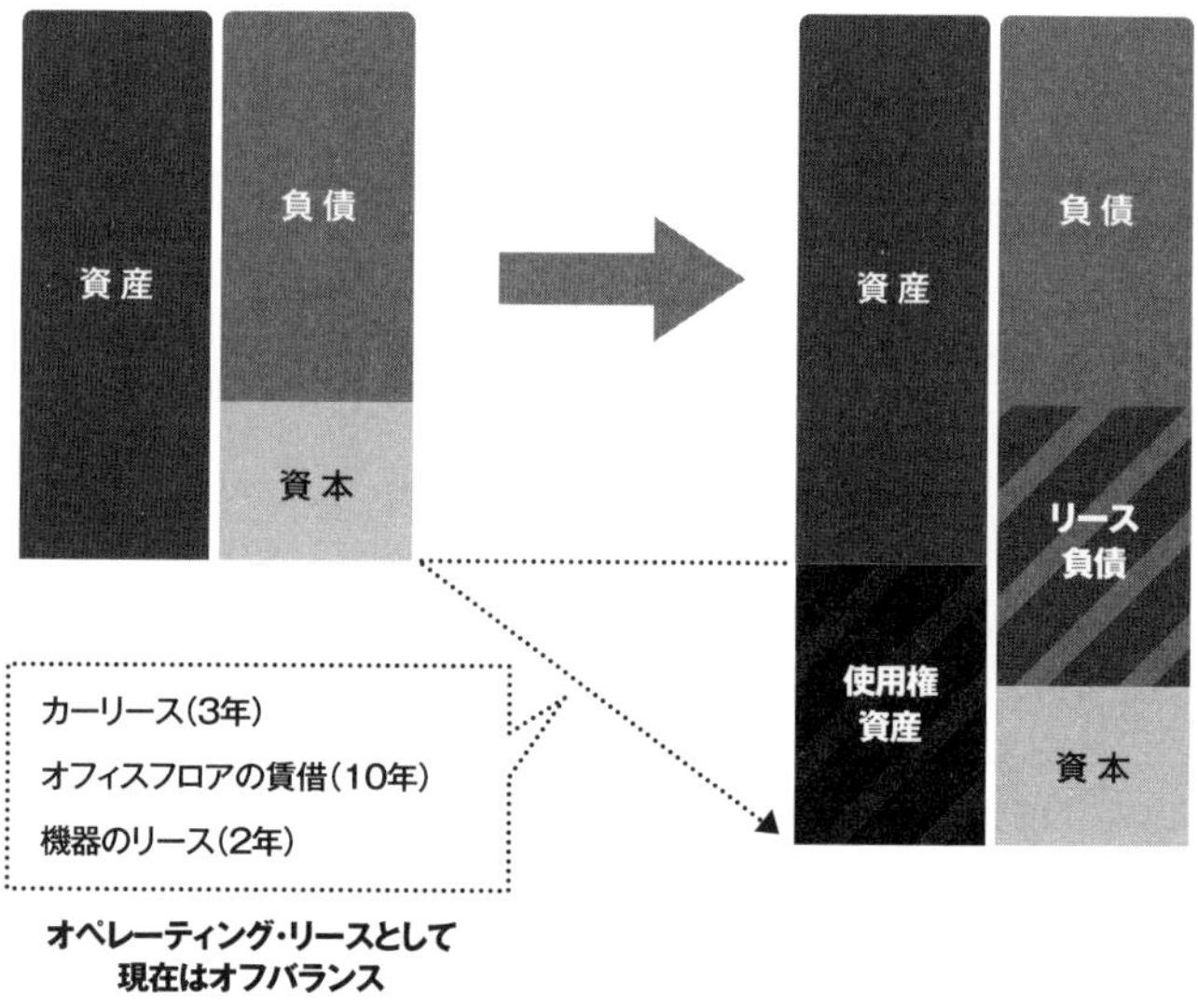

中央経済社

はじめに

２００５年にＥＵ各国の上場企業の連結財務諸表にＩＦＲＳが強制適用されることになって以降、世界の多くの国で、何らかの形でＩＦＲＳが採用されるようになり、ＩＦＲＳはあっという間にグローバルスタンダードの地位を確立した感があります。

ＩＦＲＳについては、２００５年以降も主要な基準の開発・改訂プロジェクトが進められていましたが、２０１４年のＩＦＲＳ第９号「金融商品（２０１４年版）」およびＩＦＲＳ第15号「顧客との契約から生じる収益」、２０１６年のＩＦＲＳ第16号「リース」の公表を経て、企業の会計処理に重要な影響を及ぼす基準が整備されたと考えられます。

わが国の動きを振り返ってみると、２００７年８月に、ＡＳＢＪ（企業会計基準委員会）がＩＡＳＢ（国際会計基準審議会）との間で東京合意を締結し、ＩＦＲＳと日本基準との主な差異を解消して両者を共通化（コンバージェンス）する作業が始まりました。さらに、２０１０年３月期以降は、わが国においても、一定の適格要件を満たす上場企業の連結財務諸表に指定国際会計基準を任意適用することが認められています。また、２０１３年10月には、金融庁によりIFRSの任意適用要件が大幅に緩和され、わが国においてＩＦＲＳを任意適用する企業数は、着実に増加傾向にあります。

現在のわが国を取り巻くＩＦＲＳの動向、およびすでに世界の多くの国でＩＦＲＳが実際に採用されていることを考えると、ＩＦＲＳの基本的な考え方を理解しておくことは、経理担当者や財務諸表の利用者だけでなく、企業の経営者や経理以外の担当者にとっても、非常に重要であると考えられます。

本書は、このような点を背景として、ＩＦＲＳの特徴的な考え方や日本基準との主な違い、実務で影響が大きいと思われる箇所をピックアップしています。見開き２ページで完結しているため、気になる項目から気軽に読み進めていただくことができます。執筆にあたっては、文章だけでなく、視覚的にご理解いただけるように左ページを図表として、その項の特徴をまとめています。また会計基準を理解するうえで重要と思われる、基本となる考え方や背景についても本文やコラムにて紹介しています。

本書は、あずさ監査法人でＩＦＲＳの実務に携わっている、辻野幸子、長谷川義晃、間瀬友未、小林康孝、北井昭太郎が共同で執筆しました。多くの論点がある中、それぞれ、日々の業務で特に重要と感じるところを、わかりやすく伝えられるように議論を重ねたうえで執筆しています。本書が入門書として少しでも皆様のお役に立てれば幸いです。

なお、本書は、２０１５年５月に刊行した『すらすら図解　ＩＦＲＳのしくみ〈最新版〉』を改訂し、改題したものです。

最後になりましたが、中央経済社の坂部秀治氏には、本書の企画段階からアドバイスをいただき、大変お世話になりました。紙面を借りて、深く感謝の意を示します。

２０１６年11月

あずさ監査法人
ＩＦＲＳアドバイザリー室

Contents

第1章　ＩＦＲＳの概要

第4章　収益認識をめぐる規定

23 新しい収益認識基準 …… 52
収益認識のための新しいモデルが定められた

24 Step 1：契約の識別 …… 54
複数の契約を結合すべき場合とは

25 Step 2：履行義務の識別 …… 56
契約の中で顧客といくつの区別できる約束をしているか、を検討する

26 Step 3：取引価格の算定 …… 58
変動対価や顧客に支払われる対価に注意

27 Step 4：取引価格の各履行義務への配分 …… 60
それぞれを独立して販売する場合の価格（独立配分価格）の比で配分する

28 Step 5：義務の履行による収益の認識 …… 62
財・サービスの支配が顧客に移転する時期に注目

29 返品・製品保証の取扱い …… 64
返品が見込まれる部分の収益は認識できない

30 本人・代理人の判断 …… 66
本人かどうかの決定も、モノやサービスの「支配」に注目

31 ライセンスの取扱い …… 68
知的財産に「アクセスする権利」なのか「使用する権利」なのか

32 収益の表示 —— 70
売上の相手勘定は売掛金とは限らない

コラム 収益を計上できるかどうかは、「支配」が移転したかどうかで決まる／72

第5章 リースをめぐる規定

33 新しいリース会計基準 —— 74
借手の処理が大きく変わる

34 リースの定義と適用対象 —— 76
「リース」なのか「サービス」なのか

35 リース期間とは —— 78
「リース期間＝契約期間」とは限らない

36 借手のリース（当初認識） —— 80
原則として「使用権資産」と「リース負債」をオンバランスする

37 借手のリース（事後測定） —— 82
リースにかかる費用はリースの初期に大きく発生し、その後逓減していく

38 借手に対する例外規定 —— 84
「短期」や「少額」に該当すれば、オフバランス処理が認められる

39 貸手のリース —— 86
ファイナンス・リースとオペレーティング・リースに分けられる

40 セール・アンド・リースバック等 ―― 88
リースバックしている期間に対応する収益は認識しない

コラム リース契約でなくてもリース会計の対象となるケースがある！／90

第6章 金融商品をめぐる規定

41 新しい金融商品会計基準の導入 ―― 92
金融商品会計基準には、複数のバージョンが存在する

42 金融商品の定義と分類 ―― 94
日本基準に比べ公正価値評価する金融資産が多い

43 金融資産の分類と測定の会計処理 ―― 96
ビジネスモデルおよびキャッシュ・フロー要件により評価が変わる

44 金融資産の認識と認識の中止 ―― 98
いつ決算書にオンバランス／オフバランスされるか

45 金融資産の減損モデル ―― 100
IAS第39号より多額の減損損失が計上される可能性がある

46 金融資産の減損処理 ―― 102
信用リスクの悪化に応じた減損損失を計上する

47 デリバティブ ―― 104
日本基準に比べてその範囲が広い

48 ヘッジ会計 106
日本基準上の金利スワップの特例処理は認められない

49 負債と資本 108
株式を発行しても負債に計上される場合がある

コラム 負債の公正価値評価 ― 負債からの利益計上のしくみとは？／110

第7章 固定資産と減損

50 有形固定資産の認識と当初測定 112
取得原価に含まれる範囲に注意

51 有形固定資産の事後測定 114
取得原価を公正価値により再評価することも認められる

52 コンポーネント・アカウンティング 116
航空機や船の本体とエンジンは別々に減価償却する

53 減価償却方法、耐用年数、残存価額 118
詳細な規定はなく、実態を見て判断する

54 無形資産 120
耐用年数が有限かどうかで会計処理が異なる

55 自己創設無形資産 122
開発費も資産計上される可能性がある

56 投資不動産 ―― 124
毎期公正価値で評価し、差額を損益認識する方法が認められる

57 資産の減損の概要と会計単位 ―― 126
グルーピングの単位がより細かくなる可能性がある

58 減損の兆候 ―― 128
株価や金利の変動も兆候に含まれる

59 減損損失の認識 ―― 130
割引前将来キャッシュ・フローによる検討のステップはない

60 減損時の回収可能価額の決定 ―― 132
評価専門家の関与が必要となるケースも

61 のれんの減損 ―― 134
2段階に分けて減損判定を行う場合がある

コラム 減価償却 ― 税法の規定は会計処理の直接的な根拠にならない／136

第8章 企業結合と連結財務諸表

62 企業結合の定義と適用範囲 ―― 138
企業結合に該当すれば、公正価値評価や、のれんの認識が必要

63 取得法① ―― 140
誰が、いつ、いくらで買うかを考える

第9章 その他の重要な規定

72 売却目的で保有する非流動資産 160
売却目的保有に分類した時点で含み損が実現

73 退職後給付① 162
確定給付制度は積立状況を財政状態計算書に表示

74 退職後給付② 164
数理計算上の差異は純損益に含めない

75 退職後給付以外の従業員給付 166
有給休暇を付与すると、負債計上が必要となる可能性あり

76 引当金 168
日本基準では引当計上できてもＩＦＲＳではできない可能性も

77 資産除去債務 170
将来の原状回復義務や資産の解体・除去義務は負債計上する

78 繰延税金 172
繰延税金資産の回収可能性はどのように考えればよいか

79 借入コスト 174
特定の借入コストについて資産計上が強制される場合がある

80 機能通貨および表示通貨 176
記帳通貨は必ずしも現地通貨とは限らない

81 在外営業活動体の換算 178
法的形式より実質判断により換算方法が決まる

第1章

IFRSの概要

1 IFRSとは何か

2 IFRSの作成機関

3 IFRSのデュープロセス

4 各国のIFRSの使用状況

5 米国の状況

6 日本の状況

7 日本の任意適用制度

1 ＩＦＲＳとは何か

国際会計基準？　国際財務報告基準？

●ＩＦＲＳとは

ＩＦＲＳとは、世界的に承認され遵守されることを目的として、国際会計基準審議会（ＩＡＳＢ）により設定される会計基準の総称であり、基準書とそれらの解釈指針が含まれます。

ＩＦＲＳは、正式には国際財務報告基準と呼ばれますが、日本では一般に国際会計基準と呼ばれることもあります。なぜでしょうか。

現在、ＩＡＳＢが設定する個別の基準書は国際財務報告基準（ＩＦＲＳ）とされていますが、２００１年にＩＡＳＢの機構改革が行われる以前に設定された個別の基準書は、国際会計基準（ＩＡＳ）とされていました。

このため、会計基準の総称としてＩＦＲＳを語る際に、国際財務報告基準と国際会計基準という呼び方が併存する状況となりました。

ＩＡＳは現在も有効ですので、新しいＩＦＲＳによりＩＡＳが廃止されない限り、ＩＦＲＳとＩＡＳが併存する状況が今後も続きます。

解釈指針についても、現在発行されているものはＩＦＲＩＣ、２００１年以前に発行されたものはＳＩＣと名称が異なり、それらはともにＩＦＲＳの一部を構成しています。

●各基準には何が含まれるか

各基準には、基準の本文以外に、基準の不可欠な一部を構成するものとして、以下の付録が含まれる場合があります。

・用語の定義
・適用指針
・他のＩＦＲＳの修正

また、各基準には結論の根拠が含まれているほか、基準によっては設例や適用ガイダンスが含まれている場合もあります。これらは基準の不可欠な一部を構成するものではないため強制力はありませんが、基準の適用上の判断をするうえで、本文と同様に有用であり、参照されることが多いと考えられます。

国際財務報告基準（IFRS）

	機構改革（2001年）前	機構改革（2001年）後
基準書	国際会計基準（IAS） IAS第１号～第41号	国際財務報告基準 （IFRS） IFRS第１号～第16号
解釈指針	解釈指針（SIC） SIC第７号～第32号	解釈指針（IFRIC） IFRIC第１号～第21号

IAS：International Accounting Standards
IFRS：International Financial Reporting Standards
SIC：Standing Interpretations Committee
IFRIC：International Financial Reporting Interpretations Committee
基準書および解釈指針は連番となっているが，すでに廃止されているものも複数ある。

個別の基準書や解釈指針とは別に，
IFRSの基礎となる考え方を示した
概念フレームワークがある。

2

ＩＦＲＳの作成機関

誰が会計基準の内容を決めているのか

●国際会計基準審議会（ＩＡＳＢ）

ＩＡＳＢは、新しい基準の開発や現行基準の改訂を行うとともに、解釈指針に関する最終決定等を行います。ＩＡＳＢはロンドンを拠点とし、14名のメンバーにより構成され、会議は公開でほぼ毎月行われています。各メンバーには、会計基準に関する高い専門性と国際的な市場での実務経験を兼ね備えていることが求められます。また、メンバーの構成が特定の団体や地域の代表者に偏らないよう、世界各国から、会計士、財界出身者、規制当局経験者等がメンバーとして選任されています。

●解釈指針委員会（ＩＦＲＳ-ＩＣ）

ＩＦＲＳ-ＩＣ(IFRS Interpretations Committee)は、ＩＦＲＳに明記されていないＩＦＲＳの適用上の論点について解釈を行います。明確な規定がないため基準の解釈にばらつきが生じており、解釈指針の発行が必要であると判断した場合は、ＩＦＲＳ-ＩＣがＩＡＳＢに提案を行い、ＩＡＳＢが最終的な判断を下します。ＩＦＲＳ-ＩＣは14名のメンバーにより構成され、会議は公開で2か月に一度行われています。

●ＩＦＲＳ諮問会議（ＩＦＲＳ-ＡＣ）

ＩＦＲＳ-ＡＣ（IFRS Advisory Council）は主として、ＩＡＳＢが基準開発の対象として検討すべき項目について、助言を行います。ＩＦＲＳ-ＡＣは会計事務所、規制当局、各業界団体等の代表である約30名のメンバーにより構成され、会議は公開で年3回行われています。

●会計基準アドバイザリー・フォーラム（ＡＳＡＦ）

ＡＳＡＦ（Accounting Standard Advisory Forum）は主として、ＩＡＳＢによる基準の開発過程において、ＩＡＳＢに対して技術的な助言やフィードバックを行います。ＡＳＡＦは主要国の会計基準設定主体およびそれらの地域団体等の代表である12名のメンバーにより構成され、会議は公開で年4回行われます。

●IFRS財団

前述の会議体はすべてIFRS財団（IFRS Foundation）の傘下にあります。各会議体のメンバーは、IFRS財団の運営を担う評議員により任命され、その活動は評議員により監視されています。IFRS財団は、高品質でグローバルな単一の会計基準の作成を目的とした民間団体で、大手会計事務所、金融機関、その他国際機関等の拠出により運営されています。

IFRSの作成機関

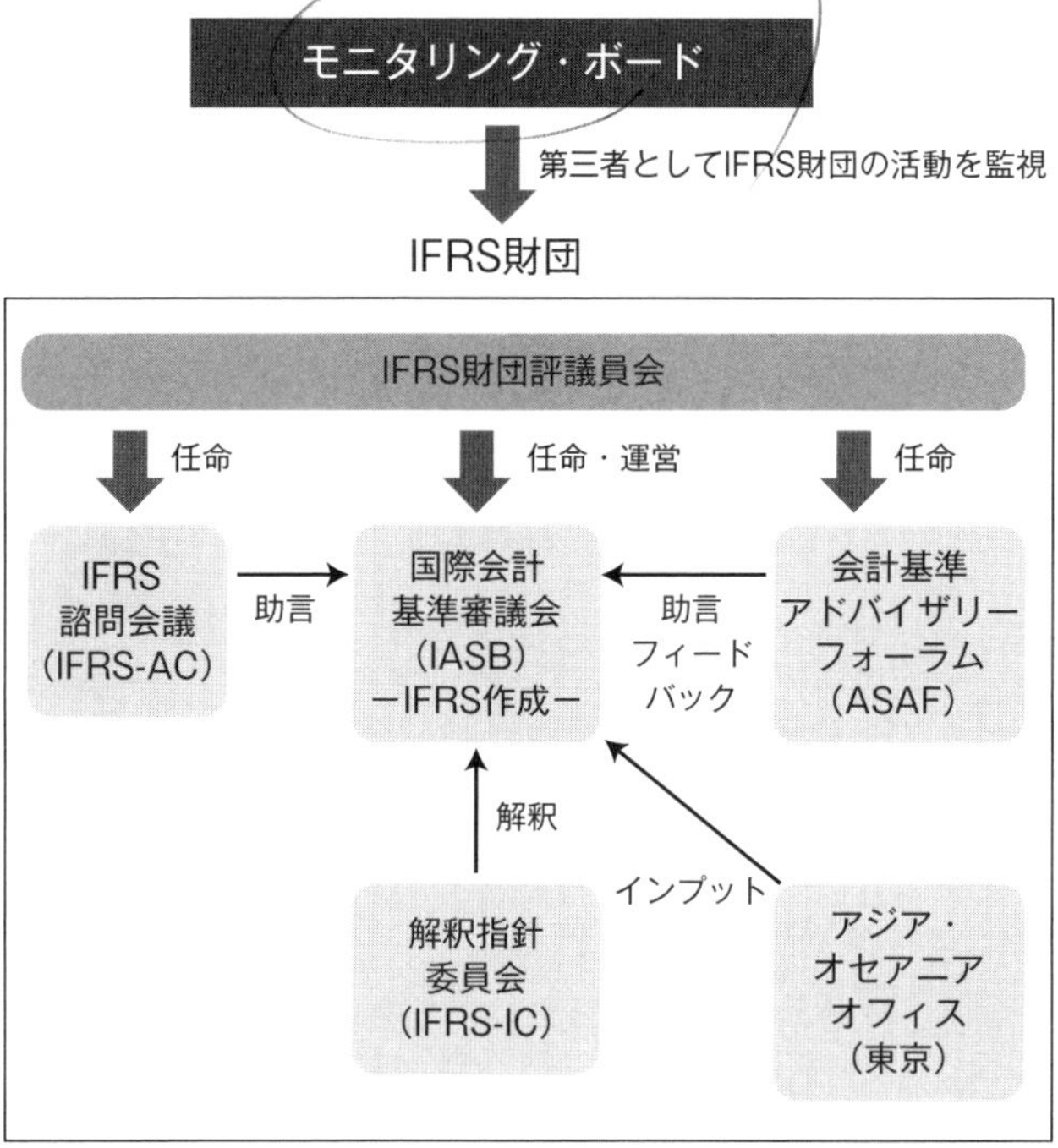

3 ＩＦＲＳのデュープロセス

財務諸表作成者などの意見は反映されるのか

●基準の作成プロセス

ＩＡＳＢによる新しい基準等の作成は、以下のプロセスを経て行われます。

① 審議事項を検討するためのリサーチ
② ディスカッション・ペーパーの公表およびコメントの募集（必要に応じて）
③ 審議事項の決定
④ 公開草案の公表およびコメントの募集
⑤ 最終基準書の公表
⑥ 適用後レビューの実施

このように、問題点の明確化や基準作成の費用対効果分析を初期の段階で行うことにより、高品質な基準を効率的に策定することが可能となります。

ＩＡＳＢは、審議事項の決定後、基準書のドラフトである公開草案を発行し、それに対するコメントを審議したうえで最終基準書を発行します。

新たな基準書が適用されてから2年後に適用後レビューが実施され、当該基準が意図したとおりに適用されているかどうか、検討がなされます。

●利害関係者のコメント

基準の作成プロセスにおいて、財務諸表作成者、財務諸表利用者、基準設定機関、監査人等の利害関係者は、ディスカッション・ペーパーおよび公開草案に対するコメント・レターの提出や、ＩＡＳＢが主催する円卓会議（公開協議）を通じて、ＩＡＳＢに対してその意見を伝達することができます。

また、基準設定機関により構成される会計基準アドバイザリー・フォーラム（ＡＳＡＦ）は、ＩＡＳＢに定期的にフィードバックを行うこととされています。

ＩＡＳＢに提出されたコメント・レターはウェブサイト上で公表され、その内容が審議されるＩＡＳＢの会議もまた公開されていますので、他者や自分のコメントがどのように議論されているかを随時確認することができます。

IFRSのデュープロセス

リサーチ

↓

ディスカッション・ペーパー

↓

プロジェクトとして追加するかどうかの決議（審議事項の決定）

↓

公開草案

↓

最終基準書

↓

適用後レビュー

コメント・レター

円卓会議，ASAF 等

4 各国のＩＦＲＳの使用状況

国が異なればＩＦＲＳの使われ方も異なる

●主要な国のほとんどがＩＦＲＳを採用または利用

２００５年にＥＵ各国の公開企業の連結財務諸表にＩＦＲＳが強制適用され、オーストラリア等においてもＩＦＲＳが導入されて以降、世界各国でＩＦＲＳの採用が進みました。

主要な国のほとんどが何らかの形でＩＦＲＳを採用していますが、国により採用の方法に以下の相違が見られます。

・強制適用とするか、自国の会計基準を残しＩＦＲＳを任意適用とするか
・ＩＡＳＢが公表したＩＦＲＳをそのまま適用するか（アドプション）、自国の会計基準を実質的にＩＦＲＳと同様の内容とするか（コンバージェンス）
・大規模企業や上場企業のみに適用するか、すべての企業に適用するか
・連結財務諸表のみに適用するか、単体財務諸表にも適用するか

●アジア各国の状況

２００７年に中国がＩＦＲＳをベースとする新中国会計基準を導入して以来、目立った動きのなかったアジア各国においても、２０１１年に韓国とタイが、２０１２年にマレーシアおよびインドネシアが、２０１３年には台湾が、それぞれＩＦＲＳまたはＩＦＲＳをベースとする自国会計基準を導入しました。

また、シンガポールは２０１８年よりＩＦＲＳと同等の財務報告フレームワークを導入する予定です。

●ＩＦＲＳを強制適用していない経済大国

ＩＦＲＳを強制適用していない経済大国は、米国、日本、インド等の限られた国々となっています。

インドはＩＦＲＳとコンバージェンスしたインド会計基準を、２０１６年より段階的に強制適用する予定

です。

一方、米国および日本では、IFRSの強制適用に係る意思決定がいまだなされていない状況です。

各国のIFRSの使用状況

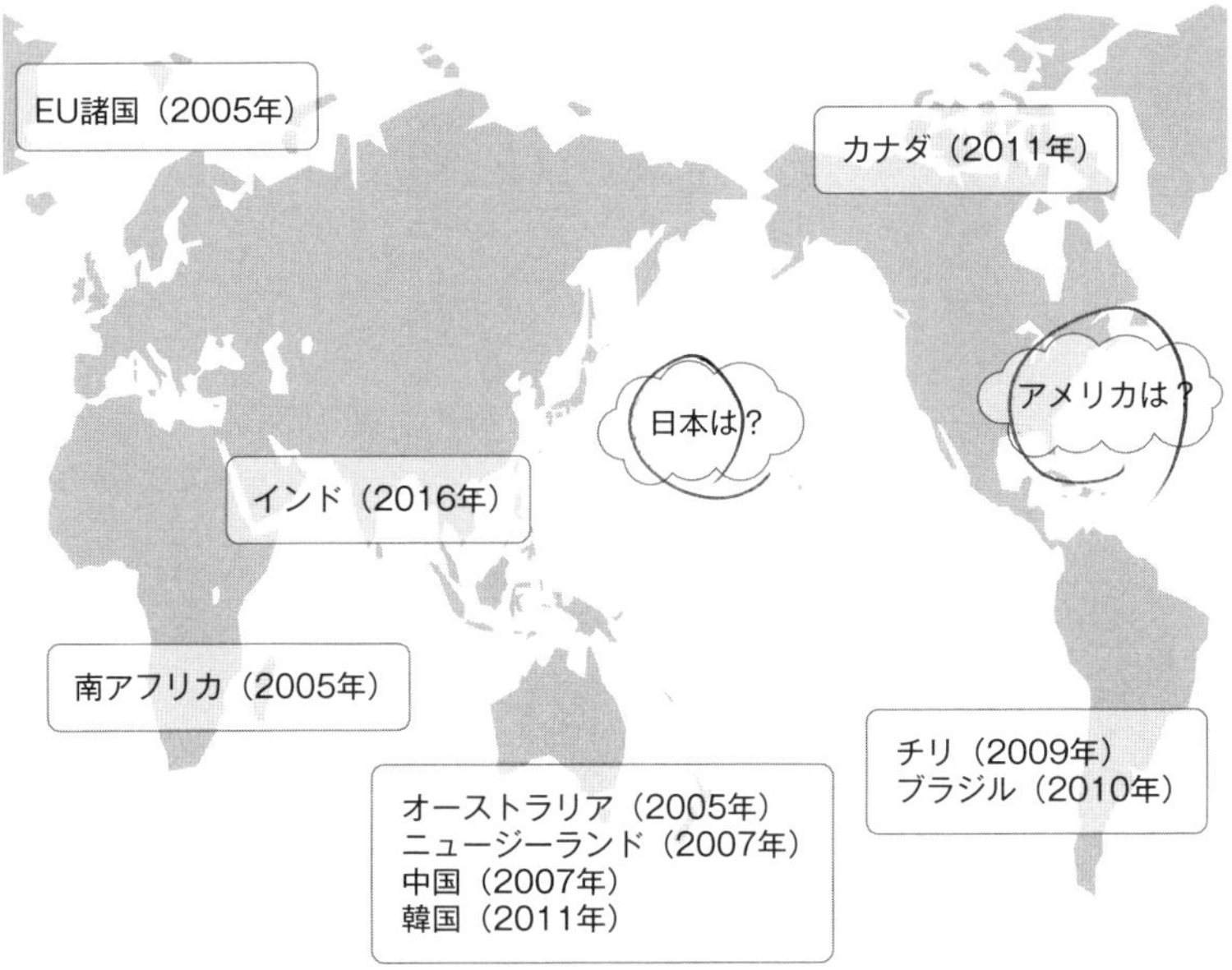

5 米国の状況

米国では何が懸念されているのか

●意思決定はいまだなされず

米国証券取引委員会（SEC）は、外国登録企業がIFRSに基づき作成した財務諸表をSECに対して提出することを認めていますが、国内企業に対してはIFRSの適用を認めていません。

米国財務会計基準審議会（FASB）は、2006年にIASBとMoU（覚書）を締結し、IASBと共同でコンバージェンスを進めてきました。

2011年に公表されたSECスタッフ・ペーパーでは、SECによるIFRS採用の意思決定から5年または7年の移行期間にIFRSと米国基準を収斂させ、その後は個別の基準ごとに米国での適用を検討するアプローチが示されましたが、IFRS採用の意思決定はいまだなされていません。なぜでしょうか。

●米国における懸念事項

2012年7月に公表されたSECスタッフ・ペーパー（最終報告）には、SECに対する具体的な提言は含まれていませんが、IFRSに係る発見事項として以下の各事項について触れられています。

・基準の開発が十分でない領域（採掘産業、保険、料金規制事業等）
・IFRS解釈指針委員会による基準の解釈に関する適時性
・各国の会計基準設定主体による基準開発プロセスへの関与の程度
・グローバルで首尾一貫したIFRSの適用および執行の重要性
・米国資本市場を保護する仕組み（エンドースメント等）の必要性
・IFRS財団による資金調達の状況
・基準の策定および利用に係る投資家の理解および教育

米国の状況

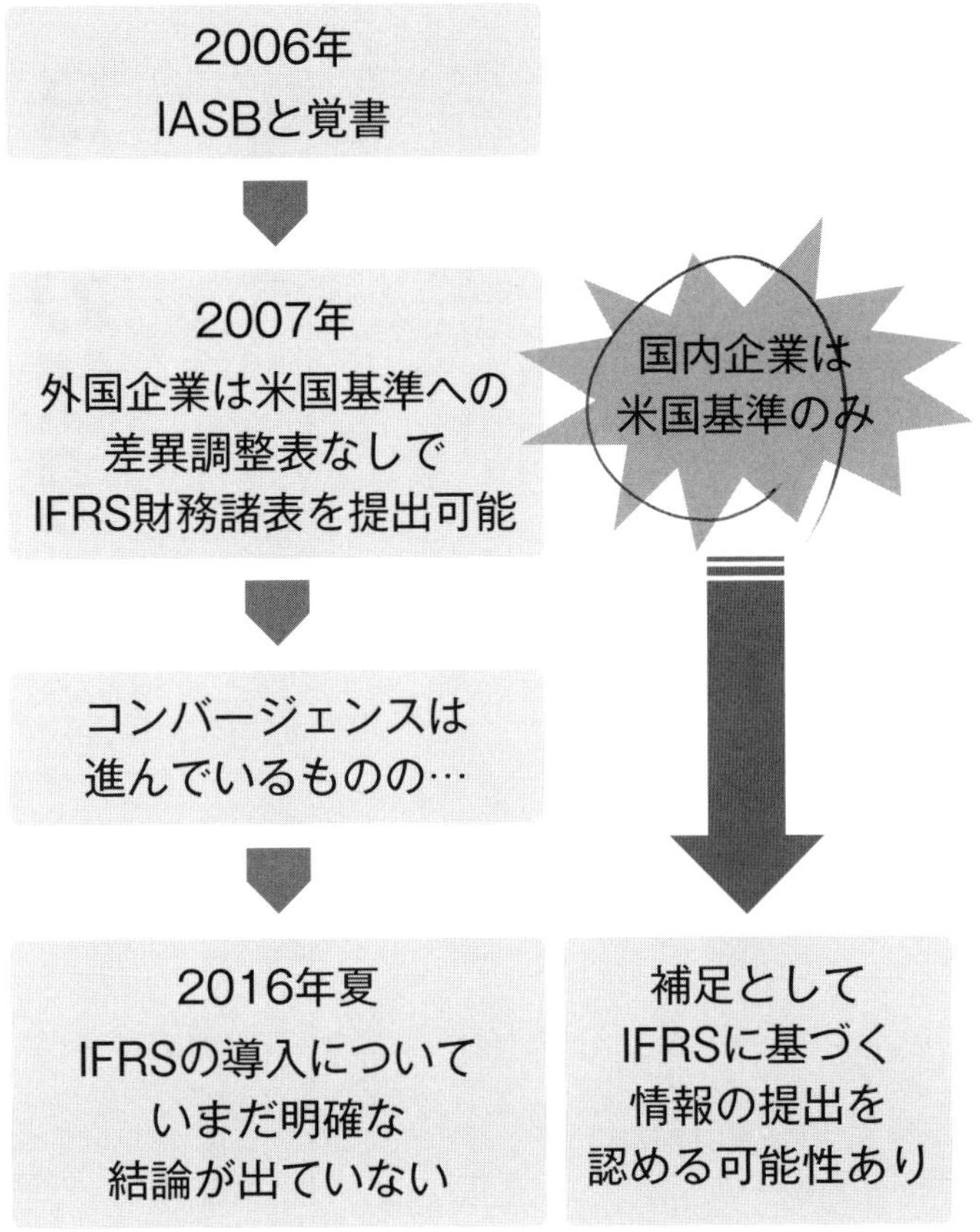
2006年
IASBと覚書
2007年
外国企業は米国基準への
差異調整表なしで
IFRS財務諸表を提出可能
国内企業は
米国基準のみ
コンバージェンスは
進んでいるものの…
2016年夏
IFRSの導入について
いまだ明確な
結論が出ていない
補足として
IFRSに基づく
情報の提出を
認める可能性あり

新しい基準の開発においても、ＩＡＳＢとＦＡＳＢが必ずしもすべての原則や個別論点について合意しているわけではありません。米国企業が，ＩＦＲＳに基づく情報を補足として提出することを認めるか否かについては議論がなされていますが，今後ＳＥＣがＩＦＲＳの採用に関する意思決定を行うかどうかは不透明な状況です。

6 日本の状況

IFRSと修正国際基準の任意適用が認められている

●東京合意に基づくコンバージェンス

2007年に、わが国の会計基準設定主体である企業会計基準委員会（ASBJ）は、2011年6月までにIFRSと日本基準との差異を段階的に解消するという「東京合意」を公表し、わが国においてはその後、多くの会計基準および改正が公表されました。

●IFRSの任意適用

東京合意に基づきコンバージェンスが進められる中、2010年3月期以降、一定の適格条件を満たした企業は、金融庁により指定国際会計基準として指定されたIFRSに基づき連結財務諸表を作成することが認められることとなりました（7項参照）。

●IFRSの強制適用に関する意思決定

2013年にASBJが公表した報告書では、IFRSの強制適用についてはいまだその判断をすべき状況にないとされており、わが国におけるIFRSの強制適用に関する意思決定がいつなされるかは不透明な状況です。

●連単分離の議論

現状、わが国におけるIFRSの任意適用は連結財務諸表においてのみ認められているため、IFRSを任意適用している企業も、単体財務諸表は日本基準で作成する必要があります。

単体財務諸表にIFRSを適用するためには、現状確定決算主義を前提としている税務上の取扱い等、検討すべき課題が多く、それが連結財務諸表と単体財務諸表の取扱いの相違に影響しているものと考えられます。

●修正国際基準

ASBJは2015年6月に、「修正国際基準（国際会計基準と企業会計基準委員会による修正会計基準によって構成される会計基準）」を公表しました。修正国際基準は任意適用が認められますが、のれんの償却およびその他の包括利益のリサイクリング（当期純利益への組替え）という点でＩＦＲＳと異なっており、

ＩＦＲＳに対する日本の意見を発信する意味合いが強いといわれています。

日本の状況

IFRS ⟷ 日本基準

コンバージェンス
（現在進行中）

IFRSの任意適用

	連結財務諸表	単体財務諸表
要件を満たす企業	IFRS任意適用可	日本基準
その他の企業	日本基準	日本基準

修正国際基準（IFRSを一部修正）

のれんの償却

その他の包括利益のリサイクリング

7 日本の任意適用制度

着実に増えている任意適用企業

●指定国際会計基準とは

２０１０年３月期以降、一定の適格条件を満たした上場企業は、指定国際会計基準に基づき連結財務諸表を作成することが認められています。

指定国際会計基準とは、ＩＡＳＢが公表したＩＦＲＳのうち、公正かつ適正な手続のもとに作成および公表が行われ、公正妥当な企業会計の基準として認められることが見込まれるものとして、金融庁長官が指定したものを意味します。

金融庁は、当該指定に際し公開草案を公表し、広く国内の意見を求めていますが、その結果として、現状はＩＡＳＢが公表したＩＦＲＳを特に修正をすることなく指定しています。

●ＩＦＲＳの「国内使用」

証券規制当局等により構成され、ＩＦＲＳ財団の活動を第三者として監視するモニタリング・ボードには、現在わが国から金融庁長官がメンバーとなっています。同機関が２０１２年２月に公表した報告書では、ＩＦＲＳを国内で使用していること（domestic use of IFRS）をメンバーの適格要件とする方針が示されました。その後、この意味が明確化され、ＩＦＲＳの強制適用のみならず任意適用も含まれるが、該当する市場においてＩＦＲＳが顕著に使用されているか、そのような状況に移行する方針であることが必要である、とされました。

これを受け、２０１３年10月にはＩＦＲＳの任意適用要件が大幅に緩和されました。また、２０１５年３月期以降の年度の決算短信において、会計基準の選択に関する基本的な考え方の開示が求められることとなりました。

●増え続ける任意適用企業

ＩＦＲＳの任意適用が認められることとなった

IFRSの任意適用企業

２０１０年以降、総合商社、製薬会社，その他製造業等を中心に、わが国におけるＩＦＲＳの任意適用企業数は着実に増加しており，特に前述の取組みにより，近年その増加傾向が顕著となっています。

コラム

IFRS任意適用企業の経験から
── IFRS導入のメリット・デメリット

わが国におけるIFRS任意適用企業は，今後任意適用することを決定している企業を含めると121社となっており（2016年８月現在，日本取引所グループ），その数は増加し続けています。これだけの企業がIFRSを任意適用するのはなぜでしょうか。金融庁が2015年４月に公表した「IFRS適用レポート」を参考に，IFRSを適用することのメリットを考えたいと思います。

まず，経営者にとって最も重要なメリットは，経営管理体制が強化されるという点と考えられます。IFRSでは企業グループ内において会計方針を統一することが求められるため，経営者は各グループ会社の状況をタイムリーに把握することにより，戦略的な意思決定のスピードアップを図ることが可能となります。

次に，同業他社との比較可能性の向上が挙げられます。IFRSという共通の物差しを使用して作成された財務諸表は，所在国に関係なく比較分析が容易となるため，より効果的なM&A等の戦略策定が可能となります。また，比較可能性の高い財務情報を適時に開示することにより，投資家に対する説明責任を果たしやすくなり，資金調達する市場や方法を戦略的に選ぶことも可能となります。

IFRSは100か国以上の国で採用され，すでにグローバルスタンダードとしての地位を築いています。そのため，日本企業にとってIFRSの適用は，グローバル化が進むビジネス環境で成功するための重要な手段の１つであるといえます。

それでは，IFRSを適用することのデメリットは何でしょうか。一般的には，IFRS適用準備のために時間と費用がかかる点，適用後も日本基準に基づき作成される単体財務諸表と二重の管理体制が必要となる点，IFRSの要請に対応できる人材の確保が必要となる点等が挙げられます。これらは究極的にはすべてコストの問題であり，経営者はIFRS適用に期待するメリットと，それに伴うコストを比較し，IFRS適用の要否および方法を検討することとなります。

現状IFRS任意適用企業が増加し続けているということは，資本市場においてIFRS適用のメリットが広く認知されてきているとともに，IFRS適用企業による事例等の情報が増え，IFRSを新たに適用する際の分析および検討コストが低減しつつあることを示しているのかもしれません。

第2章

IFRSの考え方

8 原則主義

「原則主義」により判断と見積り要素が増える

●原則主義

一般に、ＩＦＲＳは原則主義（principles-based）であるといわれています。

ＩＦＲＳには、基本的に産業別の詳細なガイダンスはありません。判断の目安としての数値基準が示されていることもほとんどありません。また、基準書に記載されていない論点のうち実務が統一されておらず、かつ広く影響のあるものに関して解釈指針が公表されることもありますが、ボリュームで見るとそれほど多くはないといえるでしょう。

●原則主義のメリット・デメリット

基準においてあまり細かい点まで記述してしまうと、たとえ経済的には類似した取引であったとしても、その要件を満たすか、どの類型に該当するか、等の判断により会計処理が変わってくることが考えられます。また、契約条件を少し変更したり新しいスキームを考えたりすることにより、特定の会計処理を回避することができるおそれも出てきます。要件を詳細に規定するのではなく会計処理の原則を示す場合には、このような弊害が出にくくなると考えられます。また、詳細すぎる要件等に縛られて会計処理の結果が自社の経済実態と乖離するようなリスクも軽減されると考えられます。これは原則主義のメリットといえるでしょう。

他方、原則主義の場合には詳細なガイダンスがないことから、実務上、判断に負うところが大きくなります。他社事例を参考にすることも考えられますが、特に海外の事例を参考にする場合には、国による制度や法律の相違を十分に踏まえたうえで、参考になる部分があるかを検討することが重要です。重要性について検討する際にも、ＩＦＲＳでは重要性の数値基準が示されていないことが多いため、その判断が難しい部分があります。

原則主義

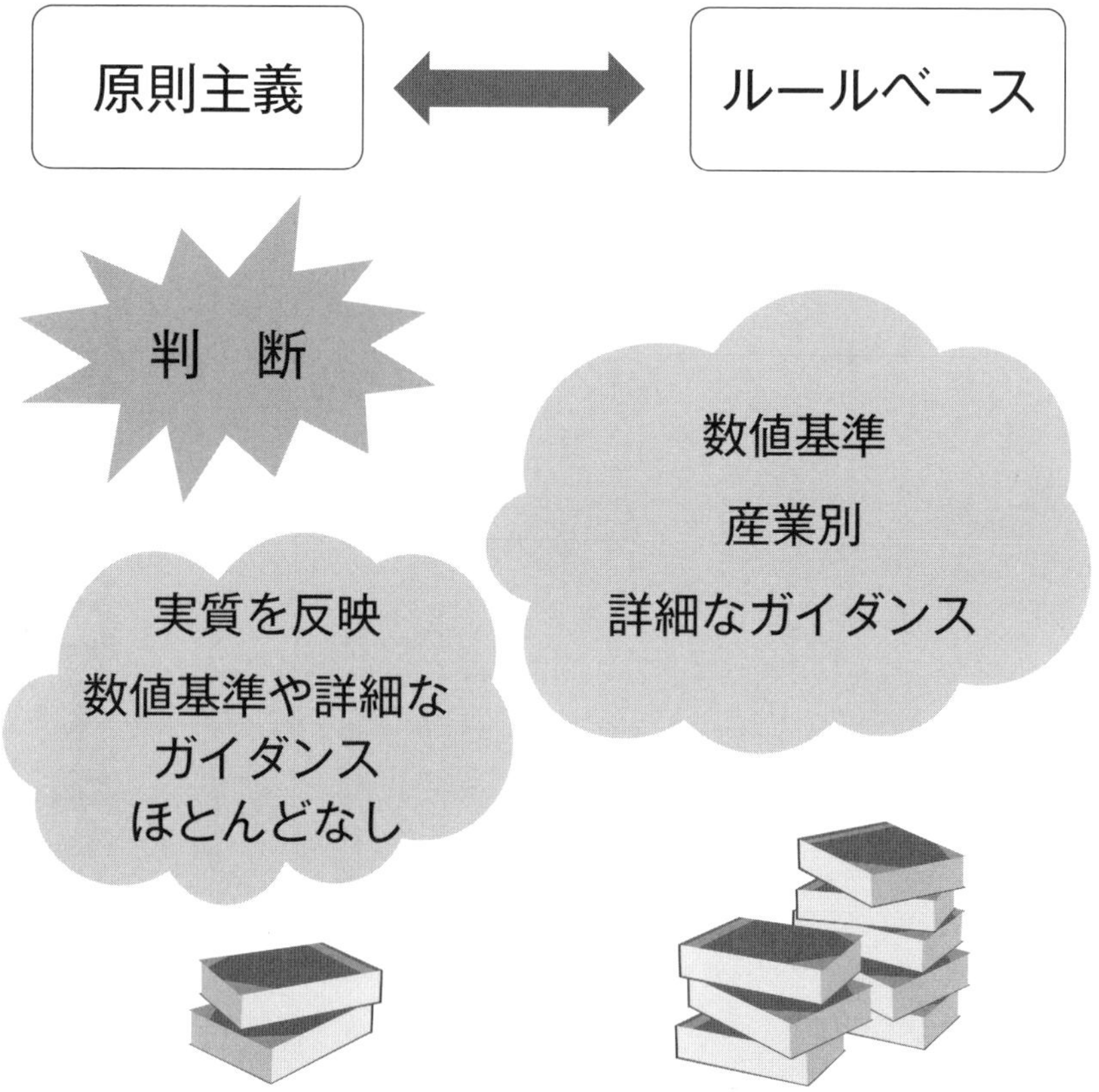
原則主義
ルールベース
判　断
実質を反映
数値基準や詳細な
ガイダンス
ほとんどなし
数値基準
産業別
詳細なガイダンス

9 資産負債アプローチ

資産・負債の変動により利益の額を決める

●資産負債アプローチとは

ＩＦＲＳは、資産負債アプローチを採用している、といわれます。この資産負債アプローチとは、会計上の利益を計算するアプローチの1つです。

利益の計算方法としては、まず収益と費用を定義に基づいて決定し、その収益から費用を控除して残ったものが利益であるとするアプローチが考えられます。これは、「収益費用アプローチ」と呼ばれます。これに対して、まず資産と負債を定義し、収益と費用はそれらの変動として表す（左ページ参照）ことで利益を計算するアプローチも考えられます。これが「資産負債アプローチ」です。収益費用アプローチも資産負債アプローチも「利益」を算定するという点では同じですが、その際にまず何を定義し測定するかという点が異なっています。

●資産負債アプローチ≠バランスシート重視

ＩＦＲＳが資産負債アプローチを採用していることから、ＩＦＲＳはバランスシート（財政状態計算書）を重視しており、経営成績を表す包括利益計算書については昨年と今年のバランスシートの変動を表すもの程度に捉えている、といわれることもありました。しかし、これは誤解であるとのメッセージが、ＩＡＳＢ理事のスピーチやＩＡＳＢスタッフ作成のスタッフ・ペーパーなど、ＩＡＳＢ関係者から繰り返し発信されました。これらの情報によれば、ＩＡＳＢは、いずれか1種類の計算書を他の計算書に優先する主要計算書として指定することを考えているわけではなく、企業の財政状態を示す計算書も企業の経営成績を示す計算書も、お互いを補完する重要な計算書であると捉えていると考えられます。概念フレームワークにおいても、「企業の経済的資源および請求権の内容および金額に関する情報」と、「企業の経済的資源および請求権を変動させる取引その他の事象の影響に関する情報」の両方が、財務諸表の利用者に有用な情報（企業への将来の正味キャッシュ・インフローの見通しを評価するのに役立つ情報）を提供するとされています。

資産負債アプローチ

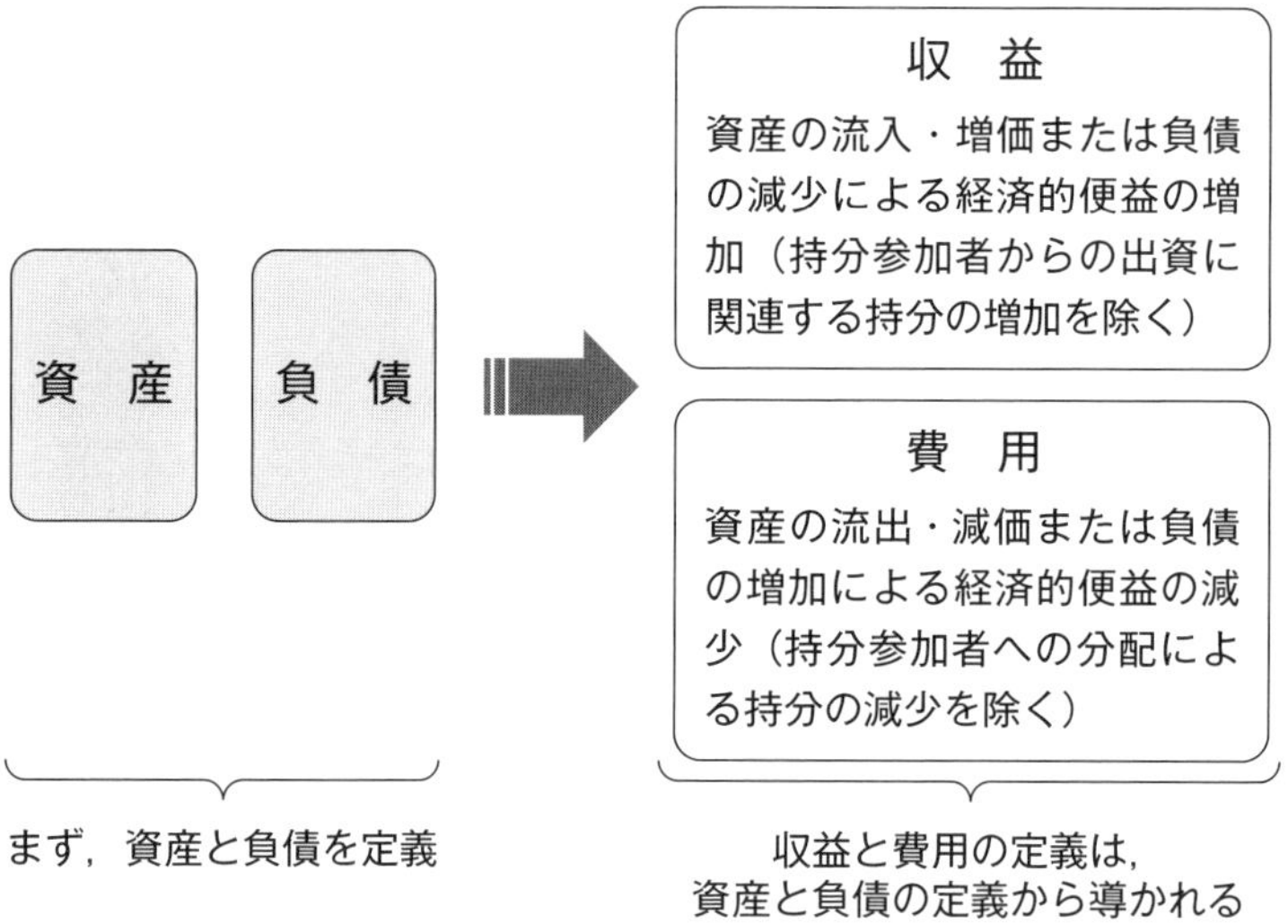
資　産
負　債
収　益
資産の流入・増価または負債の減少による経済的便益の増加（持分参加者からの出資に関連する持分の増加を除く）
費　用
資産の流出・減価または負債の増加による経済的便益の減少（持分参加者への分配による持分の減少を除く）
まず，資産と負債を定義
収益と費用の定義は，資産と負債の定義から導かれる

資産負債アプローチ≠バランスシート重視

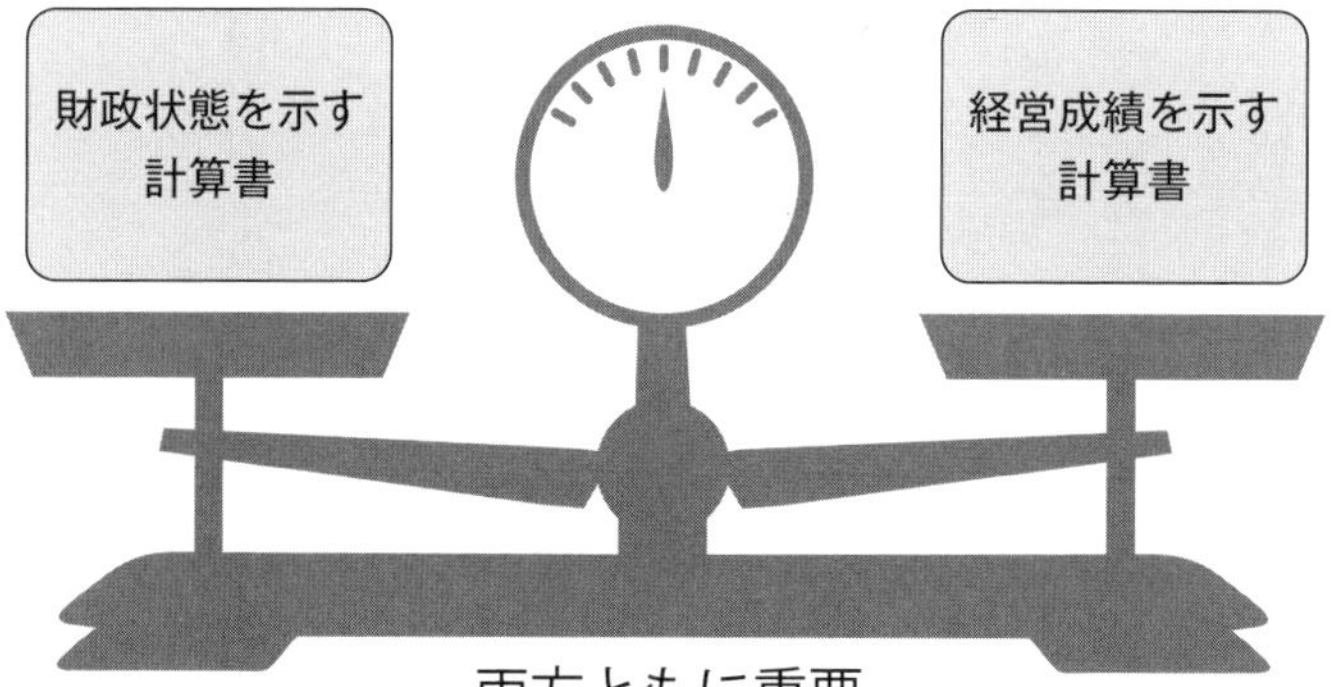
財政状態を示す計算書
経営成績を示す計算書

両方ともに重要

10

公正価値

公正価値の定義と測定について詳細なガイダンスが存在する

●公正価値とは

公正価値とは、企業が、市場参加者間の秩序ある取引において、測定日時点で資産を売却するために受け取るであろう価格または負債を移転するために支払うであろう価格、すなわち出口価格のことをいいます。公正価値は、企業にとっての固有の価値ではなく、市場参加者の観点からみた価格であることに注意が必要です。

　測定日において企業がアクセス可能な市場が複数ある場合には、その資産・負債についての活動の量と水準が最も大きい市場（「主要な市場」）の価格を用いて公正価値を測定します。主要な市場がない場合には、企業にとって最も有利な市場の価格を用いて測定します。

●公正価値の測定

　同一の資産・負債に関する活発な市場における相場価格がある場合には、その価格が公正価値となりますが、評価技法を用いた見積りも公正価値に含まれるため、相場価格がないことのみをもって、公正価値を測定することができない、と結論づけることはできません。公正価値の測定に評価技法を用いる場合には、観察可能なインプット（例：株価、為替レート、金利情報等）を最大限に使用し、観察不能なインプットは最小限にする必要があります。

　公正価値を測定する際には、取引コストは考慮しません。ただし、資産の所在地が資産の特性の1つである場合（例：原油のようなコモディティ）には、公正価値の測定に際して、市場への（または市場からの）輸送コストを考慮します。なお、例えば、土地や建物など、非金融資産の公正価値を測定する際には、市場参加者の観点からその非金融資産を最有効使用することを前提として測定する必要があります。

●IFRSは全面的な公正価値測定を目指しているか

IFRSは公正価値を重視しており、最終的にはすべての項目を公正価値で測定することを目指している、といわれることがあります。しかし、IASBは全面的な公正価値測定を目指しているわけではなく、すべての資産・負債を単一の測定方法で測定することが適切であるとも考えていないようです。これもIFRSにまつわる誤解の1つであるといえるでしょう。

公正価値

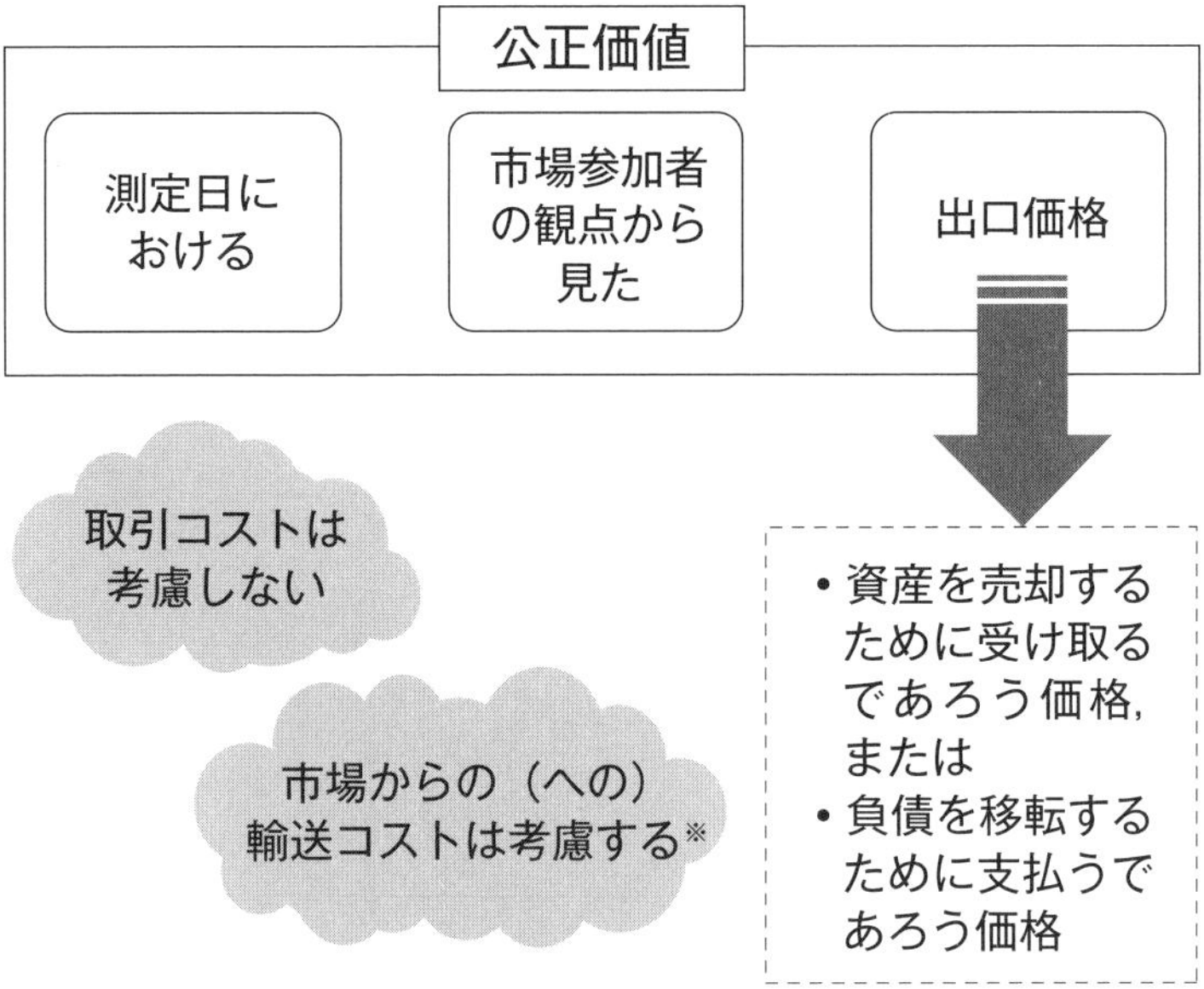
公正価値
測定日における
市場参加者の観点から見た
出口価格
取引コストは考慮しない
市場からの（への）輸送コストは考慮する※
• 資産を売却するために受け取るであろう価格，または
• 負債を移転するために支払うであろう価格

※ 資産の所在地が資産の特性の1つである場合

非金融資産（例：土地などの不動産）は，
市場参加者の観点から見た最有効使用を前提として測定

IFRSはすべての資産・負債を公正価値で
測定することを目指しているわけではない。

11 包括利益

「その他の包括利益」の正体は

●包括利益とは

包括利益とは、企業の一期間における資本の変動のうち、所有者の立場としての所有者との取引による資本の変動以外の取引や事象に起因するものをいいます。包括利益は、「純損益（当期純利益）」と「その他の包括利益」から構成されます。

●業績指標としての当期純利益の位置づけ

過去、財務諸表の表示プロジェクトで包括利益計算書の表示方法を1計算書方式のみにする（すなわち、ボトムラインが包括利益となる）ことが検討されていたこともあり、業績指標としての「当期純利益」がなくなるのではないかという見方もありました。しかし、これは誤解であり、ＩＡＳＢは業績指標としての「当期純利益」を削除することを目指しているわけではないことが、繰り返しＩＡＳＢ関係者から発信されており、現在検討中の概念フレームワークプロジェクトにおける議論においても、当期純利益は主要な業績指標の1つであるとされています。また、２０１１年６月に行われた改訂により、包括利益計算書は、「純損益及びその他の包括利益計算書」という名称に変更されています。

●その他の包括利益とは

その他の包括利益とは、包括利益のうち純損益以外の部分をいいます。現行のＩＦＲＳにおいては、ある項目をその他の包括利益に含めるか否か（または含めることができるか否か）、およびその他の包括利益に含めた金額をその後純損益に振り替える（リサイクリングする）ことができるか否かは、個々の基準書単位で個別に規定されており、必ずしも整合した取扱いとはなっていません。すなわち、現行のＩＦＲＳにおけるその他の包括利益項目は、純損益と異なる特徴を有するという理由で一貫した原則に基づいて分類されたものではなく、各基準書の策定過程で個別に決定されてきたものとなっており、全体としてその意味するところが不明確である点が指摘されています。現在実施されている概念フレームワークプロジェクトにおいて、その他の包括利益の意義や取扱いが明確化されることが望まれます。

包括利益

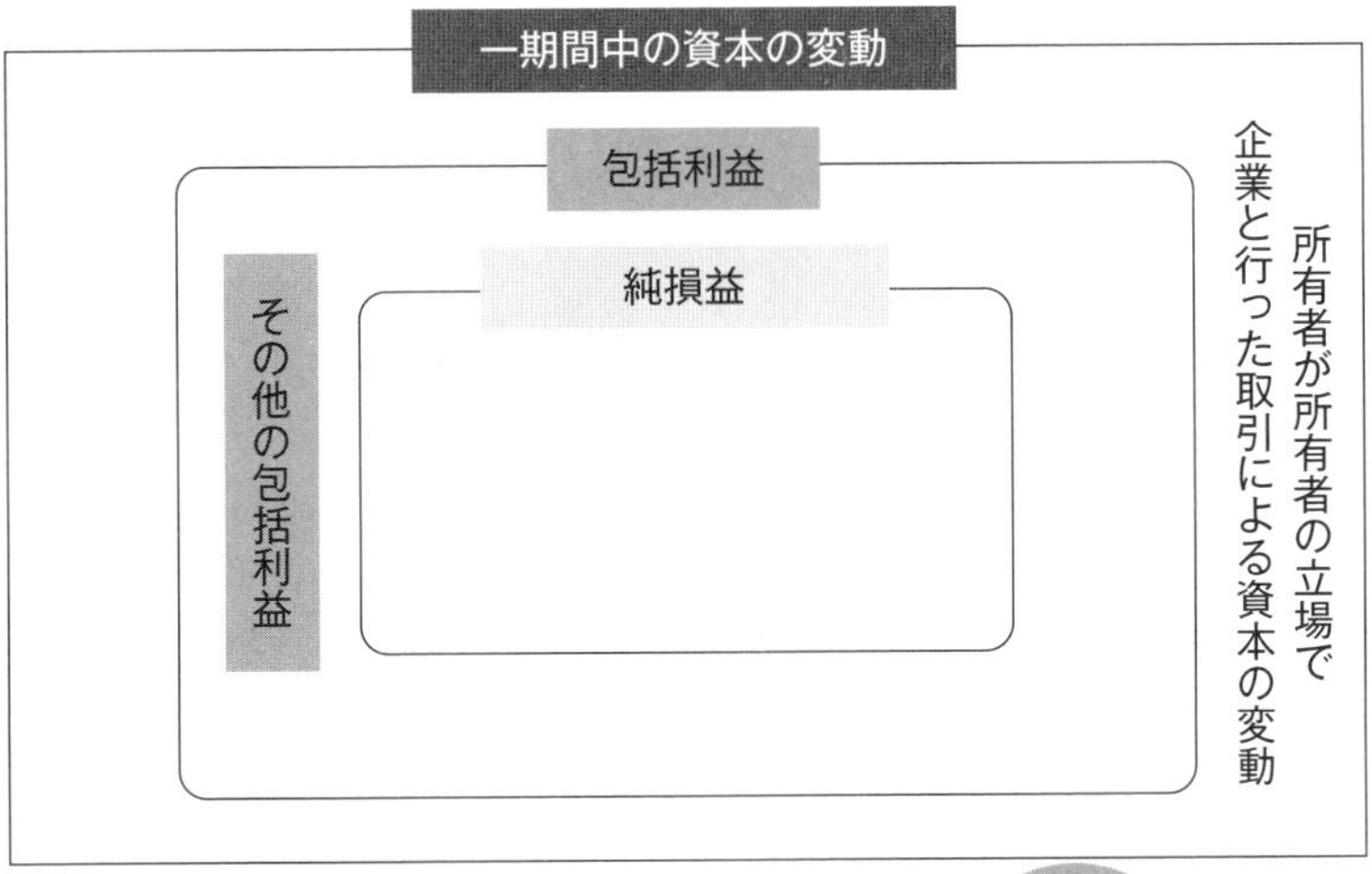

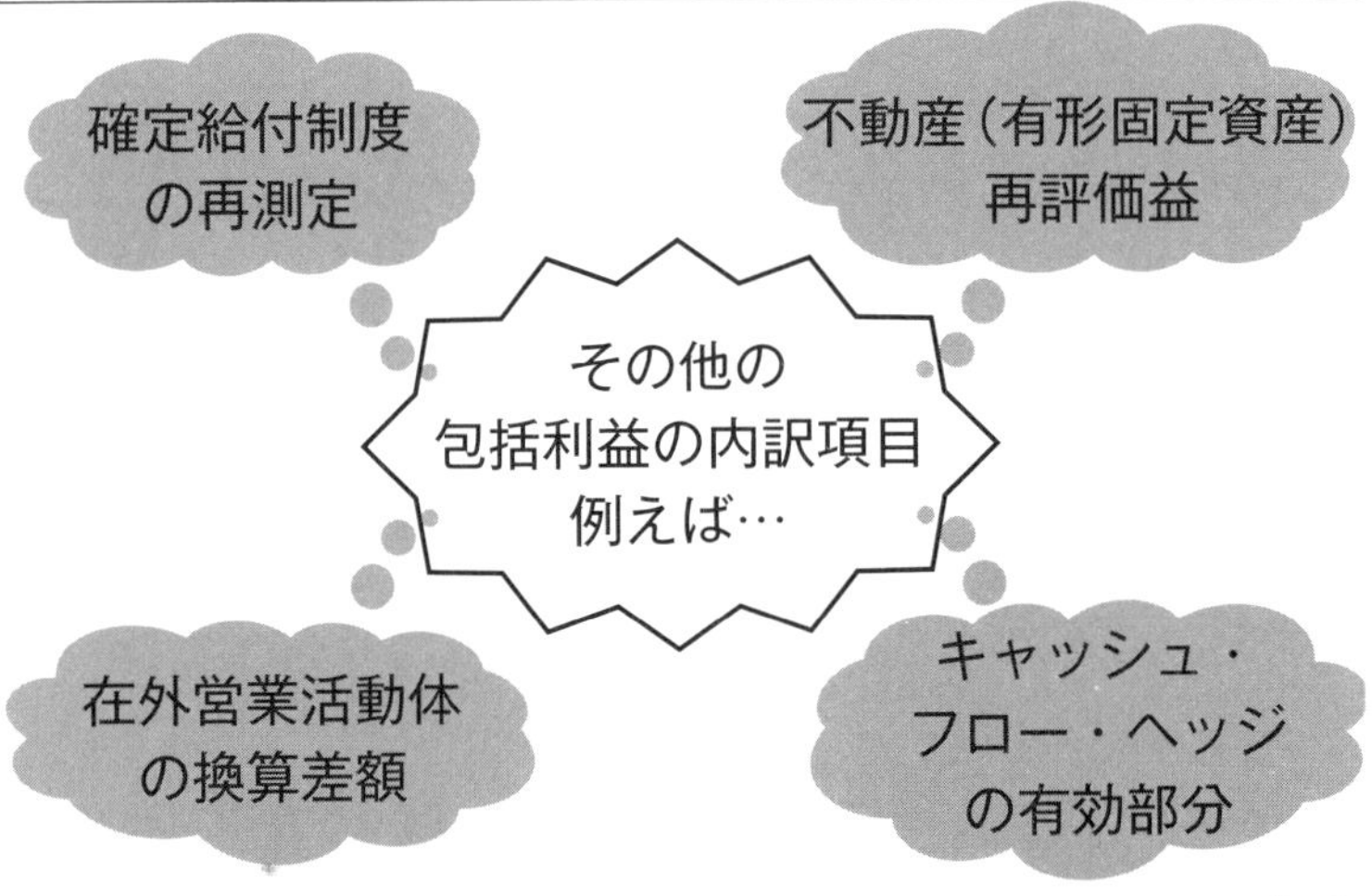

「その後に純損益に振り替えられることのない項目」と「その後に特定の条件を満たした時に純損益に振り替えられる項目」に分けて表示

12 IFRSによる影響

影響は経理部門にとどまらない

●IFRS導入により影響を受ける領域

IFRSの導入により影響を受ける領域として最初に思い浮かぶのは、会計・財務報告領域でしょう。しかし、実際の影響はそれだけにとどまらず、左ページのように広く企業内の活動領域に影響が及ぶことになると考えられます。経理部門に属していないから影響を受けない、というわけではありません。

●会計・財務報告

会計基準の変更に伴い、会計・財務報告領域が大きな影響を受けることはいうまでもありません。原則主義のIFRSのもとで適切な会計処理を行っていくためには、取引や事象の経済実態を把握し、適切な会計処理を決定していく必要があります。重要な見積りや判断を行わなければならない場面も増えてくると予想されます。そのため、これまで以上にグループが拠り所とするアカウンティング・マニュアルの整備・拡充が重要となってくると考えられます。また、IFRSでは広範な開示情報が求められるため、適時に必要な情報を収集する体制を構築し、その管理プロセスも整備しておく必要があります。

●プロセス・システム

まずは、開示情報が大幅に増えることにより、情報収集プロセスやシステムへの影響が出てくる可能性があります。また、会計方針の変更もシステムやさまざまな業務フロー、プロセス（例：固定資産の管理プロセスや販売・仕入にかかる業務プロセスなど）に影響を及ぼす可能性があります。さらに、財務報告上の重要な内部統制の新設・変更についても検討する必要があるでしょう。工数増加に対応するため、効率的な事務処理を可能とする工夫が重要となります。

●ビジネス

社内的には業績管理指標の変更が必要となってくる

可能性があります。また、社外との関係では、効果的なＩＲについて検討する必要があると思われます。状況によっては、取引先との契約条件の見直しが必要となることも考えられます。

●人材

最も影響を受けるのは、経理・財務要員であり、ＩＦＲＳを十分に理解していることに加えて、原則に基づき適時に判断を下す能力がこれまで以上に求められることになる可能性があります。また、ビジネスや経営管理のしくみが影響を受けることにより、経理・財務部門以外のあらゆる部門（例：製造、営業、法務など）に属する人員にも影響が及ぶと考えられます。

影響は経理部門にとどまらない

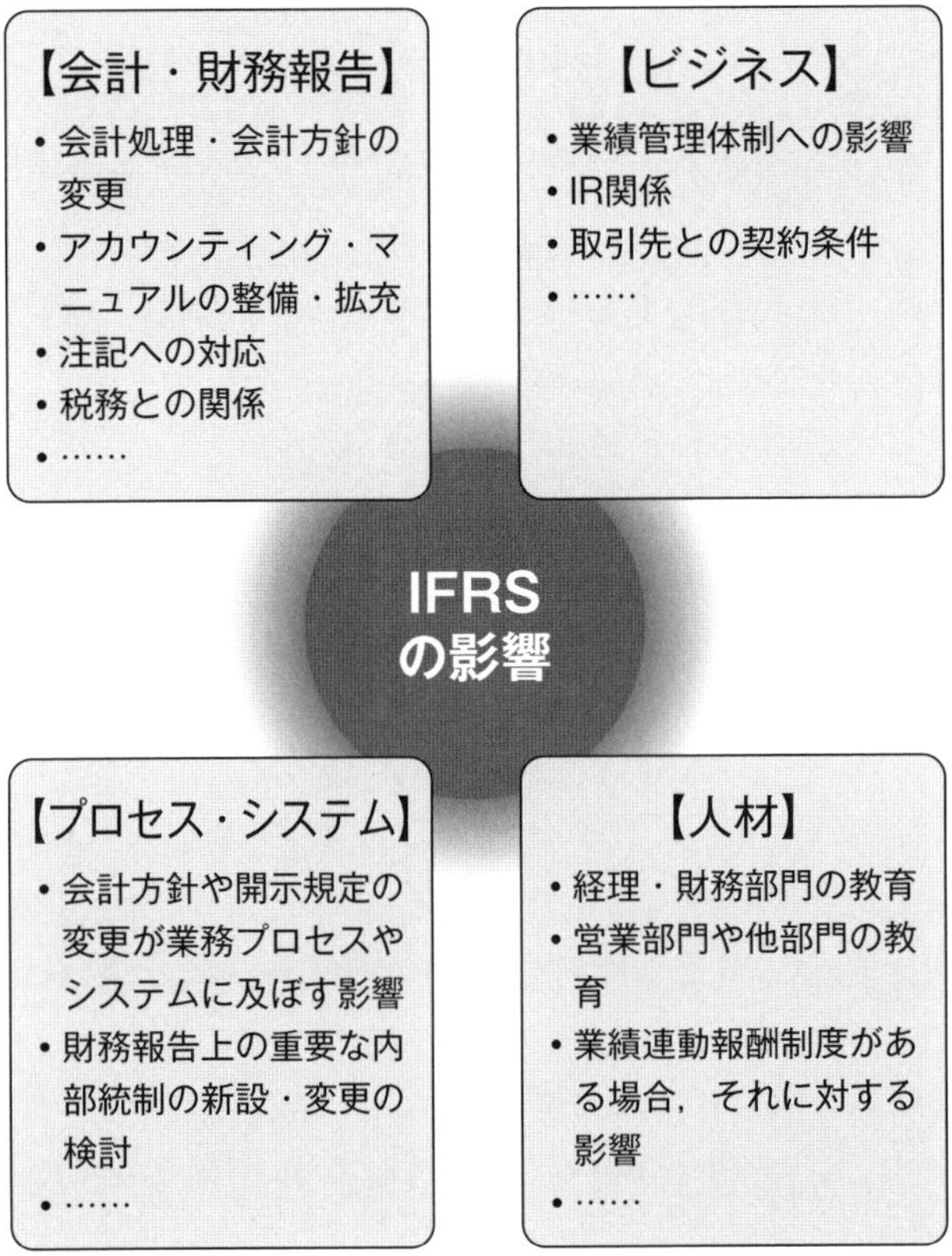
【会計・財務報告】
・会計処理・会計方針の変更
・アカウンティング・マニュアルの整備・拡充
・注記への対応
・税務との関係
・……
【ビジネス】
・業績管理体制への影響
・IR関係
・取引先との契約条件
・……
IFRSの影響
【プロセス・システム】
・会計方針や開示規定の変更が業務プロセスやシステムに及ぼす影響
・財務報告上の重要な内部統制の新設・変更の検討
・……
【人材】
・経理・財務部門の教育
・営業部門や他部門の教育
・業績連動報酬制度がある場合，それに対する影響
・……

コラム

IASBの組織と基準開発の現場

IASBは14名の理事により構成され，毎月の審議会でさまざまな会計基準について議論しています。また，IFRS解釈指針委員会は14名のメンバーにより構成され，２か月ごとの会議でIFRSの解釈指針について議論しています。

これらの議論のベースとなるのは，IASBの研究員が作成するペーパーです。研究員はさまざまな国から来ており，監査法人出身者，民間企業出身者，学者，各国基準設定機関出身者など，さまざまなバックグラウンドを持っています。研究員は，収益認識や連結などの主要な会計領域ごとに担当が決められ，各会計領域のチームが責任を持って関連する会計上の論点について検討します。

研究員が作成するペーパーは，IASBやIFRS解釈指針委員会の会議が行われる１～２週間前に，IASBのウェブサイトで公開されます。通常，１回の会議で数件から十数件の案件について議論されますが，そのほぼすべてについて数ページから数十ページのペーパーが作成されるため，会議１回当たりのペーパーは，通常全部で数百ページに及びます。したがって，会議において効果的な議論を行うことが可能か否かは，研究員が作成するペーパーの質に大いに左右されます。研究員の責任も重いですね。

IASBやIFRS解釈指針委員会における審議の過程は，その透明性が非常に重視されています。研究員が作成するペーパーは会議の１～２週間前にIASBのウェブサイトで公開され，会議は事前の申込みにより傍聴が認められるとともに，ウェブキャストで公開されます。会議が終わると，議論の概要がそれぞれIASB Update，IFRIC Updateという文書として公開されます。

これらはすべて英語で行われ，発信される情報も膨大であるため，日本人が適時に情報をアップデートするのはなかなか大変です。その点，上記IASB UpdateおよびIFRIC UpdateについてはASBJが和訳を公開していますので（ただし会員限定），そちらも合わせて参照してみてはいかがでしょうか。

第3章

IFRSの財務諸表

13 財務諸表の構成要素

日本基準と何が異なるのか

●ＩＦＲＳにおける財務諸表の構成要素

ＩＦＲＳにおける財務諸表は、「財政状態計算書（Statement of financial position）」、「純損益及びその他の包括利益計算書（Statement of profit or loss and other comprehensive income）」、「株主持分変動計算書（Statement of changes in equity）」、「キャッシュ・フロー計算書（Statement of cash flows）」、「注記（Notes）」の5つにより構成されています。

これらは、日本基準における財務諸表の構成要素（貸借対照表等）と比較すると、一部名称が異なりますが、規定の名称を使用することは強制されておらず、他の名称、例えば日本基準と同じ名称を使用することも認められます。

●日本基準と名称以外に何が異なるのか

ＩＦＲＳにおける財務諸表の各構成要素の機能は、日本基準と大きく異なるものではありませんが、各構成要素に係る詳細な規定を見ると、日本基準と異なるいくつかの特徴があります。

日本基準においては、財務諸表本体の表示項目について、ひな形や数値基準等の詳細な規定がありますが、ＩＦＲＳにおいては、財務諸表本体に表示すべき最低限の項目が規定されているのみであり、日本基準のような詳細な規定はありません。

日本基準の貸借対照表においては流動性配列法（流動性の高い項目から記載する方法）がとられていますが、ＩＦＲＳの財政状態計算書においては固定性配列法（流動性の低い項目から記載する方法）も同様に認められます。また、日本基準において、繰延税金資産および負債は流動、非流動に分類されますが、ＩＦＲＳにおいてはすべて非流動に分類されます。

日本基準の損益計算書には特別損益の区分がありま

すが、ＩＦＲＳの包括利益計算書においては、そのような区分は認められず、したがって経常損益の表示もありません。また、日本基準において、費用項目は機能別（売上原価、販売費および一般管理費等）に分類されますが、ＩＦＲＳにおいては、機能別に加え、性質別（原材料費、人件費、減価償却費等）に分類することも認められます。

財務諸表の構成要素

IFRSでは他の名称を
用いることも可能

IFRS	日本基準
財政状態計算書 (Statement of financial position)	貸借対照表
純損益及びその他の包括利益計算書※ (Statement of profit or loss and other comprehensive income)	損益及び包括利益計算書※
株主持分変動計算書 (Statement of changes in equity)	株主資本等変動計算書
キャッシュ・フロー計算書 (Statement of cash flows)	キャッシュ・フロー計算書
注記 (Notes)	注記

※ IFRS，日本基準ともに，包括利益計算書とすることも認められる。また，純損益計算書と包括利益計算書の２つに分離することも認められる。

IFRSの財務諸表の特徴

特別損益なし

費用項目は機能別のほか
性質別も認められる

繰延税金はすべて
非流動区分

明確な数値基準なし

14 注記の概要①

重要な会計方針について踏み込んだ記載が必要になる

●ＩＦＲＳに基づく財務諸表の特徴

　ＩＦＲＳにおいては、財務諸表本体の表示項目について、最低限表示すべき項目が規定されているのみであり、日本基準の財務諸表等規則のような詳細な規定はありません。一方、注記において開示すべき項目については、多くの場合、ＩＦＲＳのほうが日本基準よりも詳細に規定されています。

　その結果、ＩＦＲＳに基づき作成された財務諸表は、日本基準に基づき作成された財務諸表に比べ、一般的には、財務諸表本体の表示項目がより簡素である一方、注記における開示はより詳細なものとなっています。

　ＩＦＲＳに基づき作成された財務諸表は注記がかなりの分量になるため、財務諸表利用者が理解しやすいよう、関連する項目を併せて記載するなど、可能な限り注記を体系的な方法で記載することが必要となります。

●重要な会計方針

　注記において開示する重要な会計方針について、日本基準においては財務諸表等規則に例示が記載されており、一般的には当該例示に沿った開示がなされています。

　一方、ＩＦＲＳにおいては、各基準書において開示すべきと規定されている会計方針のみでなく、利用者による財務諸表の理解に役立つと考えられる、重要な会計処理に関する会計方針をすべて記載する必要があります。

　また、ＩＦＲＳにおいては、日本基準では求められていない、会計方針の選択適用に関連する経営者の判断に関する開示や、会計上の見積りに関する不確実性の要因に関する開示が求められます。

　そのため、ＩＦＲＳにおける重要な会計方針の開示は、その内容を検討するにあたり判断を要するものが

IFRSに基づく財務諸表の特徴

本表	• 表示項目が限定列挙でなく判断を要する • 表示項目よりも注記を充実させる傾向
注記 （特に会計方針）	• 開示項目が限定列挙でなく判断を要する • 会計方針に係る経営者の判断に関する開示 • 会計上の見積りに関する不確実性の開示 • 今後適用される会計方針の影響に関する開示

注記の分量が膨大に。大切なのは…

整合性　　わかりやすさ

多く、また、その他の注記事項と同様、日本基準に基づく開示に比べ、一般的に分量が多くなります。

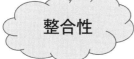

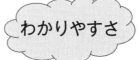

15 注記の概要②

より詳細な開示が求められる

●詳細な開示が必要となる分野

ＩＦＲＳに基づく財務諸表の特徴として、日本基準に比べ注記による開示の分量が非常に多いという点がありますが、その傾向が顕著である分野をいくつか挙げてみます。

●のれん

ＩＦＲＳにおいては、財務諸表利用者が期中におけるのれんの帳簿価額の変動を評価できるように、期首から期末までののれんの帳簿価額の調整表の開示が必要です。当該調整表には、期首残高、期中に認識した追加的なのれん、期中に認識された減損損失、期中に発生した為替換算差額、期末残高等が含まれます。

また、金額的に重要なのれんについては、減損損失を認識したかどうかにかかわらず、のれんが配分されている資産グループの詳細や、その回収可能価額の測定に用いられた基礎（割引率等）に関する開示が毎期求められます。

●公正価値

ＩＦＲＳ第13号は、公正価値の評価技法に用いられるインプットを、観察可能性の程度に基づき、使用する優先度の高い順にレベル1から3に区分しています。

当該インプットのレベル別に公正価値の開示項目が規定されており、開示対象には、公正価値で測定される資産・負債（例：売却可能金融資産）のほか、公正価値で測定されないものの公正価値が開示される項目（例：原価モデルを採用する場合の投資不動産）が含まれます。また、インプットのレベルが低いほど、多くの開示が必要となります。

●金融商品

ＩＦＲＳにおいては、金融商品の信用リスク、市場リスク、為替リスク等、さまざまなリスクについて、定性的情報および定量的情報の開示が必要となります。

また、金融商品の分類ごとに、帳簿価額、公正価値および発生した損益を開示する必要があります。さらに、公正価値の算定方法の開示が必要であり、公正価値を算定できないものについてはその旨、理由等を開示することとなります。

●関連当事者

関連当事者に係る項目については22項に記載されています。

●収益認識

IFRS第15号（第4章参照）においては、顧客との契約や、同基準を適用する際の重大な判断およびその変更等について、定性的および定量的な情報の開示が求められます。

注記の概要

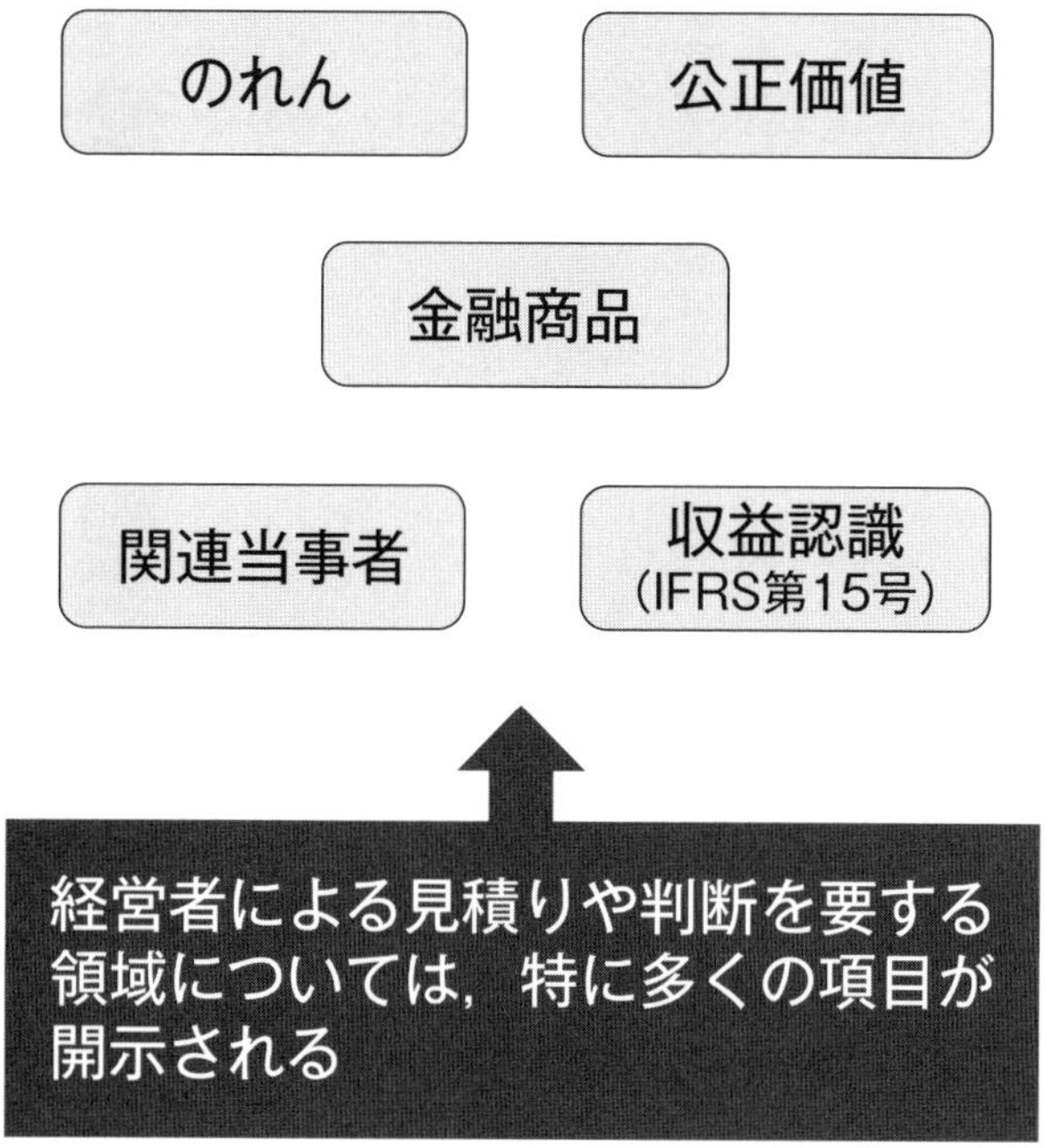

16

会計方針および見積りの変更

減価償却方法は会計方針か見積りか

●会計方針の変更

会計方針は原則として毎期継続して適用することが求められますが、ＩＦＲＳにおいては、新しい基準を適用する場合および財務諸表をより適正に表す場合には、会計方針を変更する必要があります。

会計方針の変更を行った場合、各基準書において特段の規定がない限り、原則として変更後の会計方針を遡及的に適用する必要があります。つまり、変更後の会計方針を、あたかも従来から適用していたかのように、前期以前に遡って適用することとなります。変更後の会計方針を遡及的に適用することが実務上不可能な場合は、実務上可能な最も古い時点まで遡って適用することが求められます。

日本基準においては、以前は会計方針の変更の遡及適用は求められていませんでしたが、ＩＦＲＳとのコンバージェンスの結果、現在はＩＦＲＳと同様の規定となっています。

また、ＩＦＲＳと日本基準のいずれにおいても、公表されているが未だ適用されていない基準に関する影響額を開示する必要があります。

●見積りの変更

見積りの変更とは、新たに入手した情報または新たに発生した事象に基づき、将来に関する会計上の見積りを変更することをいいます。見積りの変更は状況が変化したことによる将来予測の変更であるため、過去に遡って適用するのではなく、変更した期から将来に向けて適用されます。この点は日本基準においても同様です。

●減価償却方法の変更

ＩＦＲＳにおいて、減価償却方法は資産の将来の経済的便益の消費パターンを反映するものでなければならないとされており、会計方針とはされていません。

その変更は、状況の変化に応じて将来に関する見積りが変更されたことを意味するため、見積りの変更として扱われ、将来に向けて適用されます。

日本基準においては、減価償却方法は会計方針とされていますが、その変更は見積りの変更との区別が困難であることから、ＩＦＲＳと同様に見積りの変更として取り扱われ、将来に向けて適用されます。

会計方針および見積りの変更

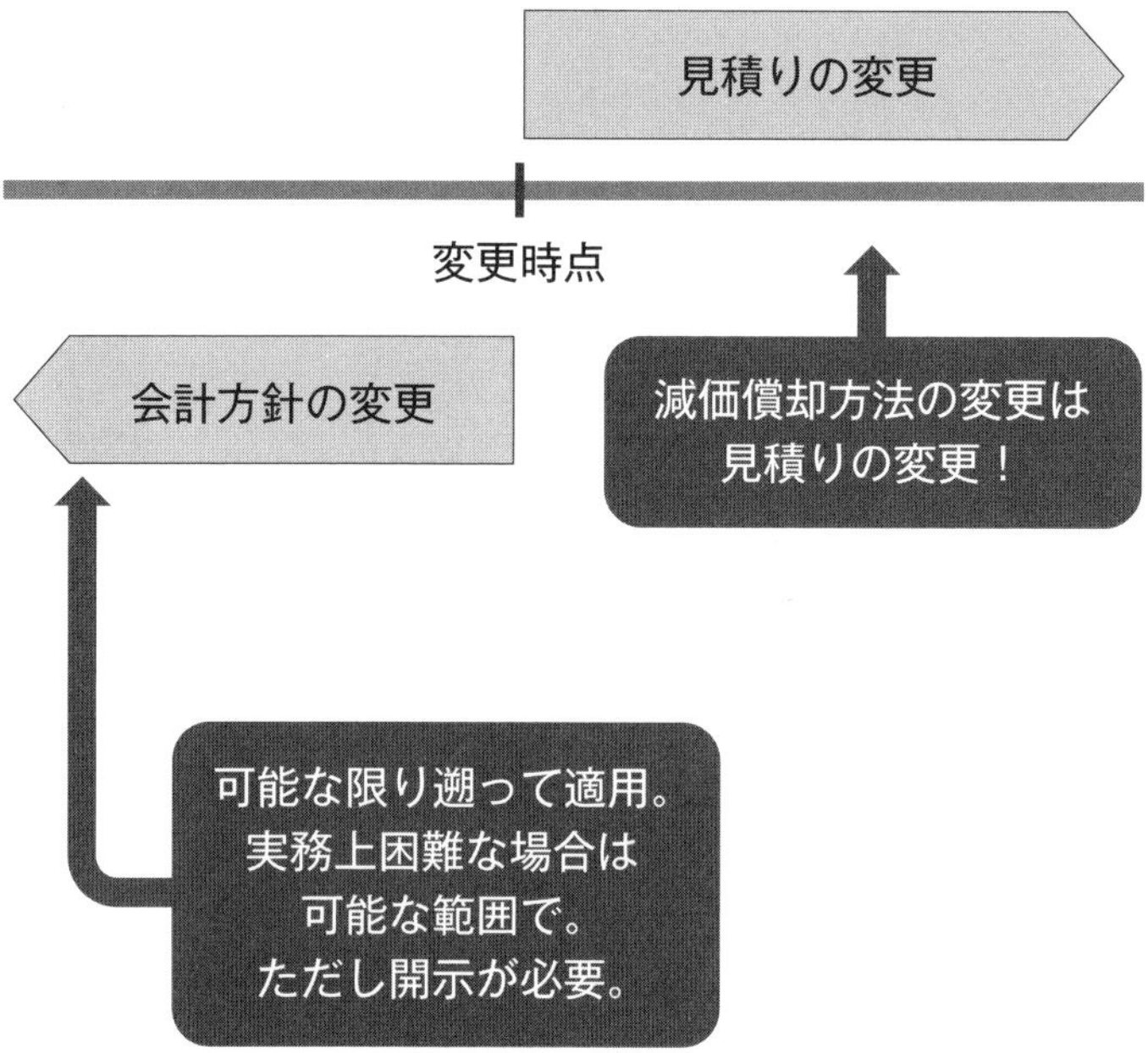
見積りの変更
変更時点
会計方針の変更
減価償却方法の変更は
見積りの変更！
可能な限り遡って適用。
実務上困難な場合は
可能な範囲で。
ただし開示が必要。

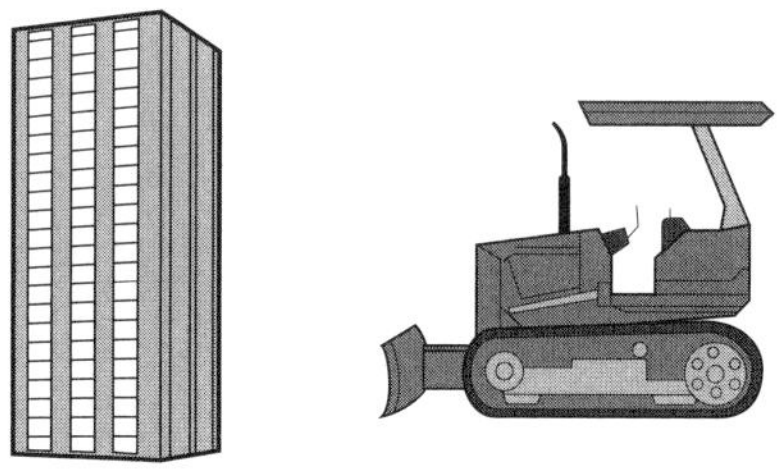

17 四半期財務諸表の取扱い

簡便的な会計処理は認められるのか

●ＩＦＲＳに基づく四半期報告の構成要素

日本では、上場企業等に四半期財務報告が求められ、四半期財務諸表は「四半期財務諸表に関する会計基準」に基づき作成されます。

ＩＦＲＳにおいては、四半期財務報告を含め、1事業年度よりも短い財務報告期間について作成される財務報告書に関しては、ＩＡＳ第34号「期中財務報告」が適用されます。

ＩＦＲＳに基づく四半期財務報告書は、年次財務諸表と同様の計算書、もしくは要約財務諸表を含む必要があります。

要約財務諸表を選択した場合、見出しおよび小計は、直近の年次財務諸表と合わせる必要があります。また、年次財務諸表と同様の注記は求められませんが、注記すべき最低限の項目が規定されており、それら以外にも、前期末以降の重要な事象および取引については開示が必要となります。

●簡便的な会計処理は認められるか

日本基準においては、四半期財務諸表において、年次財務諸表とは異なる簡便的な会計処理が認められています。

ＩＦＲＳにおいては、原則として、年次財務諸表と同様の会計方針に基づき四半期財務諸表を作成する必要があります。ただし、資産、負債等の測定に用いられる見積りについては、専門家による評価を必ずしも求めない等、年次財務諸表よりも実質的に簡便的な見積方法が認められています。

●期中における見積りの変更

ＩＦＲＳに基づく期中財務報告において、会計上の測定は年初からの累計を基準として行う必要があります。例えば、ＩＦＲＳにおいては、期中財務報告の都度、年度の加重平均実効税率を見積もり、当該税率を期首からの累計期間の税引前利益に適用することにより、税金費用を認識します。

したがって、第1四半期における見積りが第2四半期以降に修正される可能性があります。当該修正による期首からの累積的影響額は、見積りが修正された期中会計期間に認識されます。

簡便的な見積方法

項　　目	状況により許容される見積方法
棚卸資産	全数量の棚卸および評価を行わず，売上マージンに基づき見積りを行う。
税金費用	租税区域ごとの税率でなく，全体の加重平均税率を適用する。
年金（退職給付債務） 引当金，偶発事象 再評価モデル	外部専門家による見積りを入手せず，前期末の残高に基づく推計等の方法により見積りを行う。
流動・非流動の区分 連結会社間の調整	期末ほど厳密でない方法により調査および調整を行う。

18 関連当事者の開示

数量的な判断基準はなく実態に応じた判断が求められる

●関連当事者に係る開示の意義

　グループ企業や経営幹部等、関連当事者との取引は、関連当事者でない第三者との取引では行われないような条件で実行される場合があります。例えば、第三者に対しては原価に利益を上乗せした価格で販売している商品を、親会社に対しては原価で販売するケース等が考えられます。

　関連当事者との取引は、企業の経営成績および財政状態に重要な影響を与える可能性があるため、取引の内容や未決済残高等の開示が必要となります。ただし、連結財務諸表において、相殺消去される企業グループ内の取引は開示の対象外とされています。

●関連当事者の範囲

　関連当事者の定義について、ＩＦＲＳと日本基準で大きな差はありません。しかし、日本基準では関連当事者とされている、議決権の10％以上を有する主要株主や子会社の役員は、ＩＦＲＳにおいては関連当事者に該当しません。また、日本基準においては、主要株主や役員の近親者は2親等以内の親族に限定されますが、ＩＦＲＳにおいて個人の近親者は、企業との取引において当該個人に影響を与えると予想される者と定義されており、当該個人の内縁者等も含まれます。

●関連当事者に係る開示の内容

　関連当事者に係る開示の内容についても、ＩＦＲＳと日本基準で大きな差はありません。しかし、日本基準上はコーポレート・ガバナンスの開示規定に含まれるため関連当事者の注記を求められない役員報酬について、ＩＦＲＳでは関連当事者の注記における開示が求められます。

　また、日本基準では、関連当事者に係る開示について金額的重要性の基準が規定されていますが、ＩＦＲＳにはそのような明確な規定はありません。したがって、特定の関連当事者取引を開示するか否かについては、財務諸表利用者の判断に与える影響の程度を考慮し、重要性の観点から慎重に判断することが必要となります。

関連当事者の開示

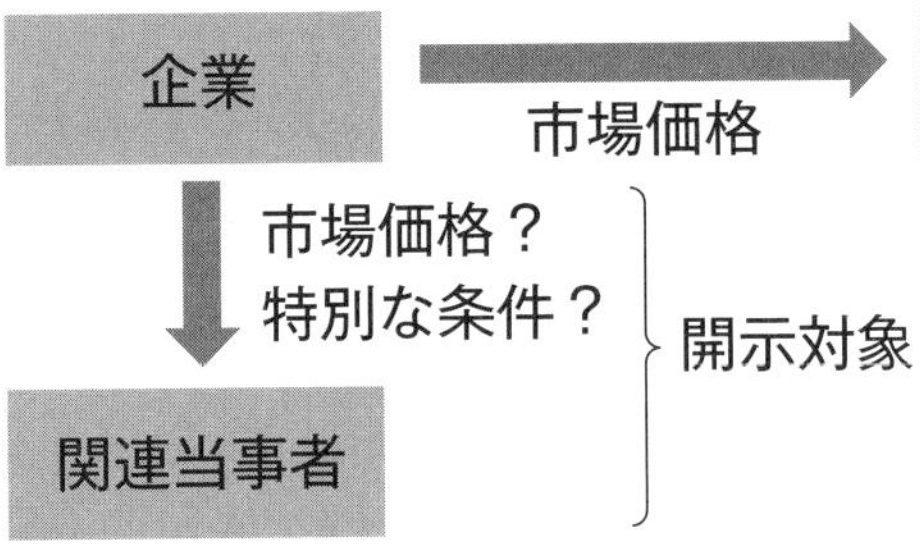

最低限の開示項目
親会社とその子会社との間の関係（取引の有無にかかわらず）
経営幹部に対する報酬
取引の金額
未決済残高
未決済残高に対する貸倒引当金
関連当事者に対する不良債権について期中に認識した費用

開示対象となる取引例
物品や不動産の購入または販売
役務の提供または受領
リース
研究・開発の移転
ライセンス契約による移転
金融取引契約による移転（借入れ等）
保証または担保の提供
企業に代わって行う負債の決済

19 事業セグメント

マネジメントの視点でセグメント情報を開示する

●マネジメント・アプローチ

IFRSと日本基準のいずれにおいても、経営者が資源配分の意思決定および業績評価を行う単位に基づきセグメントを区分する、マネジメント・アプローチによるセグメント情報の開示が求められます。

●事業セグメント

企業の構成単位で、次のすべてに該当するものを事業セグメントとします。

- ・収益を稼得し費用を負担する事業活動に従事
- ・企業の最高業務執行意思決定者が、資源配分の意思決定および業績評価の目的で経営成績を定期的に検討
- ・分離した財務情報を入手可能

事業セグメントのうち、長期平均総利益率が類似している等、類似の経済的特徴を有するものが複数ある場合には、それらを単一の事業セグメントとして集計することができます。

●開示すべき報告セグメント

識別された事業セグメントのうち、セグメント間売上を含む売上高、セグメント利益または損失の絶対額、セグメント資産のいずれかが、事業セグメント合計の10%以上であるものを、個別に開示すべき報告セグメントとします。

さらに、当該報告セグメントの外部収益の合計額が企業の収益合計額の75%未満である場合は、当該比率が75%となるまで、先述の10%基準を満たさない事業セグメントについても報告セグメントとします。この際、10%基準を満たさない複数の事業セグメントが類似の経済的特徴を有する場合は、それらを結合したうえで1つの報告セグメントとすることができます。

報告セグメントにならない事業セグメントは結合し、「その他のすべてのセグメント」として開示します。

事業セグメント

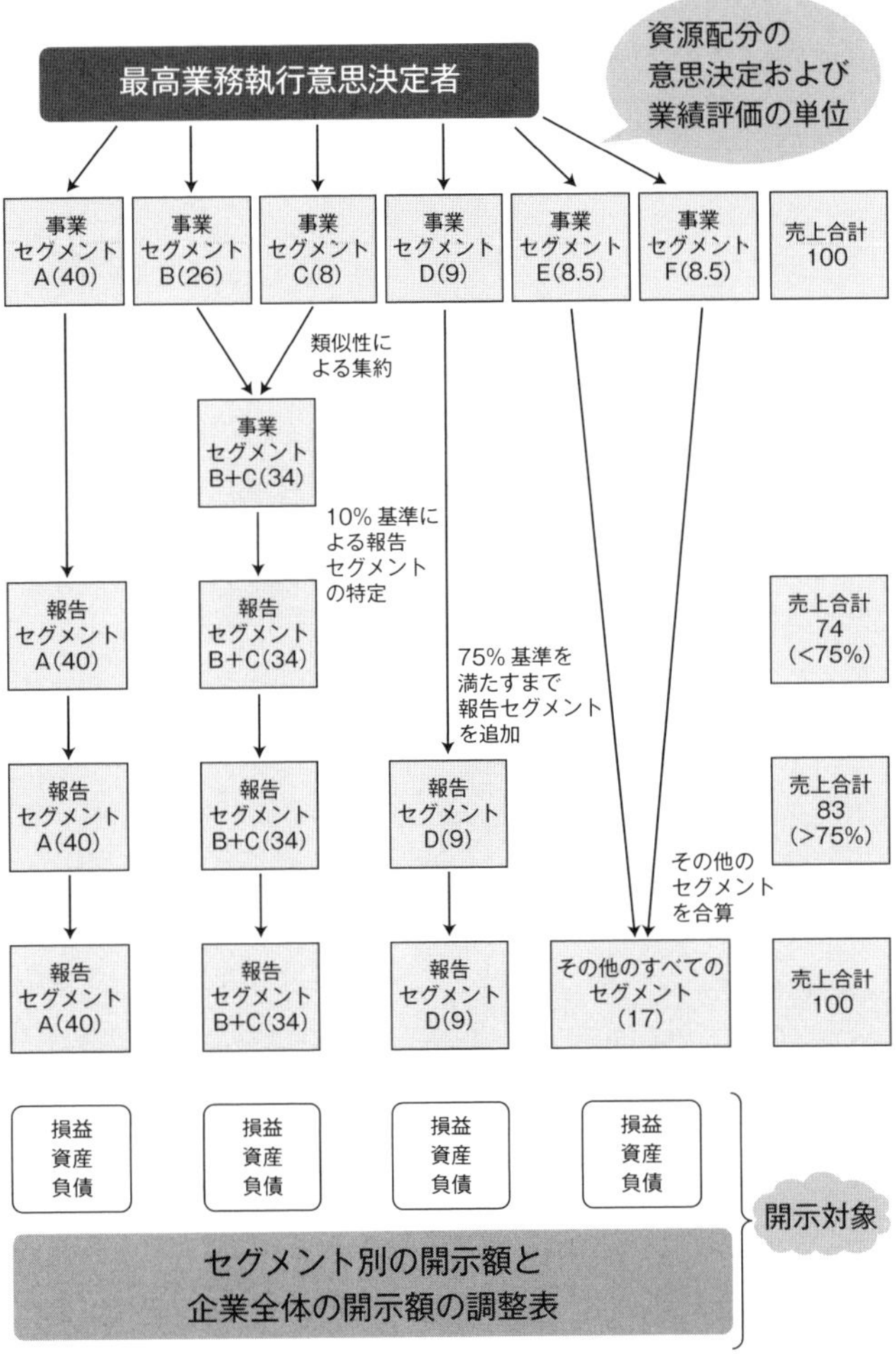

●セグメント情報の開示内容

セグメント情報に係る注記では、報告セグメントの区分方法、各報告セグメントの損益、資産、負債等の額が開示されます。これらの数値は、最高業務執行意思決定者が資源配分の意思決定および業績評価を行うために定期的に検討するものとされており、必ずしも財務諸表上の数値と一致する必要はありません。そのため、その算出方法や、それらの数値と財務諸表上の数値との調整表等についても開示が必要となります。

また、各報告セグメントに係る開示のほか、企業全体の開示として、製品およびサービス、地域、主要な顧客に関する情報の開示が求められます。

20 非継続事業

将来キャッシュ・フローを生まない事業の存在が明らかに

●非継続事業とは

IFRSにおいては、すでに処分されたか、または売却目的保有に分類された企業の主要な構成単位を非継続事業と定義しています。

売却目的保有への分類は、非流動資産の帳簿価額が、継続的使用でなく主に売却取引により回収される場合に行われます。また、企業の構成単位とは、企業の他の部分から営業上および財務報告目的上、明確に区別できる事業およびキャッシュ・フローをいいます。

非継続事業に関する情報は財務諸表本体または注記において開示されるため、財務諸表利用者にとっては、企業の継続的な事業活動により将来キャッシュ・フローを生むことのない事業を把握することが可能となります。

なお、日本基準においては非継続事業に関する規定はありません。

●非継続事業に関する表示および開示

非継続事業から発生する損益については、そのすべてを合計した単一の金額を、包括利益計算書において表示する必要があります。非継続事業から発生する損益には、当該事業の損益および当該事業に係る資産を処分または売却費用控除後の公正価値で測定したことによる損益が含まれます。これらの内訳およびそれぞれに関連する税金費用について、包括利益計算書または注記において開示することが求められます。

非継続事業の営業活動、投資活動、財務活動によるキャッシュ・フローについては、キャッシュ・フロー計算書または注記において開示することが求められます。

また、当期において非継続事業に分類された事業については、財務諸表に表示されている比較年度に関しても開示数値を修正再表示することが求められます。

非継続事業

包括利益計算書
継続事業
継続事業に係る純利益
非継続事業
非継続事業に係る純利益（税引後）
当期純利益
1株当たり利益
基本的1株当たり利益
希薄化後1株当たり利益
1株当たり利益 ── 継続事業
基本的1株当たり利益
希薄化後1株当たり利益
1株当たり利益 ── 非継続事業
基本的1株当たり利益
希薄化後1株当たり利益

21 ＩＦＲＳの初度適用①

ＩＦＲＳを遡及的に適用することが原則

●適用初年度の財務諸表

企業がＩＦＲＳを初度適用する際には、適用年度の財務諸表とその比較情報を作成する必要があります。例えば、２０１９年３月期からＩＦＲＳを初度適用する場合、比較対象期間である２０１８年３月期の財務情報もＩＦＲＳに基づいて作成することとなります。この場合、ＩＦＲＳへの移行日は２０１７年４月１日となり、この時点の開始財政状態計算書を作成する必要があります。

●適用されるＩＦＲＳ

適用初年度の財務諸表には、当該年度の期末日（先述の例でいえば、２０１９年３月31日）において有効となっているＩＦＲＳが適用されます。また、同日において、未だ適用されていないものの早期適用が認められている基準がある場合、当該基準の適用を選択することも認められます。

仮に、適用初年度において適用したＩＦＲＳが比較対象期間においては有効でなかったとしても、それらに基づく会計方針を、比較対象期間についても同様に適用する必要があります。

●ＩＦＲＳの遡及適用

初度適用企業は、ＩＦＲＳへの移行日、すなわち比較対象期間の期首から将来に向けてＩＦＲＳを適用すればよいのかというと、そうではありません。開始財政状態計算書の各項目をＩＦＲＳに基づいて測定するために、原則として、可能な限り過年度に遡ってＩＦＲＳを適用する必要があります。

過年度に遡ってＩＦＲＳを適用したことによる、ＩＦＲＳへの移行日までの累積的影響額については、開始財政状態計算書における利益剰余金の調整として認識し、当該残高に含まれることとなります。

なお、初度適用企業がＩＦＲＳを遡及適用する際には、別途定められている免除規定および例外規定に留意が必要となります。

2019年３月期から初度適用する場合

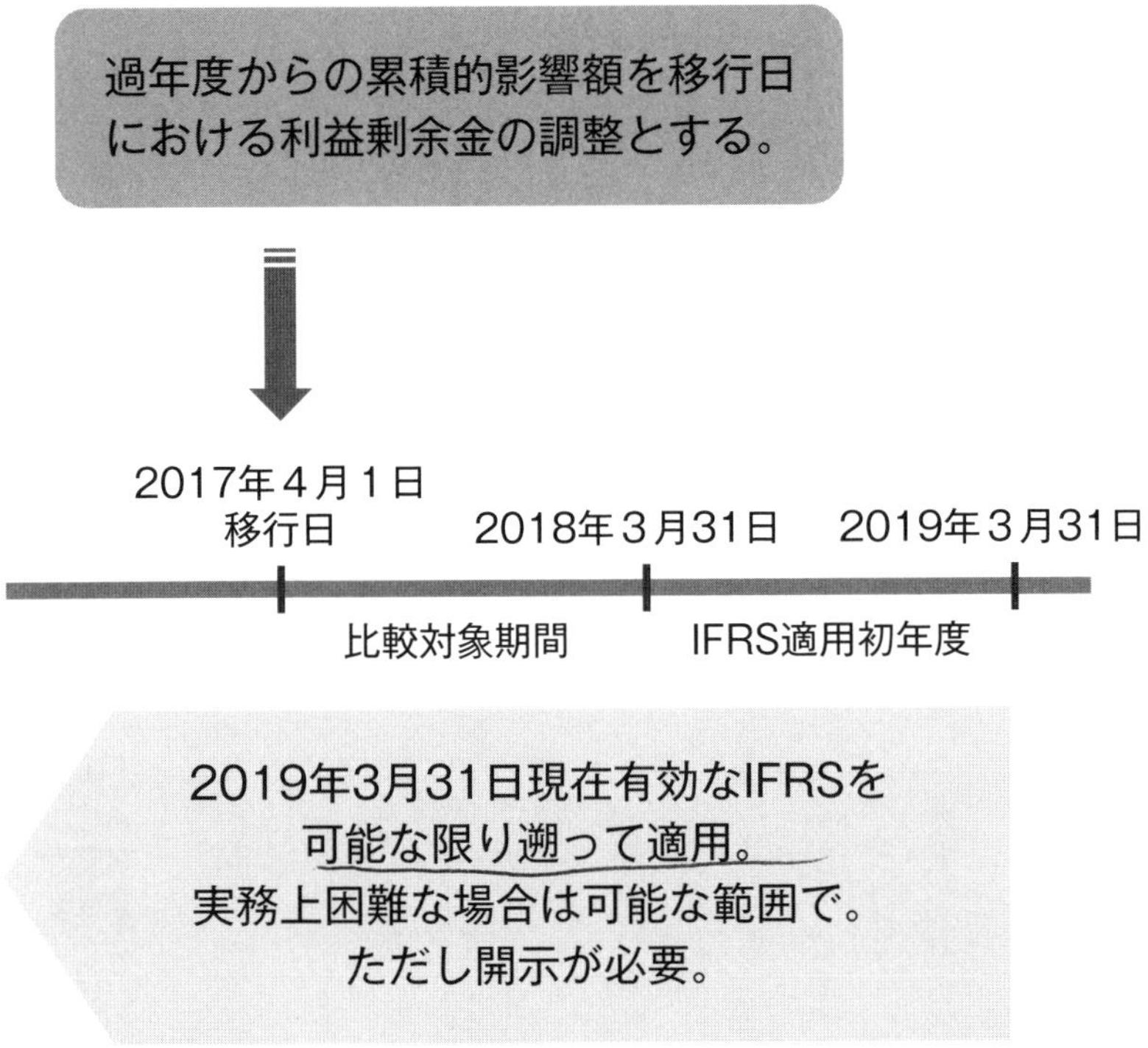

22

ＩＦＲＳの初度適用②

遡及適用しなくてもよい事項、してはいけない事項とは

●遡及適用しなくてもよい事項（免除規定）

初度適用企業は原則として、適用初年度の期末日において有効となっているＩＦＲＳを、可能な限り過年度に遡って適用する必要があります。

しかし、すべてのＩＦＲＳについて遡及適用することには実務上の困難が伴うため、遡及適用のためのコストがそれによる財務諸表利用者の便益を上回ると考えられる領域については、遡及適用に関する免除規定が定められています。

例えば、過去のすべてまたは一部の企業結合について、ＩＦＲＳを遡及適用せず従前の基準に基づく数値を引き継ぐことが認められます。これにより、取得価額の配分等をし直す必要がなくなります。

●遡及適用してはいけない事項（例外規定）

ＩＦＲＳの遡及適用が適切でないと考えられる領域については、例外規定により遡及適用が禁止されています。特に、遡及適用することにより、特定の取引の結果がすでに判明しているものについて、過去に遡って判断をし直すことになるような場合、当該領域は例外規定の対象となっています。

例えば、過年度において行われた見積りは、ＩＦＲＳの適用に際し最新の情報に基づき修正されるべきではないため、ＩＦＲＳの初度適用に際しては、当初行われたものと首尾一貫した見積りを使用することが求められます。

●会計方針の統一

ＩＦＲＳにおいては、親会社だけでなく、連結子会社、関連会社およびジョイントベンチャーのすべてに対して、ＩＦＲＳに基づき採用された同一の会計方針を適用する必要があります。したがって、初度適用に際しては、グループ会社が親会社と同一の会計方針を適用しているかどうかを確認する必要があります。ま

遡及適用の免除規定および例外規定

原則：可能な限り遡及的にIFRSを適用する。

主な免除規定（遡及適用しなくてもよい事項）

項　目	内　容
企業結合	移行日よりも前に生じた企業結合についてはIFRS第3号を遡及適用しないことが認められる
みなし原価	IFRS移行日の公正価値をみなし原価として使用できる（有形固定資産，無形資産，投資不動産，使用権資産）
換算差額累計額	IFRS移行日の残高をゼロとみなすことが認められる
…	…

主な例外規定（遡及適用してはいけない事項）

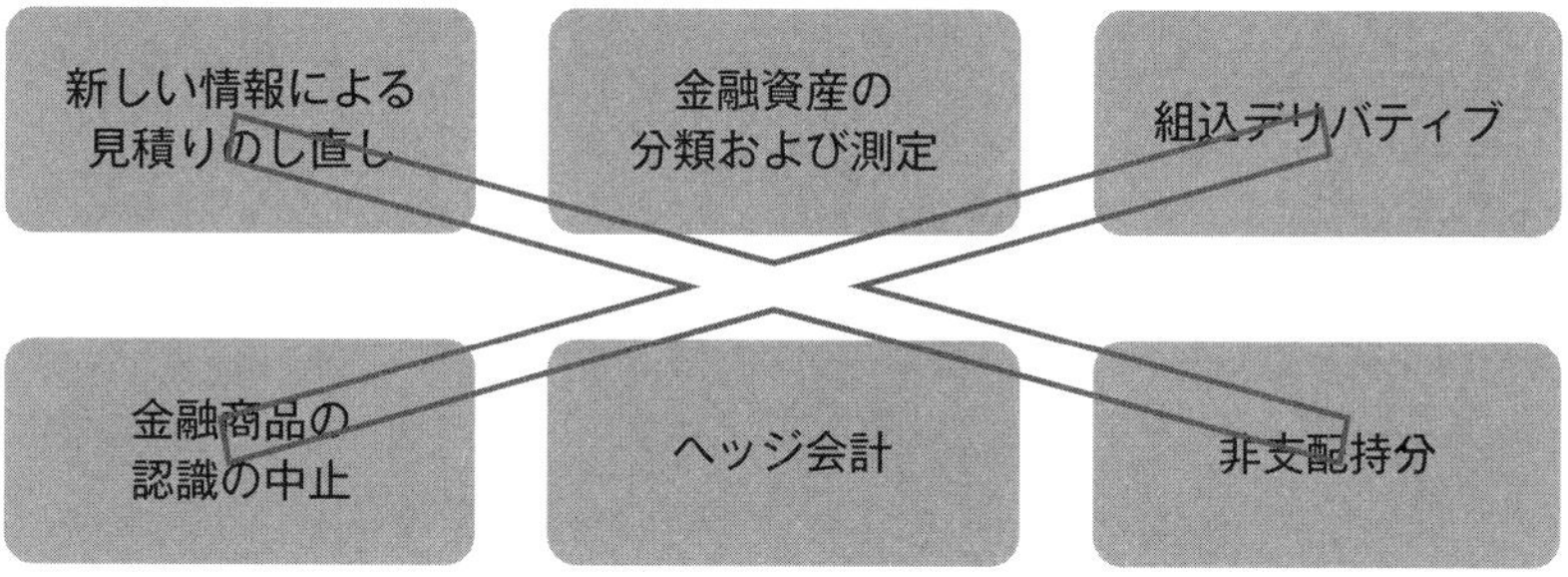

た、遡及適用に係る免除規定についても、グループ全体で同じ選択をする必要があります。

コラム

マネジメント・コメンタリーとは
── 財務諸表のみが財務報告ではない ──

マネジメント・コメンタリーは「経営者による解説」と訳され，企業の経営成績や将来見通し，事業活動に伴うリスク等について，経営者の観点から見解を提供するものです。したがって，財務諸表とは性質が異なりますが，財務諸表を補足および補完する役割を果たしています。

日本の有価証券報告書でいえば,「第１　企業の概況」「第２　事業の状況」等，中でも「業績等の概要」「対処すべき課題」「事業等のリスク」「財政状態，経営成績及びキャッシュ・フローの状況」等のセクションが最もよく当てはまると考えられます。

IASBは2010年12月に，マネジメント・コメンタリーに関する実務声明書を公表しました。当該実務声明書に強制力はありませんが，それによるとマネジメント・コメンタリーは，財務諸表の背景情報を提供し，企業の将来の経営成績や成長に影響し得る主な要素について説明するものでなければなりません。また，将来の見通しについては，単なる予想でなく，企業の目標や戦略を示すものでなければなりません。

企業が開示しているマネジメント・コメンタリーの多くは，定型的で冗長な文面が多く，本来必要とされる企業固有の事項がわかりにくいと指摘されることがあります。そのような背景もあり，前述の実務声明書では，マネジメント・コメンタリーを「明確かつ簡潔に」「企業にとって最も重要な項目に焦点を当て」「財務諸表の内容と整合させ，可能な限り重複しないよう」記載することとしています。

一般的に，経営者は企業固有のリスク等を積極的には開示したがらないものと考えられます。しかし，リスクとそれに対する方策，今後の成長戦略等について，マネジメント・コメンタリーに一貫性のある形で明確に記載することにより，財務報告書の目的適合性を高めることも，財務報告に関する経営者の重要な役割の１つといえるのではないでしょうか。

第4章

収益認識をめぐる規定

23

新しい収益認識基準

収益認識のための新しいモデルが定められた

●新基準書の公表

２０１４年５月にＩＡＳＢとＦＡＳＢは、顧客との契約から生じる収益の認識に関する新しい基準書を公表しました。これは、ＩＡＳＢが米国のＦＡＳＢと共同で進めていた収益認識プロジェクトの成果として公表されたものです。２０１６年４月には、この基準書を適用するにあたって、特に明確化が必要と思われるいくつかの論点についての改訂が行われました。

ＩＦＲＳ第15号は、２０１８年１月１日以降開始する事業年度から適用となります。早期適用も認められます。

●新基準書における収益認識モデル

新しい収益認識モデルは、企業は、顧客への財・サービスの移転を描写するように、その財・サービスと交換に企業が権利を得ると見込んでいる対価を反映する金額で、収益を認識することを基本原則とし、それを達成するために、左ページの収益認識のための5つのステップを定めています。

●ステップ1から2―収益をどのようなくくりで会計処理するか

ステップ1と2を通じて、収益をどのようなくくりで認識していくか、すなわち、収益認識の会計単位を決定します。新しい収益認識モデルでは、収益は、「履行義務（契約に含まれる顧客との区別できる約束）」単位で認識します。会計単位が異なれば、収益の額や計上のタイミングが異なってくるため、契約に履行義務がいくつ含まれているかを適切に識別することが重要となります。

●ステップ3から4―収益を「いくら」で計上するか

ステップ3と4では、収益をいくらで計上するかを決定します。新しい収益認識モデルでは、収益は、企業が財・サービスと交換に企業が権利を得ると見込んでいる対価を反映する金額で収益を認識します。この金額のことをIFRS第15号では「取引価格」といいます。企業は、まず契約の取引価格を算定し、契約の中に履行義務が複数ある場合には、それぞれの履行義務の基礎となる財・サービスを別々に販売した場合の価格（独立販売価格）に基づいて、契約の取引価格を各履行義務に配分します。

●ステップ5―収益を「いつ、どのように」計上するか

企業は、財・サービスに対する支配を顧客に移転することにより、個々の履行義務を充足した時点で（または充足するにつれて）収益を認識します。履行義務が一時点で充足される場合には、収益を一時点で認識します。これに対して、履行義務が一定の期間にわたって充足される場合には、収益を進捗度に応じて認識します。いずれに該当するかにより収益認識の方法が大きく影響を受けるため、この判断は非常に重要です。

新しい収益認識モデル ― 5つのステップ

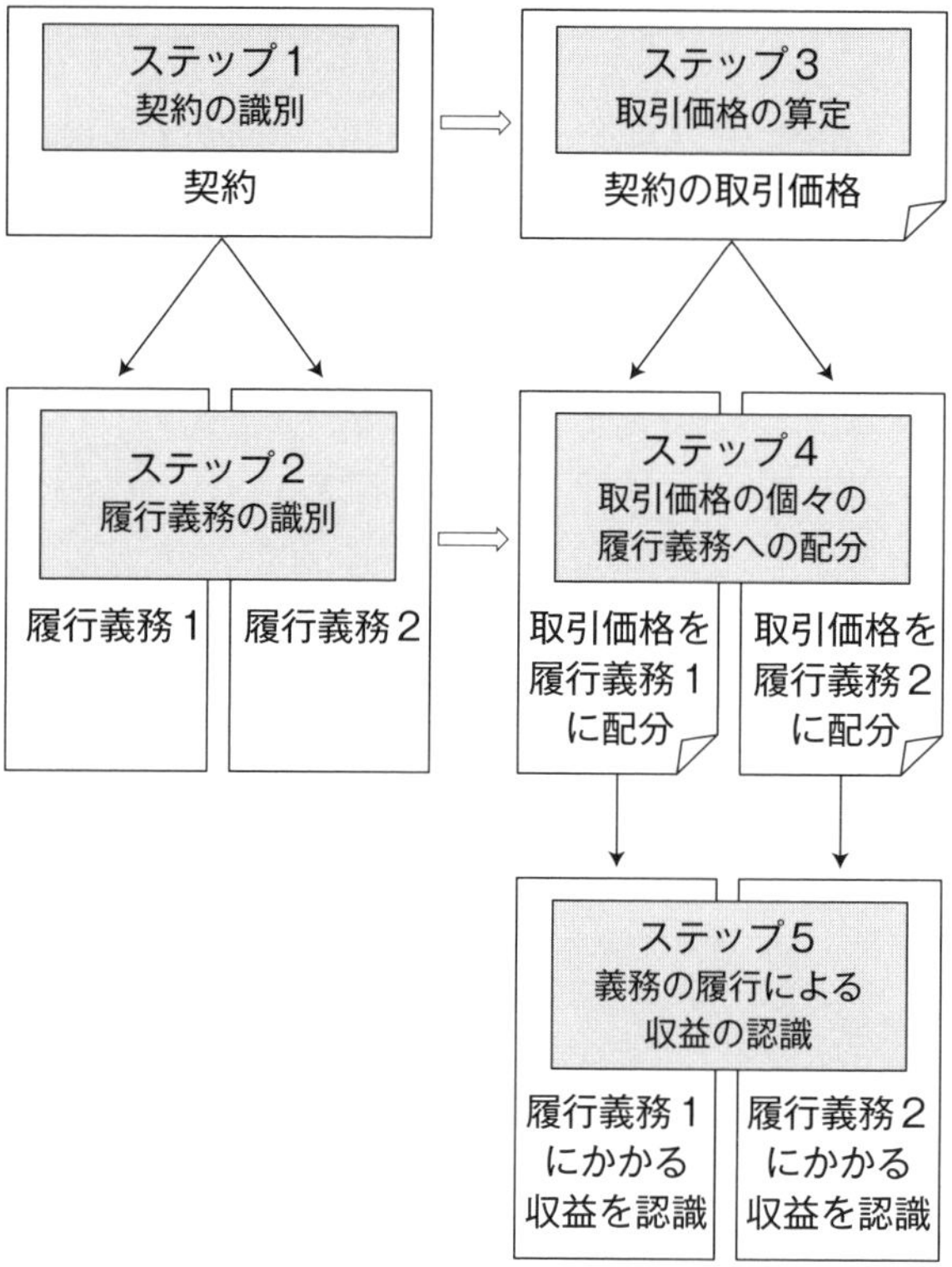

24

Step 1：契約の識別

複数の契約を結合すべき場合とは

●ＩＦＲＳ第15号における「契約」とは

ＩＦＲＳ第15号は、顧客との契約から生じる収益に適用されます。ここで、「契約」とは、強制可能な権利および義務を生じさせる複数の当事者間の合意と定義されており、文書によるもののほか、口頭ベースやビジネス上の慣行によるものも、次の定義を満たす場合には、ＩＦＲＳ第15号における「契約」に含まれます。

・契約の当事者が、契約を承認しており、それぞれの義務の履行を確約している
・企業が、移転すべき財・サービスに関する各当事者の権利を識別できる
・企業が、移転すべき財・サービスに関する支払条件を識別できる
・契約に経済的実質がある
・顧客に移転する財・サービスと交換に企業が権利を得ることとなる対価を回収する可能性が高い

仮に、顧客との契約がこれらの定義を満たさない場合で、かつ企業が顧客から対価を受け取った場合には、一定の要件を満たす場合を除き、受け取った対価は収益ではなく負債として計上されることになります。

●契約の結合

契約の中には、実質的には1つのものであると考えられるものの、諸々の事情により複数の契約として締結されているものもあると考えられます。ＩＦＲＳ第15号では、契約の形式ではなく実質に焦点を当てて会計処理することが求められます。そのため、同一の顧客（またはその関連当事者）と同時またはほぼ同時に締結した複数の契約が、左ページのいずれかを満たす場合には、それらの契約を結合して1つの契約として扱います。

なお、「同時またはほぼ同時」がどの程度の期間で

契約の結合

同一の顧客（またはその関連当事者）と同時またはほぼ同時に締結した契約が，次の要件のいずれかを満たす場合には，契約を結合する。

- 単一の商業的な目的を有するパッケージとして交渉されている。
- １つの契約で支払われる対価の金額が，他の契約の価格または履行に左右される。
- 複数の契約において約束した財・サービスが，単一の履行義務である。

あるかについては、特にガイダンスは示されておらず、実務上、判断が難しいケースも考えられます。

25

Step 2：履行義務の識別

契約の中で顧客といくつの区別できる約束をしているか、を検討する

●履行義務の識別とは

企業は、顧客との契約の中で、財やサービスを移転する約束をしています。その区別できる1つひとつの約束を履行義務といいます。したがって、ステップ2の「履行義務の識別」とは、契約の中に、他と区別できる顧客との約束がいくつ含まれているかを検討することを意味しています。

ＩＦＲＳ第15号では、収益はこの履行義務単位で認識されるため、履行義務を適切に識別することが重要です。わが国では、工事契約や受注制作のソフトウェアに関するものを除き、取引を会計処理単位に分割するための一般的な定めはありません。これまでこのような検討を行っていない場合には、社内において検討プロセスを整備する必要があると考えられます。

●履行義務を識別するための要件

契約に含まれる財・サービスは、「他と区別できる」場合に別個の履行義務になります。契約に含まれる財・サービスは、左ページの2つの要件の両方を満たす場合に、他と区別できます。

1つ目の要件は、「財・サービスは、そもそも契約内の他の財・サービスと区別することが可能か」、という区別可能性について検討するための要件です。

これに対して2つ目の要件は、たとえ財・サービスが1つ目の要件をクリアして他と区別できるものであったとしても、それらが契約の文脈上も区別されているかを確認するための要件です。例えば、建物の建設契約を考えてみます。建物の建設には、多くの資材が必要となります。また、設計、基礎工事、調達、建設、配管・配線、設備の設置、仕上げなどさまざまな活動が必要であり、多くの区別できる財・サービスがそのインプットとして用いられます。しかし、契約において企業と顧客が約束しているのは、それらを組み

合わせた結果（アウトプット）である建物を移転することであり、それらの1つひとつを個別に移転することを約束しているのではありません。企業は、建物を建設するために使われている多くの区別できる財・サービスを統合して建物とするための重要なサービスを提供しています。このようなケースにおいては、建物の建設を1つの履行義務として取り扱うことになります。

履行義務の識別

【履行義務の識別】

財・サービスは，以下の両方を満たす場合，別個の履行義務となる。

顧客が，財・サービスからの便益を，それ単独でまたは顧客にとって容易に利用可能な他の資源と組み合わせて得ることができる	＋	財・サービスを顧客に移転する約束が，同一契約内の他の約束と区分して識別できる

【契約における財・サービスを顧客に移転する約束が，識別可能でない指標】

重要な統合サービスの提供	契約内の他の財またはサービスの（による）大幅な修正またはカスタマイズ	高い相互依存性・相互関連性（個々の財・サービスが，契約内の他の財・サービスによって重大な影響を受ける）

例：建物の建設

【一連の別個の財またはサービス】

ほぼ同一で，顧客への移転パターンが同じ別個の財・サービス（例：清掃サービス，電力供給等）は，単一の履行義務として取り扱う。

「移転パターンが同じ」とは？

- 企業が顧客への移転を約束している一連の別個の財・サービスのそれぞれが，一定の期間にわたり充足される履行義務の要件を満たす
- 一連の別個の財・サービスのそれぞれを顧客に移転する履行義務の完全な充足に向けての企業の進捗度の測定に，同一の方法が使用される

26

Step 3：取引価格の算定

変動対価や顧客に支払われる対価に注意

●ステップ3―取引価格の算定

① 変動対価と収益認識累計額の制限

リベートや値引き、目標達成時の追加的対価などの存在により、対価が変動する場合には、複数の発生可能性を加重平均により考慮した期待値と、発生の可能性が最も高い金額のうち、企業が権利を得ることとなる対価の額をより適切に予測できると見込む方法で、変動対価を見積もります。

ただし、変動対価の見積額は、制限なく取引価格に含められるわけではありません。不確実性が解消した時点で、認識した収益の累計額に重大な戻入れが起こらない可能性が非常に高い範囲で、取引価格に含めます。

② 重大な金融要素がある場合

履行義務の充足時点と顧客による支払時点が異なることにより、企業または顧客が財務的に著しい便益を受ける場合には、契約に重大な金融要素があると考えられます。このような場合には、原則として、貨幣の時間価値を反映するように取引価格を調整する必要があります。ただし、財・サービスの移転時期と対価の支払時期の差が1年以内の場合には、この調整を行う必要はありません。また、例えば、顧客が前払いしている場合で、財・サービスの移転時期が顧客の裁量で決まる場合や、現金販売価格と対価との差額が資金提供以外の理由で生じている場合等については、重大な金融要素があるケースには該当しないこととされています。

③ 対価が現金以外で支払われる場合

対価が現金以外で支払われる場合には、対価をその公正価値で測定します。対価の公正価値を信頼性をもって見積もることができない場合は、現金以外の対価と交換に移転される財・サービスの独立販売価格を参照して対価の額を間接的に測定します。

④　顧客に支払われる対価

企業が顧客から対価を受け取るのではなく、顧客に対して対価を支払う場合には、それが収益の減額とすべきものか（例：リベート、値引き等）、または企業が顧客から別個の財・サービスを受け取った結果の支払いであるかを検討し、適切に会計処理する必要があります。また、顧客に支払われる対価が、企業が顧客から受け取る別個の財・サービスの公正価値を超える場合は、その超過額は取引価格から減額します。さらに、企業が顧客から受け取る財・サービスの公正価値を合理的に見積もることができない場合は、顧客に支払われる対価の全額を取引価格から控除することとされています。

収益認識額の決定

【変動対価がある場合には…】

1．見積もる

- 期待値
- 最も可能性の高い金額

いずれか，企業が権利を得ることとなる対価の額をより適切に予測できると見込む方法で見積もる。

2．制限について検討する

顧客に支払われる対価

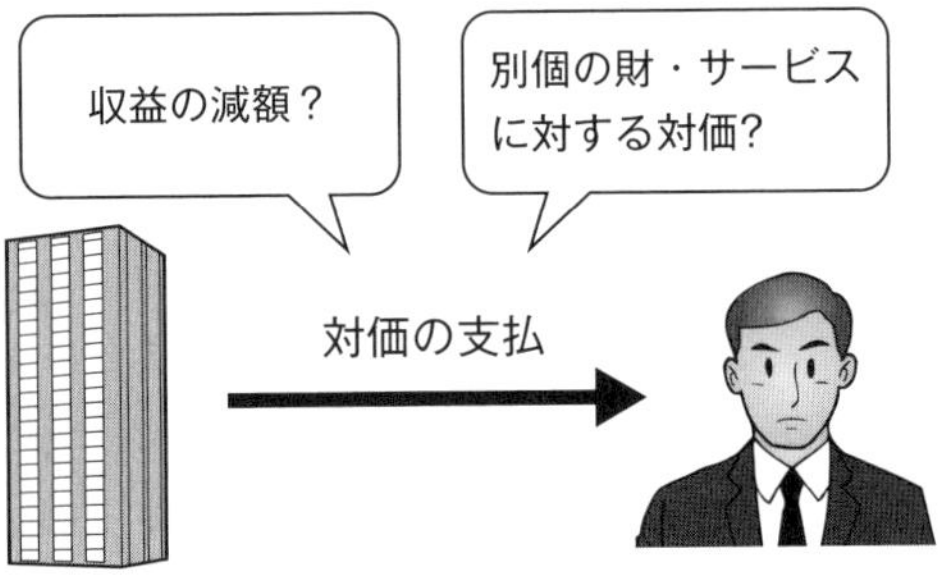

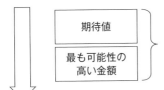

27

Step 4：取引価格の各履行義務への配分

それぞれを独立して販売する場合の価格（独立販売価格）の比で配分する

●取引価格の各履行義務への配分

ステップ4では、ステップ3で算定した取引価格を各履行義務に配分します。この配分は、個々の履行義務の基礎となる財・サービスを独立して販売した場合の価格の比に基づいて行います。

独立販売価格が観察可能である場合には、当該価格を用いて配分を行います。他方、独立販売価格が観察可能でない場合には、独立販売価格を見積もる必要があります。

定価やプライス・リスト上の金額は、独立販売価格である場合もあれば、そうでない場合もあるため、注意が必要です。仮に、定価やプライス・リスト上の金額は出発点であって、毎回そこから交渉により金額が決定されているような場合には、それらの金額は独立販売価格とは異なる可能性があります。

●独立販売価格の見積り

独立販売価格が観察可能でない場合の見積方法として、ＩＦＲＳ第15号では、左ページのような方法を例示しています。このうち、残余アプローチは、限られたケースにのみ用いることができる方法です。

●値引きの配分等

契約に含まれる財・サービスの独立販売価格の合計が、その契約の取引価格よりも高い場合には、値引きが行われていることになります。このように値引きがある場合には、値引きの全体が契約における履行義務の1つまたは複数（しかしすべてではない）のみに関連するものであるという特定の観察可能な証拠がある場合を除き、値引き額を契約内のすべての履行義務に比例的に配分する必要があります。

なお、ＩＦＲＳ第15号にはこのほかにも、変動対価をどのように各履行義務に配分すべきか、取引価格が変動した場合にどのように配分すべきか、などが規定されています。

独立販売価格の見積方法（例示）

[マーケット・アプローチ]
市場評価から出発して必要な調整を行う

[コスト·アプローチ]
必要なコストを見積もり，それに適切なマージンを加算する

[残余アプローチ]
取引価格全体から他の財・サービスの観察可能な独立販売価格を差し引き，残りを検討対象の履行義務の独立販売価格とする

↑
顧客によって販売する価格が大きく異なる場合や，企業がまだその財・サービスの価格を設定しておらず，かつ過去に独立して販売したことがない場合に限る

取引価格の各履行義務への配分例

【取引価格の個々の履行義務への配分例】

取引価格　200	
履行義務１ 独立販売価格：70 配分額：67 （200×70/（70＋140））	履行義務２ 独立販売価格：140 配分額：133 （200×140/（70＋140））

この例では，履行義務１と履行義務２の独立販売価格の合計は210であるが，取引価格は200となっており，10の値引きがあるケースとなっている。当該値引きは，独立販売価格の比に基づき履行義務１と２に配分されている。

28

Step 5：義務の履行による収益の認識

財・サービスの支配が顧客に移転する時期に注目

●ステップ5—収益認識パターンの決定

これまでのIFRSにおいては、物品の販売かサービスの提供かという点に注目し、それぞれについて収益認識の要件と会計処理が定められていました。これに対して、新基準においては、財かサービスかにかかわらず、企業の履行義務が一時点で充足されるものか、または一定の期間にわたって充足されるものかにより、いつ、どのように収益を認識するかが決まります。

①「一時点」か「一定の期間」かの判断要件

次の3つの要件のいずれかを満たすものは、一定の期間に充足する履行義務であり、それ以外は、一時点で充足する履行義務となります。

・企業の履行につれて顧客が便益を受け、かつ同時にそれを消費する
・企業の履行につれて資産が創出または増価し、かつ資産の創出または増価につれて顧客がそれを支配する
・企業の履行により企業にとって他に転用できる資産が創出されず、かつ企業が現在までに完了した履行に対する支払を受ける強制可能な権利を有している

②一定の期間にわたって充足する履行義務

一定の期間にわたって充足する履行義務については、履行義務の進捗に応じて収益を認識します。進捗度の測定方法には、アウトプット法やインプット法があります。特定の方法が定められているわけではありませんが、企業の顧客への財・サービスの移転状況を示す方法を用いる必要があります。例えば、インプット法を採用する場合には、発生コストなどのインプットが財・サービスの移転と必ずしもリンクしないケースがあるため、未据付けの資材や仕損コストなど、顧客への財・サービスの移転を描写しないものの影響を除外

する必要があります。

履行義務の成果を合理的に測定できないが、履行義務を充足するために発生したコストについては回収できると見込んでいる場合は、履行義務の成果を合理的に測定できるようになるまでの間、発生したコストと同額を収益として認識します。

③ 一時点で充足する履行義務

一時点で充足する履行義務については、企業が財・サービスを顧客に移転した時点で収益を認識します。IFRS第15号には、この判断に資するため、支配が移転したことを示す指標が示されています。

収益認識パターンの決定

【一定の期間に充足する履行義務，一時点で充足する履行義務】

以下のいずれかに該当するか？

企業の履行につれて顧客が便益を受け，かつ同時にそれを消費する	または	企業の履行につれて資産が創出または増価し，かつ資産の創出または増価につれて顧客がそれを支配する	または	企業の履行により創出される資産が他に転用できるものではなく，かつ企業が現在までに完了した履行に対する支払を受ける強制可能な権利を有している

例：清掃サービスや陸上運輸サービス

▶他の企業が途中で交代し，残りの義務を履行するとした場合に，その他の企業が，これまでに完了している作業を実質的にやり直す必要があるかを考える

例：顧客の土地の上に建物を建設し，顧客が企業の履行につれてその仕掛中の建物に対する支配を有することとなるようなケース

▶転用可能でないことと，支払を受ける強制可能な権利を有しているという2つの条件を満たす必要がある。

▶「転用可能性」
法律や契約で転用が制限されているケースに加えて，資産を他の顧客に転用すると重大な経済的損失が発生するようなケースも，転用できないケースに含まれうる。

▶「支払」
それまでに移転した財またはサービスの販売価格に近似する支払（すなわち，マージンを含む）金額

該当する → 一定の期間にわたって充足する履行義務

該当しない → 一時点で充足する履行義務

【支配が移転したことを示す指標】

企業が資産について支払を受ける現在の権利を有している	顧客が資産の法的所有権を有している	企業が資産の物理的占有を移転した	顧客が資産の所有に伴う重要なリスクと経済価値を有している	顧客が資産を検収した

29 返品・製品保証の取扱い

返品が見込まれる部分の収益は認識できない

●返品権付きの販売

顧客が返品権を有している場合には、企業が顧客に対して販売した製品のうち、返品されると見込まれるものについては、認識した収益の累計額に重大な戻入れが起こらない可能性が非常に高いとはいえないため、収益を認識することはできません。このような場合には、対価のうち、企業が受け取る権利を有することが予想される部分について収益を認識し、返品が予想される部分については返金負債を認識します。さらに、企業は、返金時に顧客から製品を回収する権利を有しているため、これを資産として認識します。この資産は、製品の従前の帳簿価額から予想回収コスト（企業にとっての潜在的価値の下落を含む）を控除することにより測定します。

返金負債は、毎期末日に見直し、差額は収益または収益の減額とします。製品回収に関して計上した資産も、それに応じて見直しを行います。

●製品保証の会計処理

ＩＦＲＳ第15号の審議に際しては、製品保証を別個の履行義務として取り扱うかについて、議論がありました。検討の結果、ＩＦＲＳ第15号においては、製品保証のうち、製品が合意された仕様に従っているという保証を顧客に提供するものについては、別個の履行義務として取り扱わないこととしています。したがって、このような製品保証については、製品販売時に売上を計上し、製品保証にかかる見積コストについてはＩＡＳ第37号「引当金、偶発負債及び偶発資産」の規定に従うこととしています。

これに対して、別個に購入することができる製品保証や、その製品保証が合意された仕様どおりの製品を引き渡すという品質保証とは別のサービスを提供するものである場合には、別個の履行義務として取り扱う

返品権付き販売

返品されると予想される部分については，売上を計上してはならない

（借）	現金預金	XXX	（貸）	売上	XXX
				返金負債	XXX

返金時に回収する権利を有する資産は，売上原価には含めない

（借）	売上原価	XXX	（貸）	棚卸資産	XXX
	資産	XXX			

↑

この資産の勘定科目については，
基準書上は，特に指定はない

製品保証

製品が合意された仕様に従っているという保証を顧客に提供する製品保証 → 別個の履行義務ではない。IAS第37号の引当金の規定に従い会計処理

- ✓ 別個に購入することができる製品保証
- ✓ 合意された仕様どおりの製品を引き渡すという品質保証とは別のサービスを提供する製品保証

→ 別個の履行義務である。製品保証部分にも取引価格を配分

こととされています。したがって、このような製品保証を付して製品を販売した場合には、取引価格を製品の販売部分と製品保証部分とに配分し、それぞれについて収益認識を行うことが必要となります。

30 本人・代理人の判断

本人かどうかの決定も、モノやサービスの「支配」に注目

●本人・代理人とは

企業以外の他の当事者が、顧客への財の販売やサービスの提供に関与している場合には、企業は自社の顧客に対する約束が、財・サービスを自ら顧客に提供することなのか（本人）、または他の当事者がそれらの財・サービスを顧客に提供するのを手配することなのか（代理人）を判断しなければなりません。

企業が本人として関与している場合には、収益を総額で認識します。これに対して、企業が代理人として関与している場合には、手数料または報酬部分（すなわち、純額）を収益として認識します。

本人か代理人かによって、認識する収益の額が大きく相違することとなるため、この判断は重要です。ただし、いずれに該当する場合であっても、当期純利益は変わりません。

●本人か代理人かを判断する単位

企業が本人と代理人のいずれであるかは、顧客に提供される別個の財またはサービス、あるいはそれらの束（以下、「特定された財・サービス」という）ごとに検討します。契約に複数の特定された財・サービスが含まれる場合には、企業はあるものについては本人であり、その他のものについては代理人である可能性もあります。

●本人か代理人かの判断

企業が本人と代理人のいずれであるかは、「企業がそれぞれの特定された財・サービスを顧客に移転する前に、当該財・サービスを支配しているか」により判断します。ＩＦＲＳ第15号には、この判断に資するため、左ページにあるように、企業が特定された財・サービスを顧客に移転する前に支配している指標（すなわち、本人である指標）が挙げられています。これ

らの指標は、あくまでも支配の原則の理解をサポートするためのものであり、また網羅的なものではありません。さらに、ケースにより各指標と支配の判定との関連性が高い場合もあれば低い場合もあるとされています。

本人と代理人

本人

財またはサービスを
自ら提供することが
履行義務

収益を総額で認識

代理人

他の当事者が財または
サービスを提供するため
の手配をすることが
履行義務

収益を手数料または
報酬の額で認識

「顧客に財・サービスを移転する前に，
企業がその財・サービスを支配しているか」がポイント

本人の指標

顧客に対して特定された財・サービスを提供する約束を履行する第一義的な責任がある	在庫リスクがある	特定された財・サービスの価格設定に関して裁量権がある

31 ライセンスの取扱い

知的財産に「アクセスする権利」なのか「使用する権利」なのか

●ライセンスにかかる収益の認識パターン

ＩＦＲＳ第15号では、原則としてステップ5（28項参照）の要件に従って、一定の期間にわたって収益認識すべきか一時点で収益認識すべきかを決定します。ただし、契約に知的財産のライセンスを供与する約束が含まれており、それが別個の履行義務である場合には、その約束の性質が知的財産に「アクセスする権利」を提供するものなのか、知的財産を「使用する権利」を提供するものなのか、という観点から検討します。前者の場合には、ライセンスにかかる収益を一定の期間にわたって認識し、後者の場合にはライセンスにかかる収益をライセンスが顧客に移転する一時点で認識します。

●アクセスする権利か、使用する権利かの判断

企業の約束の性質が、知的財産にアクセスする権利を提供するものか、知的財産を使用する権利を提供するものかは、左ページの3つの要件のすべてを満たすか否かで判断します。一番左の要件の、企業の活動が知的財産に著しく影響を与える場合とは、次のいずれかに該当する場合をいいます。

・企業の活動が、知的財産の形態や機能性を著しく変化させると見込まれる場合
・知的財産から顧客が便益を得る能力が、実質的に企業の活動から得られるかまたはその活動に依存している場合

●売上高または使用量ベースのロイヤルティ

ライセンス料が顧客の売上高や使用量に連動している、売上高または使用量ベースのロイヤルティについては、「アクセスする権利」か「使用する権利か」により収益認識のパターンを決定するのではなく、次のうち、いずれか遅いほうの時点で（または発生するにつれて）収益を認識します。

・売上または使用の発生
・売上高ベースまたは使用量ベースのロイヤルティの一部または全部が配分されている履行義務の充足（または部分的な充足）

この規定は、ロイヤルティが知的財産のライセンスのみに関連している場合か、ロイヤルティが主に知的財産のライセンスに関連している場合に、その全体に対して適用されます。すなわち、適用対象部分とそれ以外の部分とに分けて会計処理することはしません。

知的財産のライセンスにかかる収益認識パターン

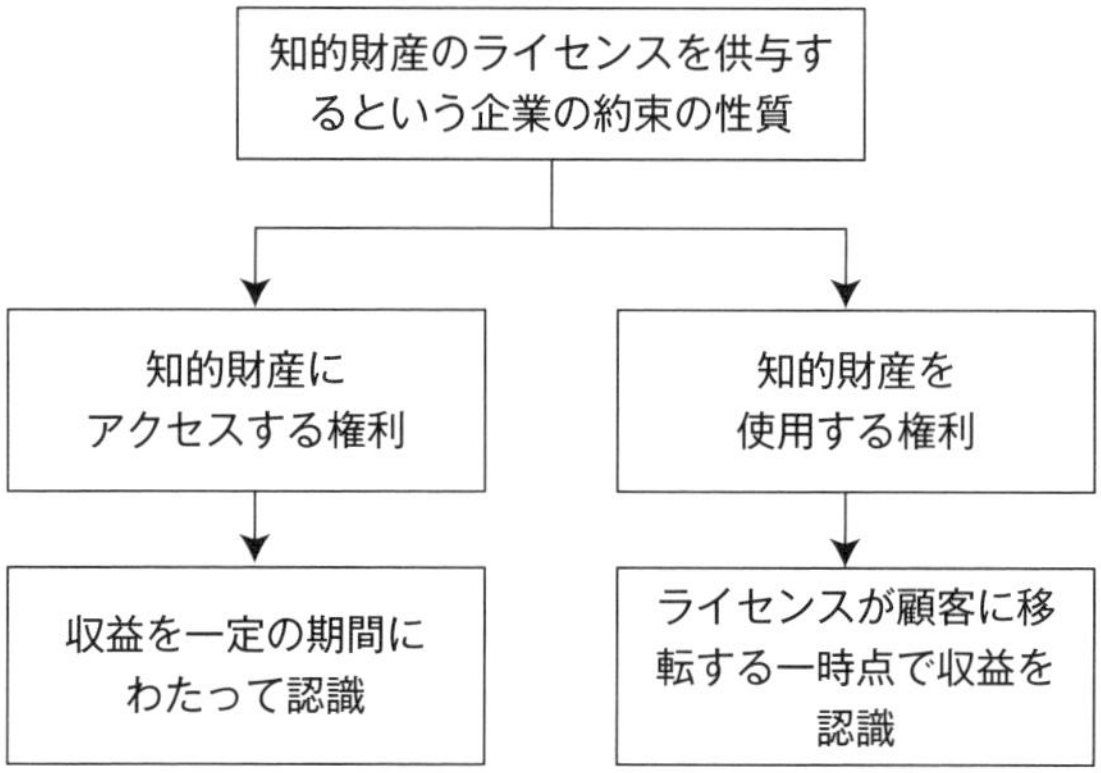

ただし，売上高または使用量ベースのロイヤルティは，例外規定があり，「売上や使用の発生」と「関連する履行義務の充足」のうち，いずれか遅いほうで収益を認識する

知的財産にアクセスする権利か否かの判断要件

以下のすべてを満たす場合は，知的財産にアクセスする権利である

企業が，顧客が権利を有する知的財産に著しく影響を与える活動を行うことが，契約上要求されている，または顧客が合理的に期待している	ライセンスにより供与される権利に基づき，顧客が左記の企業の活動によって直接的に影響を受ける	左記の企業の活動により，顧客に財またはサービスが移転されない

32 収益の表示

売上の相手勘定は売掛金とは限らない

●契約負債、契約資産、債権

企業が顧客との間で契約を締結すると、企業は顧客に対して財を販売したりサービスを提供したりする義務を負うとともに、顧客から当該財・サービスと交換に対価を得る権利を得ます。

企業がその義務を履行する前に顧客が対価を支払うか、または解約不能の契約において顧客からの対価の支払期限が到来した場合は、企業には財・サービスを提供するという義務が残ります。このような場合には、企業は財政状態計算書上、「契約負債」を認識します。

他方、顧客が対価を支払う前に、企業がその義務を履行する場合には、企業には対価を受け取る権利が残ります。このような場合には、企業は財政状態計算書上、その内容により「契約資産」または「債権」を認識します。

「債権」とは、対価に対する企業の権利のうち、無条件のもの、すなわち、支払期限が到来する前に時の経過のみが要求されるものをいいます。

これに対して「契約資産」とは、対価に対する企業の権利のうち、企業がさらに将来において何らかの履行義務を負っている場合等、時の経過以外の何かを条件とするものをいいます。例えば、顧客に製品ＡとＢを販売する契約において、まず製品Ａが顧客に引き渡され、その後製品Ｂが引き渡されるが、製品ＡおよびＢの対価は、製品Ｂの引渡し後でなければ支払われないこととなっているとします。このような場合には、製品ＡとＢの両方が顧客に引き渡されるまでは、企業の対価に対する権利は条件付きであると考えられます。

●財政状態計算書上の表示科目

ＩＦＲＳ第15号では、「契約資産」と「債権」は、区別して表示することとされています。また、基準書では「契約負債」および「契約資産」という用語を用いていますが、財政状態計算書上、それらを他の科目で表示することも認められます。ただし、その場合には、財務諸表の利用者が債権と契約資産を区別することができるように十分な情報を提供することが求められます。

わが国では、対価に対する権利が条件付きか無条件かで「契約資産」と「債権」に分けるという考え方がなかったため、契約資産と債権が発生する場合には、両者を区別し、かつ契約資産がいつ債権となるかについて管理できるようにすることが必要となると考えられます。

契約負債，契約資産，債権

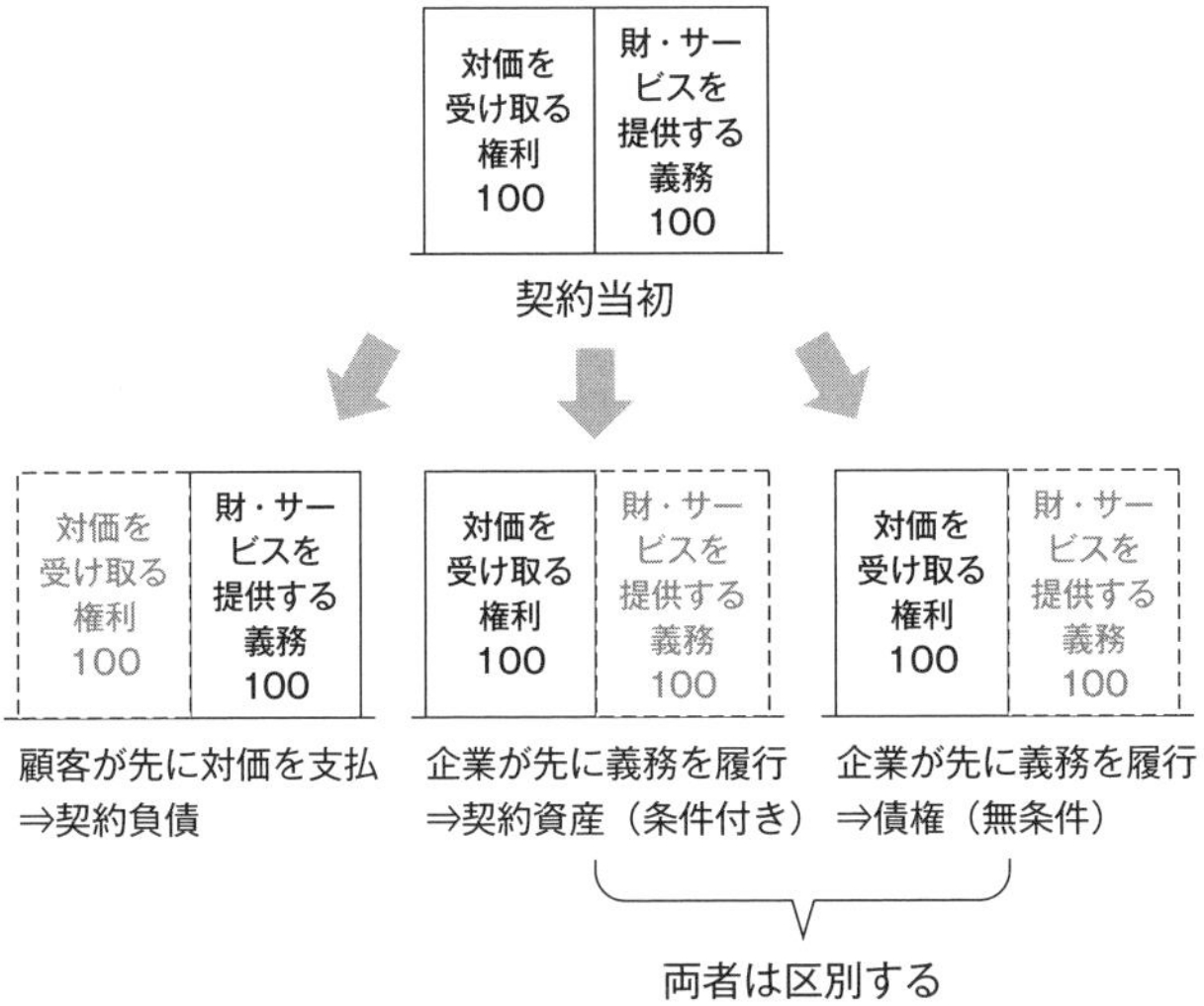

コラム

収益を計上できるかどうかは，「支配」が移転したかどうかで決まる

IFRS第15号は，顧客への財・サービスの移転を描写するように収益を認識することを求めており，財・サービスが顧客に移転するのは，顧客がそれらに対する「支配」を獲得した時（または獲得するにつれて）である，としています。そのため，IFRSの収益認識においては，財・サービスの支配がいつ，どのように顧客に移転するかに焦点を当てて検討することが必要です。なお，この「支配」とは，資産（財・サービス）の使用を指図し，その資産からの残りの便益のほとんどすべてを獲得する能力を指します。また，他の企業が資産の使用を指図してその資産から便益を得ることを妨げる能力も支配に含まれます。

例えば，物品の販売のように一時点で収益を認識することとなる履行義務に関して，当該時点をいつ（例：出荷時，着荷時，検収時など）とするかは，当該資産の「支配」がいつ顧客に移転したかに焦点を当てて検討します。仮に，わが国の実務における収益認識時点が，その資産の支配の移転時期と異なっている場合には，同じ一時点での収益認識とはいっても，収益認識される時点が異なる可能性があります。

また，企業が取引の本人であるか代理人であるかも，最終顧客に財・サービスを移転する前に企業がその財・サービスを支配しているか否かで判断します（30項参照）。

取引の中には，契約当初にいくらかの金額を顧客が払い込み，当該金額はいかなる理由によっても返金されないこととなっているようなケースもあります。例えば，スポーツクラブの入会手数料やケーブルテレビやインターネットの加入手数料などがこれに該当することがあります。わが国においては，このようなケースの取扱いに関する一般的な定めはなく，実務上，その後返金されないことから入金時に一括して収益を認識している場合もあれば，収益を契約期間にわたって配分している場合もあるようです。他方，IFRSにおいては，当該手数料が財・サービスの顧客への移転と関連しているかを検討する必要があります。たとえ返金不能の手数料を受け取った場合であっても，その時点で手数料に関連する財・サービスが顧客に移転していないのであれば，入金時点で収益を認識することはできず，その後手数料に関連する財・サービスが顧客に移転された時点で（または，移転するにつれて），収益を計上していくことになります。

第5章

リースをめぐる規定

33 新しいリース会計基準

借手の処理が大きく変わる

●新しいリース会計基準

２０１６年１月に、ＩＡＳＢは新しいリース会計基準であるＩＦＲＳ第16号「リース」を公表しました。これは、ＩＡＳＢが米国のＦＡＳＢと共同で行っていたリース・プロジェクトの成果として公表したものです。同じく共同で実施していた収益認識プロジェクトの成果として公表された収益認識基準は、ＩＦＲＳと米国基準とでほぼ同じ内容となっていますが、リース会計基準については、両者の間でいくつかの重要な差異があります。

ＩＦＲＳ第16号は、２０１９年１月１日以降開始する事業年度から適用されます。ＩＦＲＳ第15号を適用している場合に限り、早期適用も可能です。

●リース・プロジェクトが実施された背景

従来のリース会計基準では、リース取引をファイナンス・リースとオペレーティング・リースに分類し、それぞれについて会計処理を定めていました。ＩＦＲＳには、日本基準や米国基準のような両者の峻別に資するための数値基準は含まれていなかったものの、いずれに分類されるかにより、経済的には類似の取引について会計処理が異なることになります。そのため、比較可能性の低減や、特定の分類とする意図をもってリース取引を組み立てる可能性等が指摘されていました。

また、オペレーティング・リースの借手については、当該リース取引から生じる権利・義務がその財務諸表に資産・負債として認識されない点が問題であるとされていました。

●ＩＦＲＳ第16号の特徴

ＩＦＲＳ第16号は、前述の懸念に対処することを目的として開発された基準書であり、借手はリースをタイプで分けることなく単一の会計モデルで会計処理し、かつ一部の例外を除き、原則としてすべてのリースにかかる権利・義務をオンバランスすることとなりました。また、ある取引がリースであるか否かの判断に際しては、支配の概念に基づく考え方が導入されています。

なお、借手ほど問題点が挙げられていなかった貸手については、大きな改訂は行われていません。したがって、貸手のリース取引は、ファイナンス・リースとオペレーティング・リースに区分され、それぞれについて会計処理方法が定められています。

新しいリース会計基準

オペレーティング・リースの場合，借手の権利・義務から生じる資産・負債がオンバランスされない…
リースをタイプ別に区分すると，経済的には類似の取引について，会計処理が異なることになる…

新しいリース会計基準（IFRS第16号）

- ✓ 借手は，単一の会計モデル（費用の認識方法は1種類）を適用
- ✓ 一部の例外を除き，原則として借手のリースにかかる権利・義務から生じる資産・負債をすべてオンバランスへ
- ✓ リースの定義に支配の概念の考え方を導入
- ✓ 貸手については，従来からの会計処理（ファイナンス・リースおよびオペレーティング・リース）を踏襲
- ✓ …
- ✓ …

34

リースの定義と適用対象

「リース」なのか「サービス」なのか

●リースの定義

「リース」とは、対象となる資産の使用権が、一定の期間にわたり対価と交換に移転される契約であり、次の2つの要件を満たすものをいいます。

・対象資産が特定されている

・借手は、当該特定された資産の使用期間にわたって、その資産の使用から生じる経済的便益のほぼすべてを享受する権利を有し、かつその資産の使用を指図する権利を有する

●「特定された資産」とは

対象資産がある資産の一部である場合は、それが物理的に他と分離できる場合に「特定された資産」となります。また、資産が物理的に分離可能であったとしても、貸手が資産の使用期間にわたって資産を実質的に差し替える権利を保有している場合には、原資産は特定されていないことになります。

●経済的便益のほぼすべてを享受する権利

例えば、自動車リースにおいて、その走行可能地域が契約で制限されているケースのように、借手が得る使用権に一定の制限が課されている場合には、その制限の範囲内で、借手が経済的便益のほぼすべてを享受する権利を有しているかを検討します。また、契約上、貸手の利益を守るための制限（防御権）がある場合や、資産の使用により得られた経済的便益の一部を貸手に支払うこととなっていたとしても、そのことのみをもって、借手が資産の経済的便益のほぼすべてを享受する権利を有していないということにはなりません。

●資産の使用を指図する権利

借手は、左ページのような場合、「使用を指図する権利」を有しています。この判定に際しては、「対象資産の使用方法および使用目的を意思決定する権利を有しているのは誰か」がポイントになります。また、

資産の使用方法および使用目的があらかじめ決定されている場合には、「その資産の操作を行う権利を誰が有しているか、その資産を設計したのは誰か」がポイントとなってきます。

リースの定義

対象資産が特定されている	＋	借手が以下を満たすことにより，対象資産の使用を支配している ✓ 対象資産の使用期間にわたって，その資産の使用から生じる経済的便益のほぼすべてを享受する権利を有している，かつ ✓ その資産の使用を指図する権利を有している

対象資産の特定

物理的に分離できるか？

物理的に分離できる

建物の3階部分

物理的に分離できない

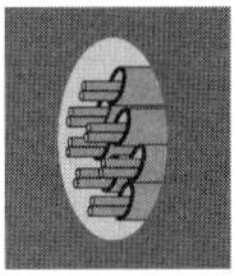

光ファイバーケーブルの容量の30%

資産の使用を指図する権利

以下の３つのうちのいずれかに該当する場合，借手は資産の使用を指図する権利を有している

	資産の使用方法および目的が事前に決定されている場合	
資産の使用期間にわたって，資産の使用方法および使用目的を指図する権利を有している	借手は，資産の使用期間にわたって，資産を操作する権利（または借手が決定した方法で資産を他者に操作させる権利）を有しており，かつ貸手はそれを変更する権利を有していない	借手が資産（または資産の特定の一部）を設計することで，その資産の使用期間にわたっての資産の使用方法および使用目的があらかじめ決定されている

35 リース期間とは

「リース期間＝契約期間」とは限らない

●リース期間とは

「リース期間」とは、借手が原資産の使用権を有する解約不能期間に次の期間を加えた期間をいいます。

・借手がリースを延長するオプションを有しており、それを行使することが合理的に確実な期間

・借手がリースを解約するオプションを有しており、それを行使しないことが合理的に確実な期間

この定義から明らかなように、ＩＦＲＳ第16号におけるリース期間は、必ずしも解約不能期間や契約上のリース期間と一致するとは限りません。

解約不能期間に加えて、リースの延長オプション・解約オプションの行使可能性についても考慮したうえでリース期間を決定する必要があります。

●リース期間の見直し

借手がリース期間の決定に際して織り込んでいなかった延長オプションを行使したこと等により、リースの解約不能期間に変更があった場合には、貸手および借手は、リース期間を見直します。

また、借手は、次の両方を満たす重大な事象の発生または重大な変化があった場合には、延長オプションの行使または解約オプションの不行使が合理的に確実であるかについて見直さなければなりません。このような場合にリース期間を見直すのは、借手のみであり、貸手については当該事象の発生・状況の変化があった場合でもリース期間の見直しは行いません。

・その事象の発生または状況の変化が、借手がコントロールできる範囲のものである

・その事象の発生または状況の変化は、リース期間の決定に際して考慮されていた延長オプションの行使または解約オプションの不行使の合理的な確実性に影響を及ぼすものである

リース期間

借手が原資産の使用権を有する解約不能期間

＋

✓ 借手がリースの延長オプションを行使することが合理的に確実な期間

✓ 借手がリースの解約オプションを行使しないことが合理的に確実な期間

【ケース①】

- 機械Aの３年間のリース（解約不能）
- 借手は同条件でリース契約をあと２年延長して５年とすることができる

【ケース②】

- 機械Aの５年間のリース
- 借手は３年経過時点で解約することもできる

オプションの行使・不行使に関連するすべての事実および状況を勘案して，リースが継続されることが合理的に確実か？ について検討する。

▶ リースの継続が合理的に確実
⇒ ケース①もケース②も，リース期間は５年

▶ リースの継続が合理的に確実とはいえない
⇒ ケース①もケース②も，リース期間は３年

リース期間の決定には，重要な判断の行使が必要

36

借手のリース（当初認識）

原則として「使用権資産」と「リース負債」をオンバランスする

●新しい借手の会計処理モデル

新しいリース会計モデルにおいては、借手は原則として、すべてのリース取引から生じる権利・義務関係をその財務諸表上で認識することが求められます。すなわち、借手はリース開始時に、リース期間にわたって原資産を使用する権利を表す「使用権資産」と、リース料を支払う義務を表す「リース負債」とを計上します。

企業が現行実務において、オペレーティング・リースに分類される重要なリース取引の借手となっている場合には、ＩＦＲＳ第16号のリース会計処理モデルを適用することにより、資産・負債が大きく膨らむ結果となります。また総資産や負債の増加に伴い、それらに関連するＫＰＩ（例：負債比率）も影響を受けることになります。

●「リース負債」の当初測定

借手はリース開始日において、リース料総額の未決済部分を現在価値に割り引くことにより、「リース負債」を算定します。ここでリース料総額とは、次の金額の合計をいいます。

・リース期間に対応する固定リース料（リース・インセンティブを控除）
・指標またはレートに基づく変動リース料
・購入オプションの行使価額（その行使が合理的に確実な場合に含める）
・解約損害金要支払額（解約オプションを行使しないことが合理的に確実な場合は含めない）
・残価保証額（借手については、借手の支払予想額を用いる。貸手については、借手または第三者による残価保証額を含める）

「リース負債」の算定に用いる割引率は、原則としてリース開始日における貸手の「リースの計算利子率」ですが、借手がこれを容易に入手できない場合には、借手の「追加借入利子率」となります。

●「使用権資産」の当初測定

借手は、リース負債の当初測定額に次の項目を調整することにより、「使用権資産」を当初測定します。

・前払リース料（＋）
・借手の当初直接コスト（＋）
・原状回復コストの見積額（＋）
・受取済みのリース・インセンティブ（－）

新しいリース会計モデル

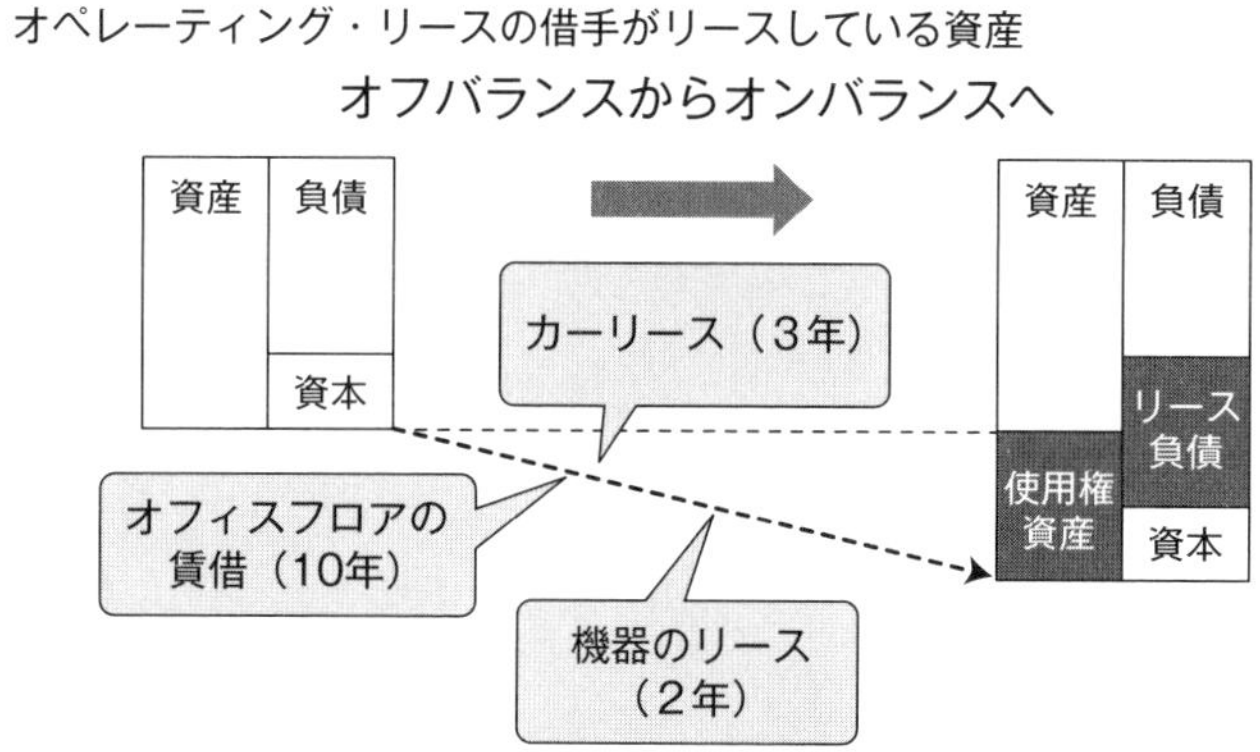

使用権資産とリース負債の当初測定

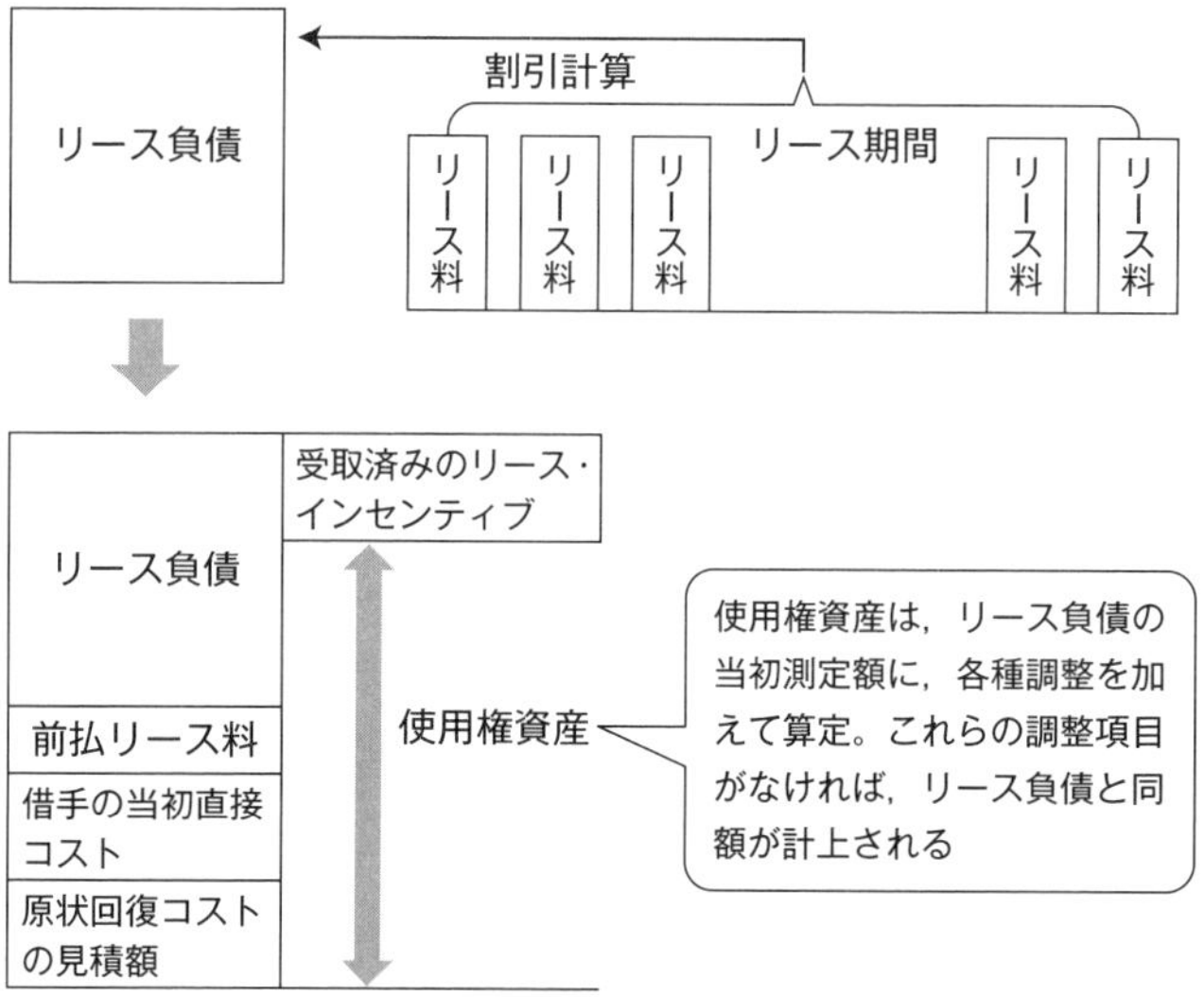

37 借手のリース（事後測定）

リースにかかる費用はリースの初期に大きく発生し、その後逓減していく

●使用権資産の事後測定

借手は、ＩＡＳ第16号「有形固定資産」に規定された方法で、次の期間にわたって使用権資産の減価償却を行います。使用権資産の償却方法は、多くの場合、定額法が採用されると考えられます。

・原資産の所有権が借手に移転するか、または借手が購入オプションを行使することが合理的に確実な場合…原資産の耐用年数にわたって

・上記以外の場合…使用権資産の耐用年数とリース期間のうち、いずれか短いほう

また、借手は、ＩＡＳ第36号「資産の減損」に従って、使用権資産の減損の要否について検討し、必要に応じて減損損失を認識する必要があります。

●リース負債の事後測定

借手はリース料の支払に応じて、利息の支払とリース負債の元本の返済を認識します。

リースにかかる支払利息は、リース負債の期首残高に、残りのリース期間にわたって利回りが一定となるような利率を乗じることにより算定します（実効金利法による償却原価）。

●借手の事後測定のまとめ

財政状態計算書上、使用権資産は定額で減少していくのに対し、リース負債はリースの初期においては支払利息が多く発生する結果、最初なだらかに、その後大きく減少していくことになります。

また、減価償却費が通常定額であると考えられるのに対し、支払利息はリースの初期に大きくその後逓減していくため、包括利益計算書上のリースにかかる費用合計（減価償却費＋支払利息）は、リースの初期に大きくその後逓減していくことになります。

なお、現行のオペレーティング・リースにかかるリース費用が、減価償却費と支払利息に分けて計上さ

れる結果、ＩＦＲＳ第16号を適用することにより、営業利益およびＥＢＩＴＤＡ（税引前利益に支払利息と減価償却費を加算）は増加することになります。

リースの事後測定（財政状態計算書）

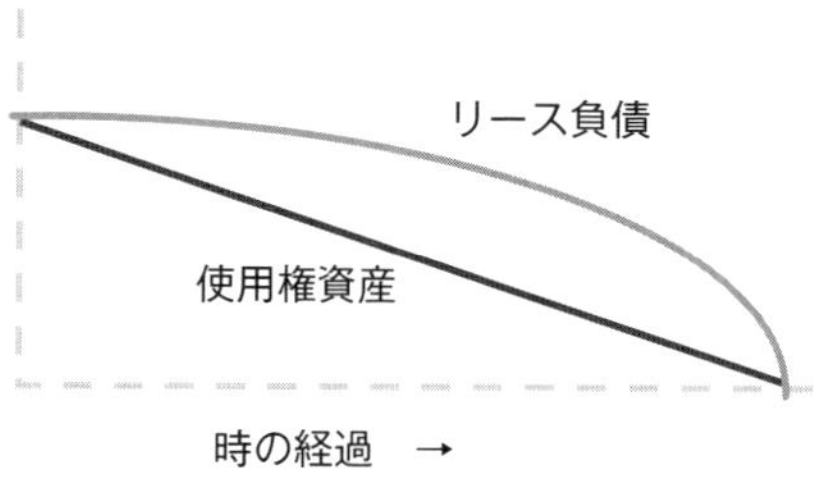

使用権資産は，通常，定額で減少
リース負債は，最初なだらかに，
徐々に大きく減少していく

リースの事後測定（包括利益計算書）

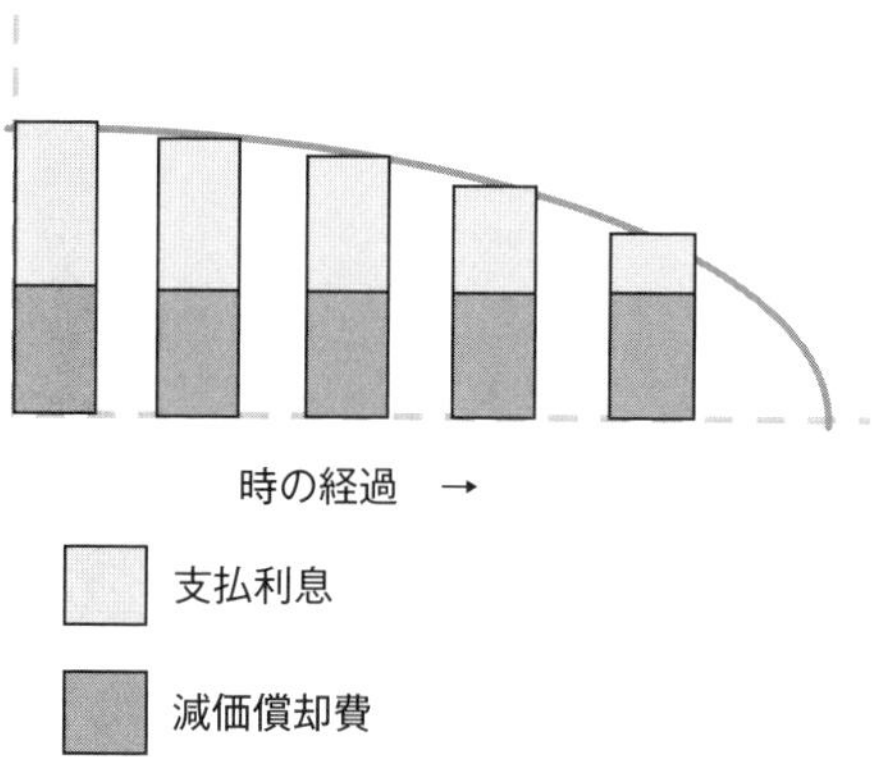

減価償却費は，通常定額であるのに対し，支払利息は逓減していくため，リースにかかる費用合計は，逓減していく

38 借手に対する例外規定

「短期」や「少額」に該当すれば、オフバランス処理が認められる

●借手に対する例外規定

　IFRS第16号においては、借手は原則としてすべてのリース取引から生じる権利・義務関係を使用権資産およびリース負債として財政状態計算書上に認識します。ただし、借手の実務上の負担等を考慮し、借手の短期リースおよび少額資産のリースについては、リース料総額をリース期間にわたって原則として定額法により費用として認識することができる、という例外的な取扱いが認められています。貸手については、このような例外規定は設けられていません。

●短期リース

　「短期リース」とは、リース開始日におけるリース期間が12か月以内のリースをいいます。リース契約上、購入オプションが付されているものについては、短期リースにはなりません。短期リースの例外規定は、原資産の種類ごとに選択することができます。なお、この例外規定を適用している短期リースについて契約の変更があった場合、またはリース期間が見直された場合は、新しいリースとして取り扱うことになります。

●少額資産のリース

　原資産が「少額」であるか否かの検討は、実際にリースされている原資産が中古であるか否かにかかわらず、それが新品の状態である場合の金額に基づいて判断します。また、当該検討においては、借手の規模等は考慮せず、個々の原資産の絶対的な金額に注目して検討を行います。仮に、個々の原資産レベルで少額と判断された場合には、たとえ対象取引の総額が借手にとって重要であったとしても、例外規定の適用対象となります。この例外規定は、リース会計を適用する単位ごとに選択することができます。

　なお、IFRS第16号上は、どのような場合に「少額資産のリース」に該当するかについての明確な判断

借手に対する例外規定

以下のものについては，原則的な取扱いに代えて，リース料総額をリース期間にわたって，原則として定額法で費用として認識することが可能

【短期リース】

- ▶ リース開始日におけるリース期間が12か月以内
- ▶ 購入オプションがついている場合は，短期リースとはならない
- ▶ 原資産の種類ごとに選択

【少額資産のリース】

- ▶ 新品の状態の場合の金額に基づいて判断
- ▶ 借手の規模等を問わず，絶対的な金額で判断
- ▶ 個々のレベルで少額であれば総額に重要性があっても例外規定の対象
- ▶ 目安として5,000米ドル以下程度
- ▶ リース会計を適用する単位ごとに選択

少額資産の例

少額資産に該当しない例

たとえ，かなり年数が経ったものをリースした場合であっても，新品の状態においては「少額」とはいえないため

基準は示されていません。ただし、IFRS第16号に付随する「結論の根拠」においては、審議の過程でIASBが想定していた金額は、新品の状態で5000米ドル以下であったことが記載されています。

39

貸手のリース

ファイナンス・リースとオペレーティング・リースに分けられる

●リースの分類

リース・プロジェクトにおいては、貸手の会計処理についても改訂が検討されていましたが、最終的には33項に記載のとおり、貸手の会計処理については現行基準であるＩＡＳ第17号「リース」の内容が踏襲されています。

したがって、貸手はリース取引を、原資産の所有に伴うリスクと経済価値のほとんどすべてを移転するか否かの観点から、ファイナンス・リースとオペレーティング・リースに分けて会計処理することとなります。

●ファイナンス・リースの会計処理

貸手はリース開始日において、リースに供された原資産の認識を中止し、ファイナンス・リースにより保有することになる資産を未収金として、正味リース投資未回収額に等しい金額で財政状態計算書上に当初認識します。ここで、「正味リース投資未回収額」とは、リース料総額（の未収分）と貸手に帰属する無保証残存価値の合計をリースの計算利子率で割り引いた現在価値のことをいいます。なお、リースの計算利子率とは、リース料総額と無保証残存価値の現在価値の合計額が原資産の公正価値と貸手の初期直接コストの合計と一致するような割引率のことです。

当初認識後は、貸手は、受取リース料を金融収益と未収金の減額に配分します。このうち金融収益は、貸手の正味リース投資未回収額に対して一定の期間利子率を反映する方法で認識します。

●オペレーティング・リースの会計処理

オペレーティング・リースについては、貸手は、ファイナンス・リースとは異なり、リースに供された原資産を引き続き自社の資産として認識します。リース料については、リース期間にわたって定額法または

貸手の会計処理

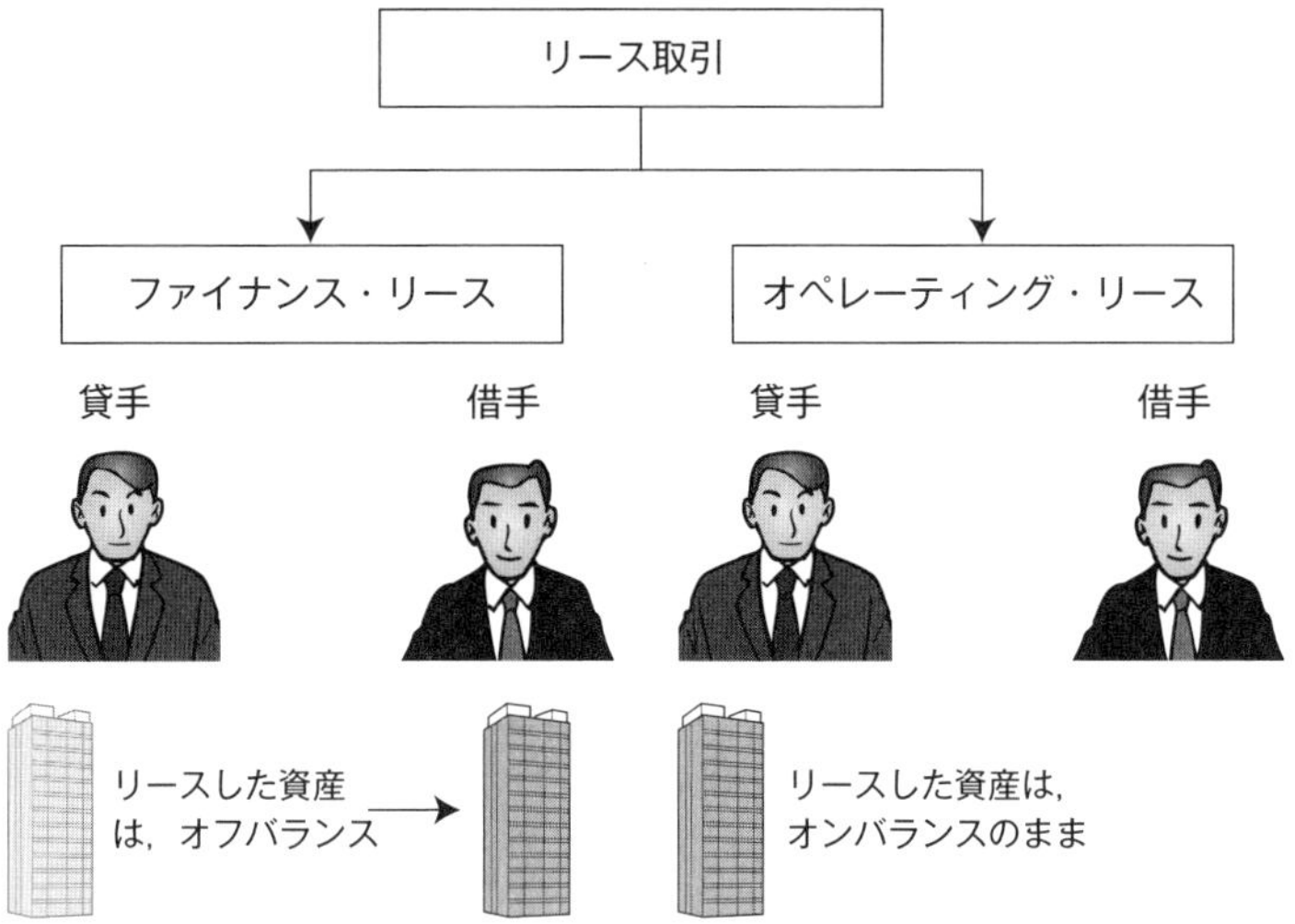

【当初認識】
原資産をオフバランスし，正味リース投資未回収額で未収金を認識

【当初認識後】
受取リース料を金融収益と未収金の減額に配分

【当初認識】
仕訳なし

【当初認識後】
リース料をリース期間にわたって定額法または他の組織的な方法により収益として認識

他の組織的な方法により収益として認識します。オペレーティング・リースを獲得するための初期直接コストについては、原資産の帳簿価額に加算し、リース収益と同じ方法でリース期間にわたって費用として認識します。

40 セール・アンド・リースバック等

リースバックしている期間に対応する収益は認識しない

●セール・アンド・リースバック

企業が他の企業に資産を移転し、その資産をリースバックする場合は、当該資産の移転がＩＦＲＳ第15号「顧客との契約から生じる収益」のもとでの「売却（セール）」に該当するかを検討します。

当該資産の移転が売却処理すべきものでない場合には、リースの借手および貸手は、当該取引を金融取引として会計処理します。

当該資産の移転が売却処理すべきものである場合には、借手および貸手は当該取引を資産の売却（購入）とリース取引の組み合わせとして取り扱います。この場合、売手（リースの借手）は、資産の売却後もリースバック期間においては、借手として当該資産の使用を支配し続けることになります。このため、売手（リースの借手）が資産の売却時に認識できる売却損益は、リースバックされていない期間に対応する売却損益部分のみとなります。リースバック期間に対応する売却損益部分については、一時に損益計上するのではなく、売手（リースの借手）がリースバックに関して認識する使用権資産の一部に含まれ、使用権資産の減価償却を通じて認識されていくことになります。

なお、売却価額と原資産の公正価値とが異なる場合や、支払リース料が市場レートと異なる場合には、前払リース料または貸手から借手への追加的な融資として調整を行います。

●サブリース

企業が、リース物件の所有者から物件のリースを受け、さらに同一物件を第三者にリースする場合、企業とリース物件の所有者とのリース取引をヘッドリースといい、企業と第三者とのリース取引をサブリースといいます。

サブリースの貸手は、ヘッドリースが短期リースである場合には当該サブリースをオペレーティング・リースとして会計処理します。それ以外の場合は、取引の実態に従ってサブリースをファイナンス・リースかオペレーティング・リースに分類しますが、この分類に際しては、原資産に焦点を当てるのではなく、ヘッドリースから生じる使用権資産に基づいて分類を行います。

セール・アンド・リースバック

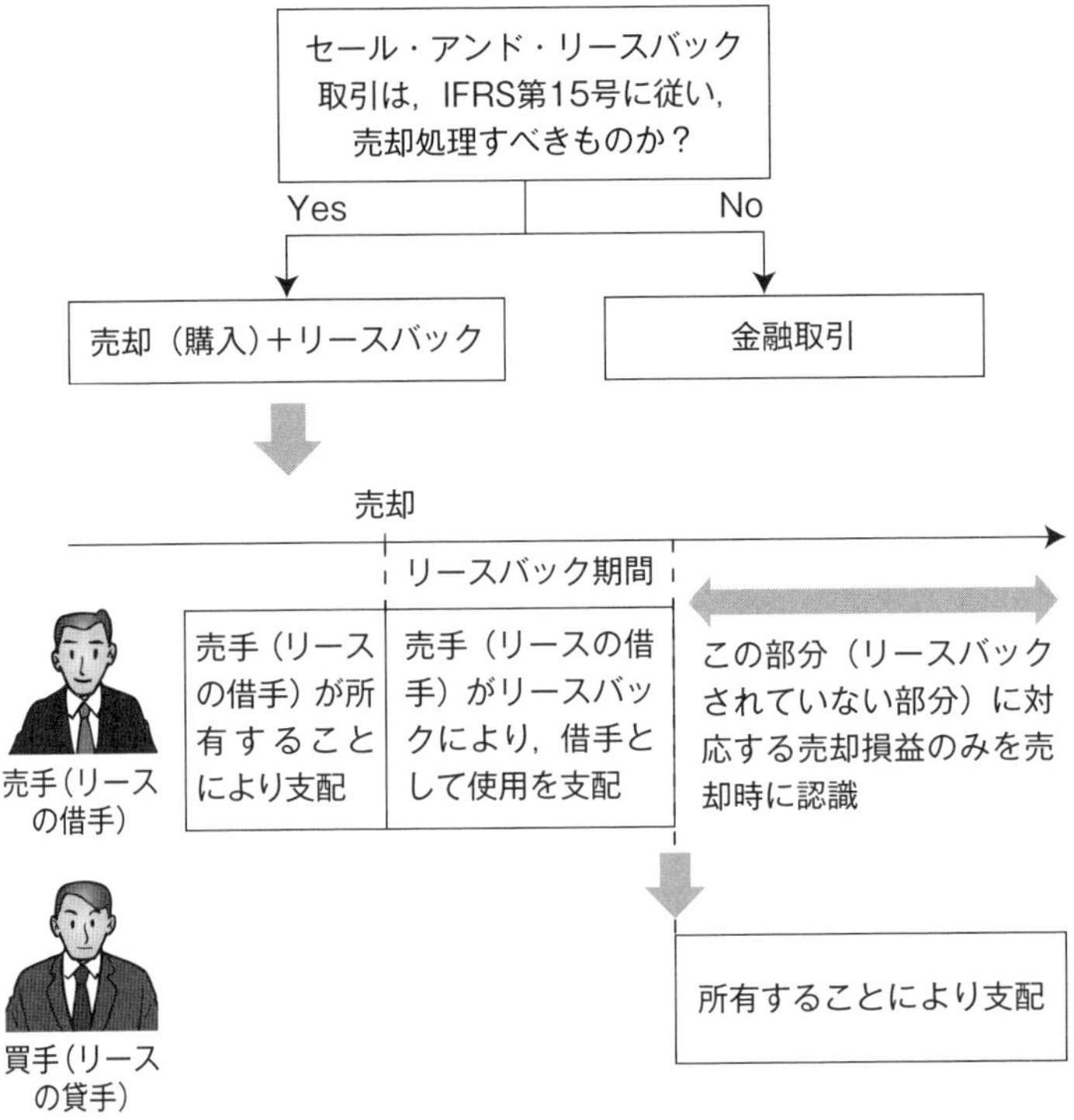

リースバック期間に対応する売却損益は，リースバックに関して認識する使用権資産の一部に含まれ，減価償却を通じて認識されていく

$$\text{売却時に認識する売却損益} = \text{（原資産の公正価値）－（原資産の帳簿価額）} \times \frac{\text{（原資産の公正価値）－（リースバックにかかる支払リース料の現在価値）}}{\text{原資産の公正価値}}$$

$$\text{使用権資産} = \text{原資産の帳簿価額} \times \frac{\text{リースバックにかかる支払リース料の現在価値}}{\text{原資産の公正価値}}$$

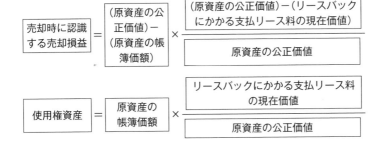

コラム

リース契約でなくてもリース会計の対象となるケースがある！

わが国の実務においては，リース会計基準は，一般に契約が賃貸借契約の形式となっているものに適用され，通常，契約がそのような形式となっていない場合に，その取引が実質的にはリースに該当するかどうかの判断までは行われていないと考えられます。

これに対して，IFRS第16号においては，契約の実質を検討することにより，契約がリース契約（またはリースを含む契約）であるかどうかを判断することが求められます（34項参照）。その結果，わが国では，一般にリース取引として扱われない取引についてもIFRS第16号が適用される可能性があります。また，見かけ上は同様の取引であったとしても，その内容（契約上，資産が特定されているか，顧客が当該資産からの残りの便益のほとんどすべてを享受し，かつ資産の使用を指図する権利を有しているか）によって，リースまたはリースを含む契約であると判断されるケースもあれば，そうでないケースもあると考えられます。

例えば，光ファイバーケーブルによるデータ通信契約を考えます。仮に，当該光ファイバーケーブルが契約上で特定されており，顧客がその光ファイバーケーブルを独占的に使用することができ（すなわち，便益のほとんどすべてを享受），かつどのようなデータをいつ，どれだけ当該光ファイバーケーブルを使って通信するかを顧客が決められる（使用方法および使用目的についての意思決定が可能）場合には，当該契約は光ファイバーケーブルのリースを含んでいると考えられます。これに対して，同じく光ファイバーケーブルによるデータ通信契約であったとしても，契約上は通信するデータ容量が定められているのみであり，使用する光ファイバーケーブルが特定されていない場合や，顧客が光ファイバーケーブルの使用目的および使用方法について意思決定することができない場合には，当該契約には光ファイバーケーブルのリースは含まれていないと考えられます。

IFRS第16号の設例においては，先述の光ファイバーケーブルのほか，車両や小売スペース，船舶，飛行機，太陽光発電所，シャツ製造工場等を例として，リースか否かを識別するための考え方が説明されています。

ある取引がリースなのか，または一定の期間にわたる供給契約やサービス提供契約なのか。ケースによっては，実務上，難しい判断が求められる可能性があります。

第6章

金融商品をめぐる規定

41 新しい金融商品会計基準の導入

金融商品会計基準には、複数のバージョンが存在する

●金融商品会計基準改訂の背景

リーマンショック後の金融危機に際し、金融商品会計に係る基準に対しては、①従来の発生損失モデルでは損失の計上が遅れる、②多様な金融商品をめぐる会計基準は複雑であり投資家に有用な情報を提供できていない、等の問題点が指摘されていました。当該問題点を克服するために、金融商品会計基準の改訂プロジェクトが進められることになりました。

●IFRS第9号の全体像

２００９年11月に金融資産の分類および測定に関するIFRS第9号（以下、２００９年版）、２０１０年10月に金融負債の分類および測定を加えたIFRS第9号（以下、２０１０年版）、２０１３年11月に一般ヘッジに関する規定を加えたIFRS第9号（以下、２０１３年版）が公表されました。そして、２０１４年7月に減損に関する規定が加わった最終版のIFRS第9号（以下、２０１４年版）が公表されました。

●複数バージョンあるIFRS第9号の適用方法

上記のように、金融商品会計基準には現行基準のIAS第39号に加え、２００９年版、２０１０年版、２０１３年版および２０１４年版のIFRS第9号が存在しています。IAS第39号をすでに適用している企業のIFRS第9号の各バージョンの取扱いについては、次のとおりです。

２００９年版、２０１０年版および２０１３年版を早期適用する場合には、適用開始日が２０１５年2月1日より前でなくてはなりません。適用開始日とは、基準を適用した最初の報告期間の期首のことです。２０１５年2月1日以降に早期適用する場合は、２０１４年版を適用する必要があります。例えば，２０１６年3月期を例にとると，２０１５年3月期にIAS第39号をすでに適用していることを前提とした

場合、２０１６年３月期において早期適用できるＩＦＲＳ第９号は、２０１４年度版のみです。これは、ＩＦＲＳ第９号の適用開始日（２０１６年３月期の期首日である２０１５年４月１日）が２０１５年２月１日より後であるためです。

２０１４年度版は、２０１８年１月１日以降開始する事業年度より強制適用となります。しかし、マクロ・ヘッジ・プロジェクトの審議が終了し、マクロヘッジを含めた最終基準が公表されるまでの間については、ヘッジ会計だけは、引き続きＩＡＳ第39号のヘッジ会計の規定を適用することができます。

適用スケジュール

・2014年版は，2018年１月１日以降開始する事業年度より強制適用開始。ただし，マクロ・ヘッジ・プロジェクトの審議が終了し，最終基準が公表されるまでの間については，引き続きIAS第39号のヘッジ会計の規定を適用することが可能。
・2009年版，2010年版，2013年版は，2015年２月１日以降開始事業年度から適用禁止（継続適用可）。

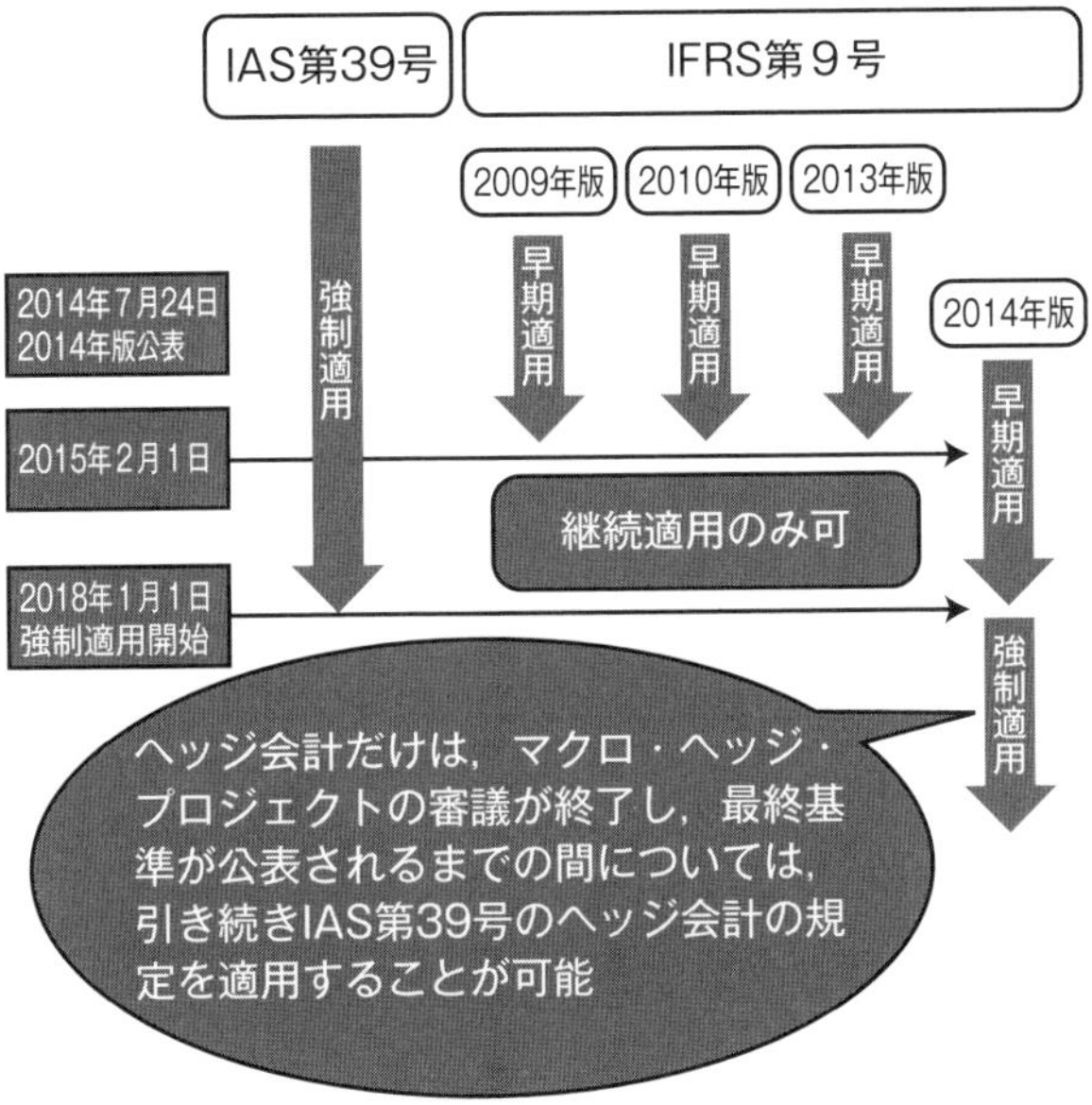

42

金融商品の定義と分類

日本基準に比べ公正価値評価する金融資産が多い

●金融商品の定義

ＩＦＲＳにおいて金融商品とは、一方の企業にとって金融資産を、他の企業にとって金融負債または資本性金融商品の双方を生じさせる契約をいいます。金融資産は、現金、売掛金、有価証券および貸付金など、金融負債は買掛金、社債および借入金など、また、資本性金融商品は株式などが該当します。

●金融資産

日本基準では、金融資産を債権と有価証券に分類し、有価証券をさらに、その保有目的を勘案して「売買目的有価証券」、「満期保有目的の債券」、「子会社株式および関連会社株式」、「その他有価証券」に分類します。

これに対してＩＦＲＳでは、キャッシュ・フローの特性と、ビジネスモデル（これらについては、43項参照）の両方を勘案することにより、金融資産を次のように分類します。

① 純損益を通じて公正価値で測定する金融資産（ＦＶＴＰＬ）

② その他の包括利益を通じて公正価値で測定する金融資産（ＦＶＴＯＣＩ）

③ 償却原価で測定する金融資産

また、分類の例外として以下の選択可能なオプションが認められています。これらはいずれも当初認識時に指定する必要があり、その後指定を取り消すことはできません。

・公正価値オプション……上記の②または③に分類される金融資産について、会計上のミスマッチの解消または大幅削減ができる場合、①に分類することを認めるオプション

・株式等のＦＶＴＯＣＩオプション……本来は①に区分される株式等の資本性金融商品のうち売買目的でないものについて、②への分類を認めるオプション

●金融負債

IFRSでは、金融負債は以下の2つに分類されます。

① 純損益を通じて公正価値で測定する金融負債（FVTPL）

売買目的で保有する金融負債や公正価値オプションを適用する金融負債が該当します。

② 償却原価で測定する金融負債

上記以外の金融負債で、金融機関からの借入金等が該当します。

金融商品の定義

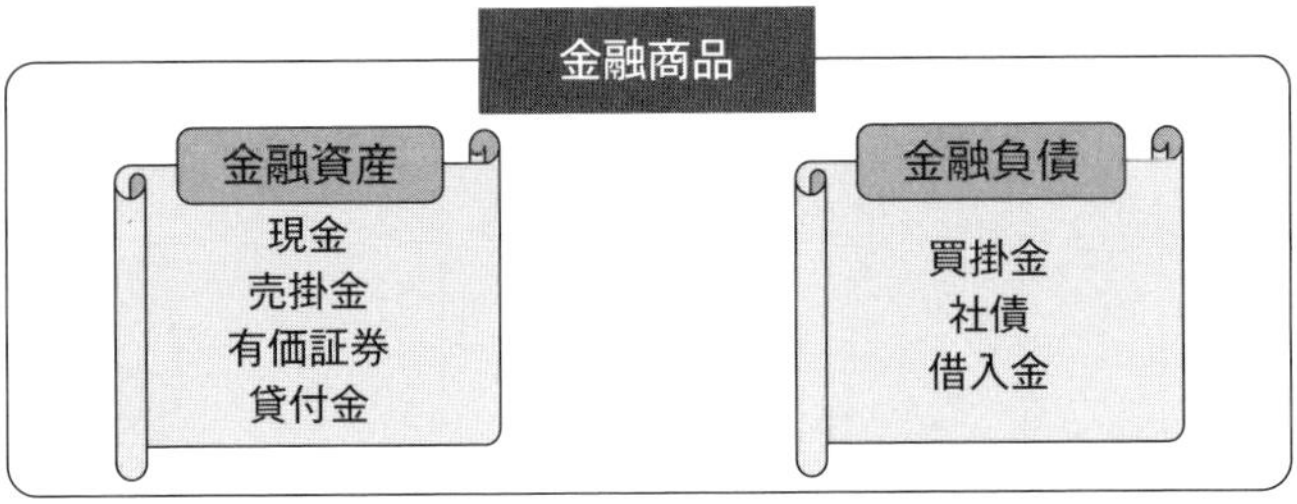

金融商品の分類および測定の概要

（1）金融資産

分類	測定
純利益を通じて公正価値で測定する金融資産（FVTPL ※1）	公正価値
その他の包括利益を通じて公正価値で測定する金融資産（FVTOCI ※2）	公正価値
償却減価で測定する金融資産（※2）	償却減価

（※1）売買目的以外で保有する資本性金融商品については，その他の包括利益を通じて公正価値で測定することもできる。

（※2）分類方法については，43項参照。

（2）金融負債

分類	測定
純損益を通じて公正価値で測定する金融負債（FVTPL ※3）	公正価値
上記以外	償却原価

（※3）公正価値で測定する金融負債としては，売買目的で保有する金融負債，デリバティブ，公正価値オプションを適用した金融負債が該当する。

43

金融資産の分類と測定の会計処理

ビジネスモデルおよびキャッシュ・フロー要件により評価が変わる

42項の記載のとおり、ＩＦＲＳでは、金融資産はビジネスモデル要件とキャッシュ・フロー要件に基づいて分類を行います。

●ビジネスモデル要件

ＩＦＲＳ第９号における「ビジネスモデル」とは、企業がその金融資産からのキャッシュ・フローを得るために、金融資産を他の金融資産と併せてどのように管理しているかを表す言葉として用いられています。個々の金融資産の保有目的を指しているわけではない点に留意が必要です。金融資産のビジネルモデルは、次の３つに分けることができます。

・ビジネスモデル要件Ａ…契約上のキャッシュ・フローの回収を目的としている場合
・ビジネスモデル要件Ｂ…契約上のキャッシュ・フローの回収と売却の両方を目的としている場合
・その他…上記以外

●キャッシュ・フロー要件

キャッシュ・フロー要件とは、金融資産の契約上のキャッシュ・フローが元本と利息のみで構成されていることを確認するための要件です。元本には金融資産の当初認識時の公正価値が含まれ、利息には、貨幣の時間価値、信用リスクの対価、流動性リスク等が含まれます。

●金融資産の分類

・ビジネスモデル要件Ａおよびキャッシュ・フロー要件をともに満たす金融資産…償却原価で測定
・ビジネスモデル要件Ｂおよびキャッシュ・フロー要件をともに満たす金融資産…その他の包括利益を通じて公正価値で測定（ＦＶＴＯＣＩ）
・ビジネスモデル要件（ＡまたはＢ）およびキャッシュ・フロー要件のいずれかまたは両方を満たさない金融資産…公正価値で測定し、その変動額は純損

関連基準▶IFRS第９号（2014年版）

益に計上（ＦＶＴＰＬ）

ただし、42項に記載のとおり、例外規定として公正価値オプションおよび株式等のＦＶＴＯＣＩオプションがあります。

●日本基準との比較

日本基準は、法的性質と保有目的により金融資産を分類し、分類ごとに会計処理が定められています。一方、ＩＦＲＳでは、ビジネスモデル要件とキャッシュ・フロー要件に基づいて分類し、分類ごとに会計処理が定められています。両基準の差異の1つに売買目的以外の株式の会計処理があります。日本基準では、その他有価証券として公正価値の変動は純資産の部に直接計上されますが、ＩＦＲＳでは、原則として公正価値の変動を損益に計上します。

IFRS第９号の適用範囲の金融資産

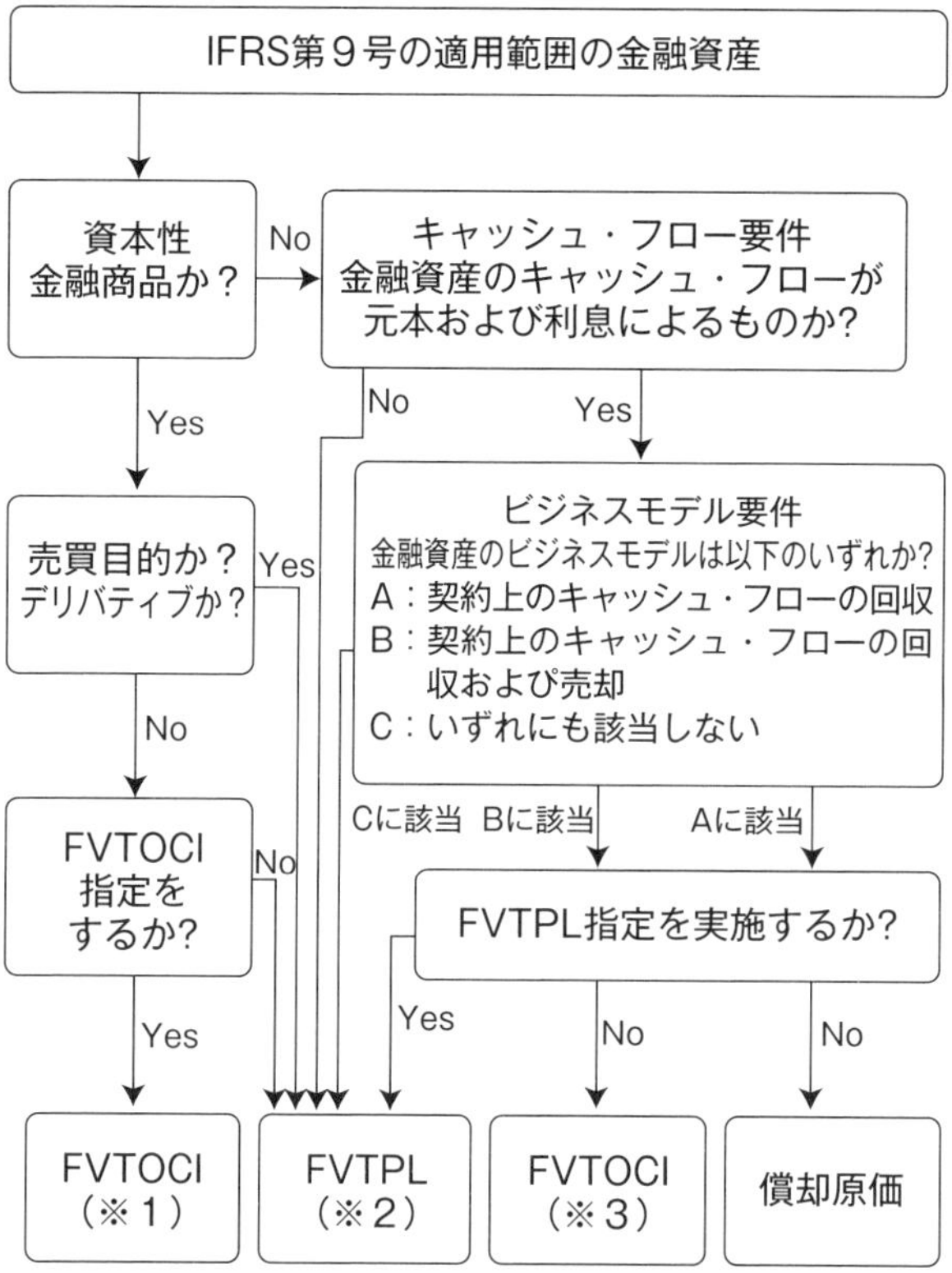

IFRS第９号の適用範囲の金融資産
資本性金融商品か？
No
キャッシュ・フロー要件
金融資産のキャッシュ・フローが元本および利息によるものか?
Yes
No
Yes
売買目的か？デリバティブか？
Yes
ビジネスモデル要件
金融資産のビジネスモデルは以下のいずれか?
A：契約上のキャッシュ・フローの回収
B：契約上のキャッシュ・フローの回収および売却
C：いずれにも該当しない
No
FVTOCI指定をするか?
No
Cに該当
Bに該当
Aに該当
FVTPL指定を実施するか?
Yes
Yes
No
No
FVTOCI（※１）
FVTPL（※２）
FVTOCI（※３）
償却原価

※１　公正価値の変動による利得および損失はその他の包括利益を通じて認識する。配当は純損益を通じて認識する。利得および損失の累計額は、金融資産の認識が中止されてもその他の包括利益から純損益に振り替えない。

※２　公正価値の変動は純損益を通じて認識する。配当は純損益を通じて認識する。

※３　利息収益は実効金利法により純損益を通じて認識する。公正価値の変動による利得または損失はその他の包括利益を通じて認識する。利得および損失の累計額は、金融資産の認識が中止された時にその他の包括利益から純損益に振り替える。

44

金融資産の認識と認識の中止

いつ決算書にオンバランス／オフバランスされるか

●金融資産の認識

金融資産を購入すると、いつ購入者の資産になるのでしょうか。ＩＦＲＳでは、金融資産の購入契約を締結した時点という考え方と、金融資産が受け渡された時点という考え方の両方が認められており、前者を取引日基準、後者を決済日基準といいます。公正価値で測定する金融資産に決済日基準を採用する場合は、購入資産の取引日から決済日までの公正価値の変動を、認識します。例えば、売買目的で株式を購入し、取引日から決済日までに時価が上昇した場合は、その評価益を純損益に計上します。一方、償却原価で測定する金融資産については、決済日までに時価が上昇した場合であっても、その評価益を認識する必要はありません。

金融資産の認識時点については、日本基準と大きな差異はありません。

●金融資産の認識の中止の要件

金融資産を売却した場合、取引日または決済日に金融資産の認識の中止を行います。

金融資産の認識の中止の基礎となる考え方としてＩＦＲＳはリスク経済価値アプローチ、日本基準は財務構成要素アプローチを採用しています。ＩＦＲＳが基礎としているリスク経済価値アプローチとは、金融商品のリスクと経済価値のほとんどすべてが移転した場合に、その金融商品の認識を中止する考え方であり、資産からのキャッシュ・フローを受け取る権利の譲渡および消滅、実質的なすべてのリスクと経済価値の移転の有無等を勘案して認識の中止を判断します。一方、日本基準が基礎としている財務構成要素アプローチは、金融商品を財務構成要素に分解して、財務構成要素ごとに認識の中止を判断します。

採用しているアプローチが異なることから、例えば売掛債権の流動化について、ＩＦＲＳと日本基準の会計処理に差異が生じる可能性があります。流動化を実施する際、譲渡人が売掛金の回収不能リスクをすべて負う場合には、日本基準では売掛債権について認識の中止を行い、回収不能時の損失負担義務を新たな負債として認識しますが、ＩＦＲＳではリスクのほとんどすべてが移転したとはいえないため、売掛債権の認識の中止を行いません。

金融資産認識のタイミング

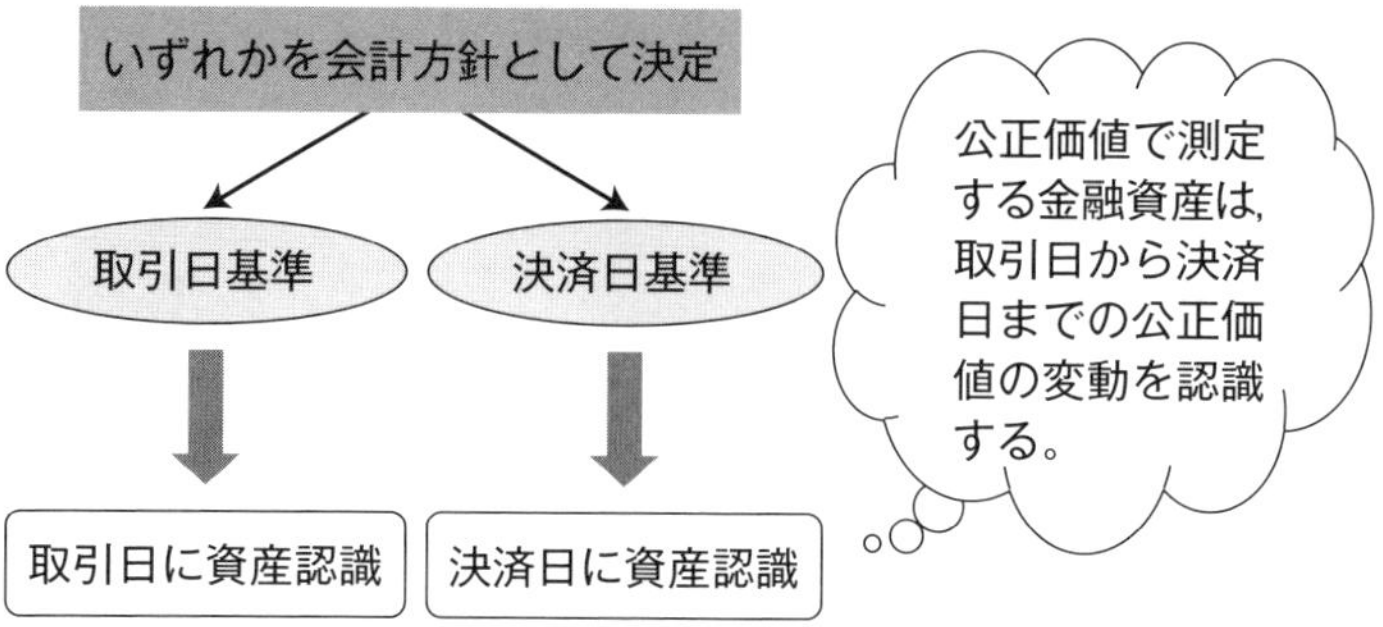

金融資産の認識の中止の事例

（例）下記の事例で事業会社は，自社の売掛金の認識の中止をすることができるのか

① 金融機関と債権譲渡契約を締結する。
② 譲渡対価として現金を受領する。
③ 売掛金の回収不能額に対して，事業会社が全額損失を負担する契約を締結する。

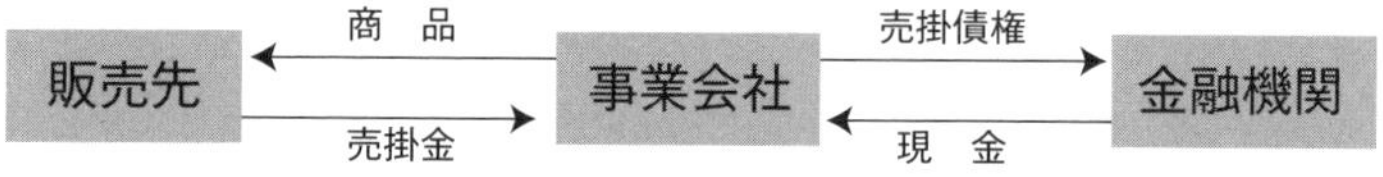

IFRS	日本基準
事業会社が売掛金の回収不能リスクを負っており，リスクのほとんどが移転したとはいえないため，認識の中止は認められない。	売掛債権の認識の中止を行い，回収不能時の損失負担義務を新たな負債として認識する。

45 金融資産の減損モデル

ＩＡＳ第39号より多額の減損損失が計上される可能性がある

●減損モデルの概要

ＩＡＳ第39号で採用されていた発生損失モデルにおいては、支払の延滞、債務不履行などの事象（以下、損失事象）が発生してはじめて減損損失を認識します。一方、ＩＦＲＳ第９号（２０１４年版）で採用されている予想信用損失モデルにおいては、損失事象の発生の有無にかかわらず、通常、すべての金融資産について将来の情報を考慮した予想信用損失を見積もって減損損失を認識します。そのため、発生損失モデルを採用している場合に比べ多額の減損損失を計上しなければならない可能性があります。

予想信用損失モデルでは、金融資産を３つのステージに分けて、各ステージごとに予想信用損失を見積もります。予想信用損失とは、金融資産の契約上のキャッシュ・フローと、受け取ることが見込まれるキャッシュ・フローとの差額を、当初の実効金利で割り引いたものをいいます。ステージ間移動のトリガーは、信用リスクの著しい増加と損失事象の発生です（詳細は46項参照）。また、重要な金融要素を含む売掛金およびリース債権については、ステージに応じて予想信用損失を見積もる方法と、ステージを分けずに全期間の予想信用損失を見積もる方法を会計方針として選択することができます。なお、リース債権に関しては、ファイナンス・リース債権とオペレーティング・リース債権のそれぞれについて別の会計方針を適用することができます。

●ＩＦＲＳ第９号（２０１４年版）の減損規定に係る適用範囲

ＩＦＲＳ第９号（２０１４年版）の減損規定は、すべての金融資産に適用されるわけではありません。貸付金などの償却原価で測定される金融資産、その他の包括利益を通じて公正価値で測定する負債性金融商品に該当する金融資産（FVTOCI）、IAS第17号のリース債権などに適用されます。そのため、FVTOCIに分類された債券は、公正価値が帳簿価額を上回っていても、予想信用損失を計上しなければなりません。一方、株式などの資本性金融商品は、IFRS第9号（2014年版）の減損規定の適用対象外です。そのため、資本性金融商品について、減損テストは不要です。これは、IAS第39号による資本性金融商品の減損テストが困難で実務上の負荷が大きかったことに対応したものです。

予想信用損失モデル

「予想信用損失モデル」は、「発生損失モデル」よりも
早いタイミングで信用損失を認識

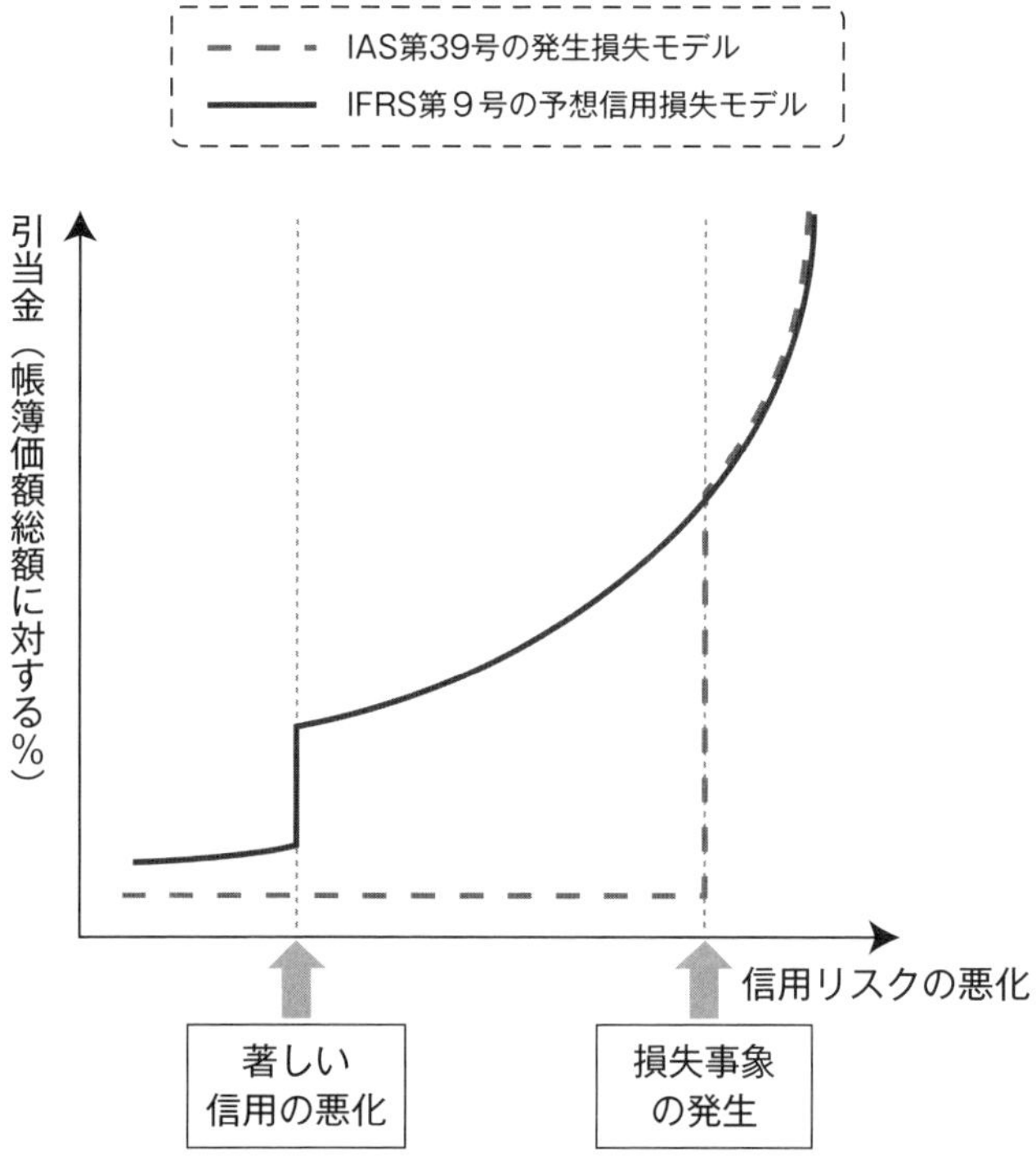

46 金融資産の減損処理

信用リスクの悪化に応じた減損損失を計上する

●減損にかかる基準

ＩＦＲＳ第９号（２０１４年版）では、金融資産を信用リスクの悪化の程度により３つのステージに分類したうえで、予想信用損失を計上します。

① ステージ１

報告日の信用リスクが取得時から著しく増加していない金融資産は、ステージ１に分類されます。また、投資適格に該当する債券のように、報告日における信用リスクが低い場合も、ステージ１に区分することが認められています。ステージ１の金融資産については、今後12か月以内の損失事象の発生によって生じる残存期間にわたる予想信用損失を見積もり、減損損失として計上します。

② ステージ２

報告日の信用リスクが取得時から著しく増加している金融資産は、ステージ２に分類されます。例えば、契約で定められた支払期限を30日超経過している債権などがこれに該当します。これらの金融資産に対しては、残存期間にわたる損失事象の発生によって生じる予想信用損失を減損損失として計上します。利息については、貸倒引当金を控除しない償却原価に実効金利を乗じて算出します。

③ ステージ３

報告日の信用リスクが取得時から著しく増加し、かつ損失事象（例：借手の債務不履行、破産等）が発生した金融資産は、ステージ３に分類されます。これらの金融資産については、ステージ２と同様に残存期間にわたり発生する可能性がある予想信用損失を減損損失として計上します。利息については、貸倒引当金控除後の償却原価に実効金利を乗じて算出します。

●日本基準との比較

日本基準でも、先述の予想損失モデルに類似した計算方法を採用していますが、異なる点があります。
日本基準では、評価日時点の信用リスクの状況に応じて、貸倒引当金を算定するのに対し、ＩＦＲＳ第９号（２０１４年版）では、信用リスクの著しい悪化という状況の変化に応じて、貸倒引当金を計上します。

つまり、日本基準では信用リスクの絶対量に基づいて貸倒引当金を計上するのに対し、ＩＦＲＳ第９号（２０１４年版）では信用リスクの相対的変化に着目して貸倒引当金を計上します。

減損モデルの概要

	ステージ1
予想信用損失の算定方法	今後12か月以内に損失事象の発生が予想される場合の予想信用損失
利息の算定方法	実効金利×金融資産のグロス（総額）の帳簿価額（※1）

↓ 信用リスクの著しい悪化

	ステージ2
予想信用損失の算定方法	残存期間にわたる予想信用損失全額
利息の算定方法	ステージ1と同じ

↓ 減損の客観的な証拠

	ステージ3
予想信用損失の算定方法	残存期間にわたる予想信用損失全額
利息の算定方法	実効金利×金融資産のネット（純額）の帳簿価額（※2）

※1　予想信用損失にかかる引当金を控除しない償却原価
※2　予想信用損失にかかる引当金を控除した償却原価

47 デリバティブ

日本基準に比べてその範囲が広い

●デリバティブの定義とその会計処理

　デリバティブとは、金利スワップ、為替予約などの金融派生商品を指します。IFRSと日本基準との主な差異は、デリバティブの特徴として日本基準では純額決済が可能なものに限定されるのに対し、IFRSでは純額決済を要件としていない点です。このため、一般にIFRSのデリバティブの範囲は、日本基準よりも広くなると考えられます。例えば、非上場株式のオプション取引は、日本基準では現物決済された場合、受け取った株式をただちに売却できないことから純額決済の要件を満たさずデリバティブに該当しませんが、IFRSではデリバティブに該当します。

　IFRSでは、デリバティブは公正価値により測定し、評価差額は純損益に計上します。この点は、日本基準も同様です。

●組込デリバティブとその会計処理

　デリバティブは単独の金融商品として取引されることもありますが、主契約である他の金融商品に含まれて取引されることもあります。このように他の金融商品に組み込まれたデリバティブを組込デリバティブと呼び、このような金融商品全体を複合金融商品と呼びます。例えば、転換社債に関しては、社債が主契約、株式転換権が組込デリバティブに該当します。

　日本基準では、主契約が金融資産で特定の要件を満たした場合は、組込デリバティブと主契約を区分する会計処理が要求されます。一方、IFRSでは組込デリバティブを区分処理せず、金融資産全体をビジネスモデル要件とキャッシュ・フロー要件に基づき分類評価します。一方、主契約が金融負債の場合、両基準ともに特定の要件を満たした場合は、組込デリバティブと金融負債を区分する会計処理が要求されますが、その要件が異なります。ＩＦＲＳでは、組込デリバティブの経済的特徴およびリスクが、主契約と密接に関連しないことが要件になっているのに対し、日本基準では、複合金融商品（転換社債等を除く）については、組込デリバティブのリスクが主契約に及ぶ可能性があることが要件の1つとなっています。

デリバティブの定義

下記３要件または特徴を満たすものが，デリバティブとして取り扱われる。

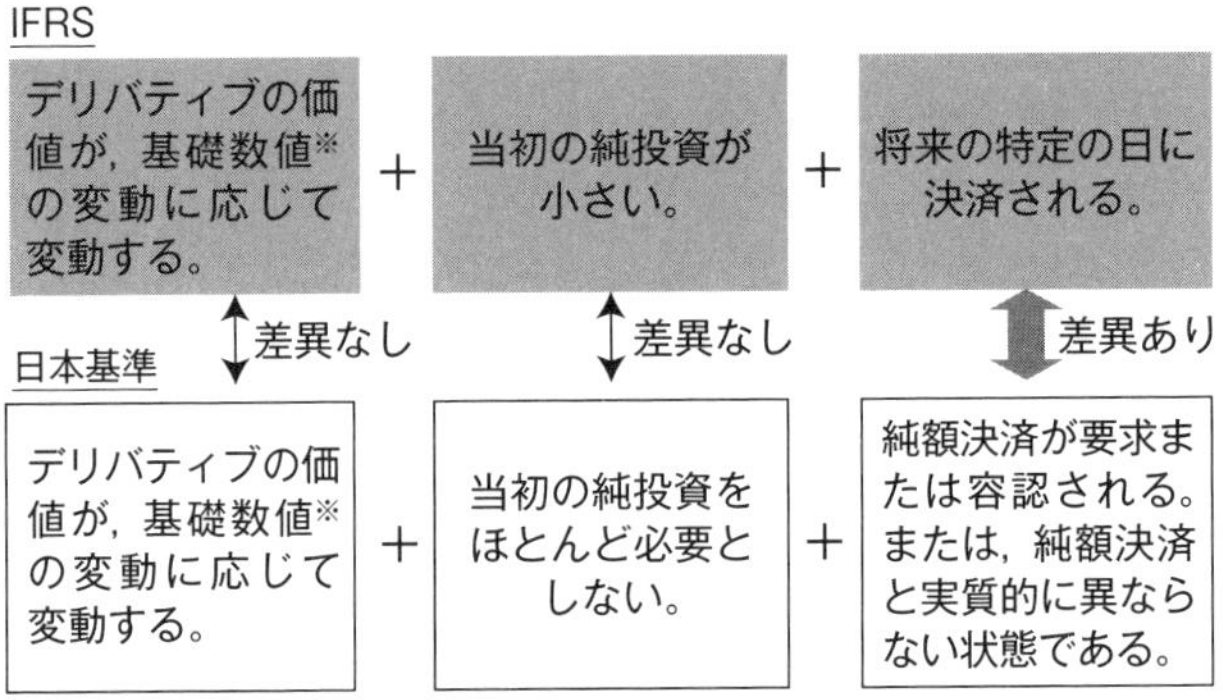

※　基礎数値とは，金利，為替レート等である。

IFRS第９号の組込デリバティブの会計処理

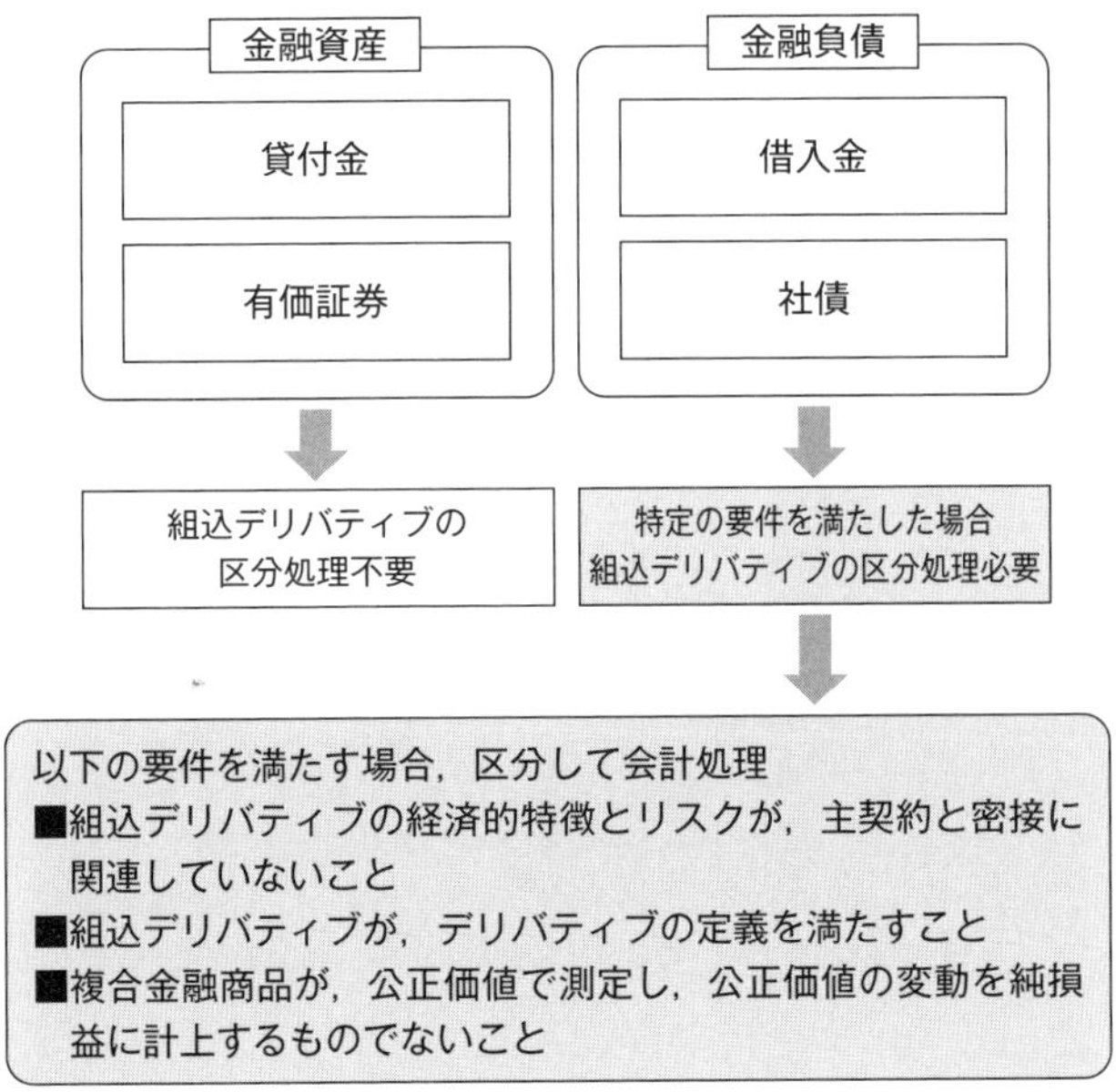

48 ヘッジ会計

日本基準上の金利スワップの特例処理は認められない

●ヘッジ会計の概要

企業は、経済活動を通じてさまざまなリスクに晒されており、それらのリスクの軽減を目的としてヘッジ取引を行うことがあります。こうした企業のヘッジ活動を財務諸表に適切に反映するための会計処理がヘッジ会計です。

ヘッジ会計が認められるヘッジ関係としては、公正価値ヘッジおよびキャッシュ・フロー・ヘッジ等があります。例えば、固定金利貸付金に対して金利スワップ（変動受／固定払）を締結した場合、両者を組み合わせると実質的に変動金利貸付金となり、市場金利の変動に対してその公正価値が変動しないので、公正価値ヘッジとなります。この場合の固定金利貸付金をヘッジ対象、金利スワップをヘッジ手段と呼びます。一方、変動金利の貸付金に対して金利スワップ（固定受／変動払）を締結した場合、実質的に固定金利貸付金となり、キャッシュ・フローが固定するのでキャッシュ・フロー・ヘッジとなります。

ヘッジ会計を適用するためには、IFRS上適格なヘッジ手段およびヘッジ対象であること，企業のリスク管理戦略およびリスク管理目的が文書化されていること，有効性の高いヘッジ関係があることが必要です。日本基準では認められている金利スワップの特例処理および為替予約に係る振当処理は、IFRSでは認められません。

●ヘッジ関係の会計処理

公正価値ヘッジを適用する場合は、ヘッジ手段を公正価値で評価し、その変動額を純損益に計上します。ヘッジ対象については、ヘッジされたリスクに起因するヘッジ対象の公正価値の変動額を純損益に計上します。前述の例の場合、金利スワップの公正価値変動額が純損益に計上されるとともに、市場金利の変動による固定金利貸付金の公正価値変動額も純損益に計上されます。固定金利貸付金の信用リスク等他のリスクによる公正価値変動額については認識しません。

キャッシュ・フロー・ヘッジを適用する場合は、ヘッジ手段は公正価値で評価しますが、その変動額のうち、ヘッジが有効な部分はその他の包括利益に、ヘッジが有効でない部分は純損益に計上します。また、公正価値ヘッジと異なり、ヘッジ対象は、ヘッジ対象本来の会計処理を継続します。

ヘッジ取引の会計処理例

①公正価値ヘッジ

	ヘッジ対象	ヘッジ手段
対象金融商品	固定金利貸付金	金利スワップ （変動受/固定払）
会計処理	市場金利の変動による貸付金の公正価値の変動額を純損益に計上する。	公正価値で評価し，その変動額を純損益に計上する。

②キャッシュ・フロー・ヘッジ

	ヘッジ対象	ヘッジ手段
対象金融商品	変動金利貸付金	金利スワップ （固定受/変動払）
会計処理	公正価値で評価せず，償却原価により評価する。	公正価値で評価し，変動額について次のように処理する。 ①ヘッジが有効な部分 その他の包括利益に計上 ②ヘッジが有効でない部分 純損益に計上

日本基準の特例処理および振当処理に係るIFRS上の取扱い

日本基準
- 金利スワップの特例処理
- 為替予約の振当処理

→

IFRS

規定されておらず認められない

49 負債と資本

株式を発行しても負債に計上される場合がある

●負債と資本

企業の資金調達方法には、借入れ、社債発行、優先および普通株式の発行等のさまざまな方法があります。日本基準では、これらを、原則として法的形式に基づき負債と資本に分類しますが、ＩＦＲＳでは、契約の実質および金融負債・資本性金融商品の定義に従って分類します。そのため、日本基準とＩＦＲＳでは負債と資本の分類が異なる可能性があります。

通常、契約の実質と法的形式は一致すると考えられますが、一致しないケースもあります。特に、優先株式や永久劣後債のような金融商品を発行する場合は、負債と資本の分類に関して慎重な検討が必要です。

●発行者の観点から資本性金融商品となる場合は？

ＩＦＲＳでは、負債と資本の分類に関して詳細な規定があるため、関連規定を慎重に検討することが必要です。

金融商品が、①現金または他の金融資産を引き渡す契約上の義務を含む、または②自らの資本性金融商品の可変数で決済される（または、その可能性がある）、のいずれかに該当する場合は、一般に金融負債に分類されます。したがって、自社が発行する金融商品を資本とするためには、少なくとも前述の①と②のいずれの特徴も有していないことが必要です。

例えば、企業が株式を発行し、その株式に、株主による株式の償還または買入請求権が付されているケースでは、企業は現金または他の金融資産を引き渡す契約上の義務を含む金融商品を有していることになります。また、普通株式に転換可能な優先株式で、当該優先株式1株と交換する普通株式数が、交換時の株価によって決定されるケースでは、企業は金融商品を自己の株式の可変数で決済することになります。このような場合には、発行者側としては株式という法的形式の資本を発行したつもりであっても、資本に分類できないことになります。

　現金または他の金融資産を引き渡す契約上の義務があるかを検討する際にポイントとなるのは、企業がこのような義務を何らかの方法で回避できるか、という点です。たとえ支払の可能性が非常に低い場合であっても、その義務を回避できない場合には、資本に分類することはできません。

負債と資本の分類

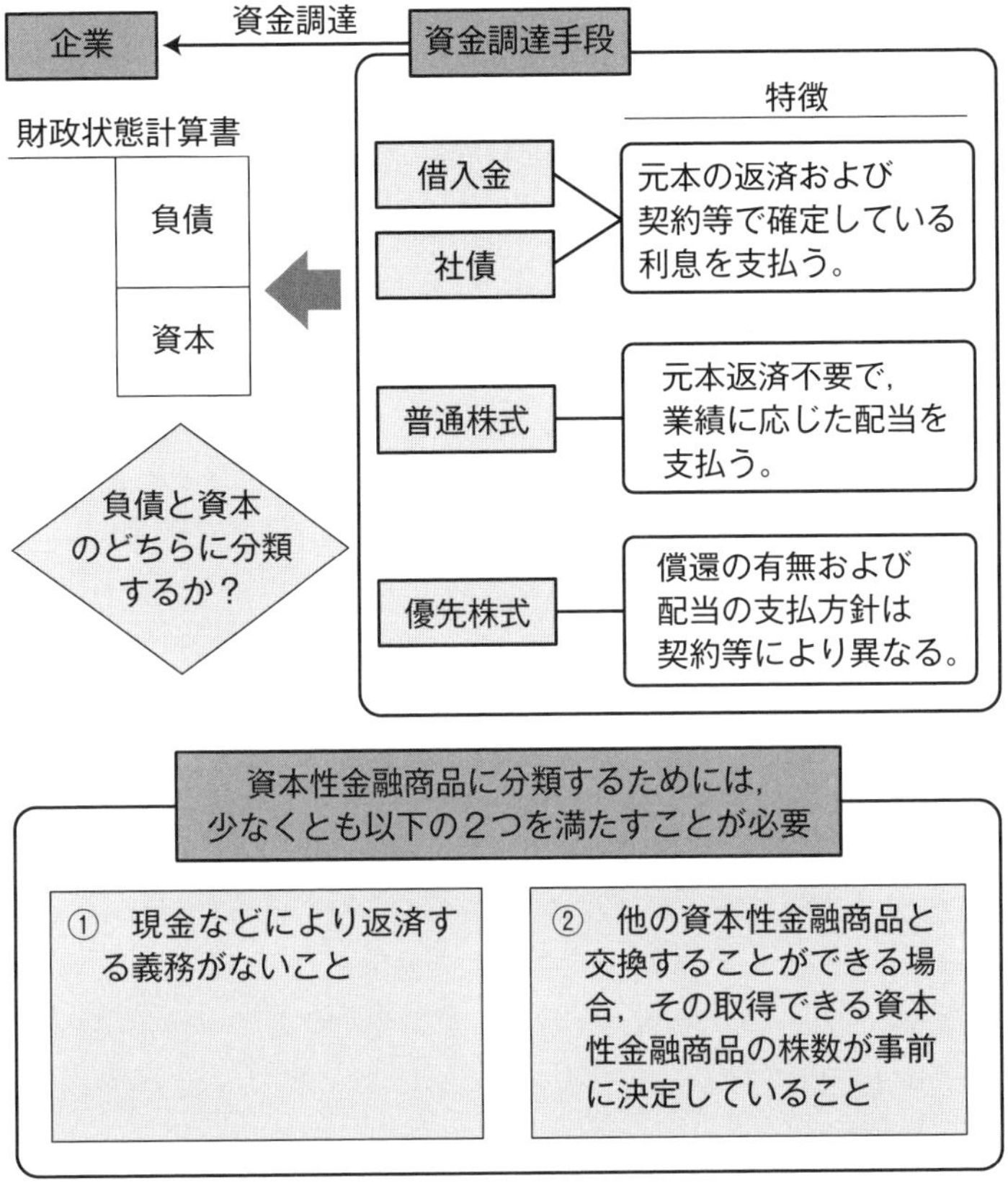

コラム

負債の公正価値評価 ── 負債からの利益計上のしくみとは？

金融機関から債権放棄を受けた場合，企業は金融負債の認識を中止するとともに債務免除益を計上します。IFRSでは，それ以外にも公正価値評価することにより金融負債から利益が計上されることがあります。

社債を例にとって説明します。Ａ企業は１億円の社債を発行し，その会計処理について純損益を通じて公正価値で測定することとします。期末において，社債の公正価値が8,000万円に下落した場合には，Ａ企業の会計処理として8,000万円の社債が負債として計上され，残額の2,000万円は利益として計上されます。

このような会計処理が認められる背景を理解するためには，公正価値の意味を理解する必要があります。公正価値とは，市場参加者間の秩序ある取引において，資産を売却するために受け取るであろう価格または負債を移転するために支払うであろう価格のことを指します。負債の公正価値には，不履行リスクが含まれ，これには企業自身の信用リスクも含まれます。つまり，第三者から見てA企業から返済されると予想される金額の合計額に貨幣の時間価値等を勘案したものが公正価値となります。そのため，業績悪化によりＡ企業から返済されると予想される金額が減少すると，負債の公正価値も減少するのです。

業績の悪化した企業の金融負債から利益が計上されると，財務諸表利用者に業績が好調であるとの誤解を招かせる可能性があることが指摘されていました。そこで，IFRS第９号においては，公正価値オプションを適用した金融負債に関して，信用リスクの変動に起因する公正価値の変動額については，その他の包括利益に計上することとしました。この結果，業績が悪化した企業の金融負債から生じる公正価値の変動額のうち，信用リスク以外の要因で変動した変動額のみが純損益に計上されることとなり，信用リスクの変動による公正価値の変動が純損益に影響を与えなくなりました。

第7章

固定資産と減損

50 有形固定資産の認識と当初測定

取得原価に含まれる範囲に注意

●有形固定資産の認識

有形固定資産は、将来の経済的便益が企業に流入する可能性が高く、かつその取得原価を信頼性をもって測定できる場合に認識します。日本基準については、特段の規定はありませんが、実務上ＩＦＲＳと同様に処理されており、特に差異はないと考えられます。

●有形固定資産の当初測定

① 個別に取得した有形固定資産

個別に取得した有形固定資産の取得原価には、まず、その有形固定資産の購入価格が含まれます。この購入価格には、輸入関税や還付されない取得税も含まれます。また、値引きや割戻しがある場合には、その金額を控除した金額が取得原価に含めるべき金額となります。

その資産を経営者が意図した方法で稼働できるようにするために必要な場所・状態に置くことに直接起因する費用も、有形固定資産の取得原価に含まれます。これについては、ＩＡＳ第23号「借入コスト」の要件を満たす借入コスト（79項参照）も有形固定資産の取得原価に含まれる点に注意が必要です。

さらに、有形固定資産にかかる資産除去費用のうち、取得時または棚卸資産の生産以外の目的で有形固定資産を特定の期間に使用した結果として発生する費用も取得原価に含まれます。棚卸資産を生産する目的で有形固定資産を使用した結果として発生する資産除去費用は、有形固定資産の取得原価には含めず、ＩＡＳ第2号「棚卸資産」に従って会計処理します。

なお、有形固定資産の取得原価は、認識日の現金価格相当額であるため、支払が通常の信用期間を超えて繰り延べられている場合は、貨幣の時間価値を考慮する必要があります。

② 交換により取得した有形固定資産

交換により取得した有形固定資産の取得原価は、引き渡した資産の公正価値で測定します（受け取った資産の公正価値のほうが明らかに明白である場合を除く）。ただし、交換取引が経済的実質を欠いているため取引が行われたとはいえない場合や、取得資産と引渡資産のいずれの公正価値も信頼性をもって測定できない場合は、引渡資産の帳簿価額で測定します。

有形固定資産の取得原価

認識日の現金価格相当額（貨幣の時間価値を考慮）

IAS第23号「借入コスト」の資産化要件を満たす借入コストも含む

購入価格（値引き・割戻し控除後）＋経営者の意図した方法で稼働するために必要な場所・状態に置くことに直接起因する費用＋取得時または棚卸資産の生産以外の目的で特定の期間に使用した結果発生する資産除去費用

輸入関税のほか，還付されない税金も含む

交換取引

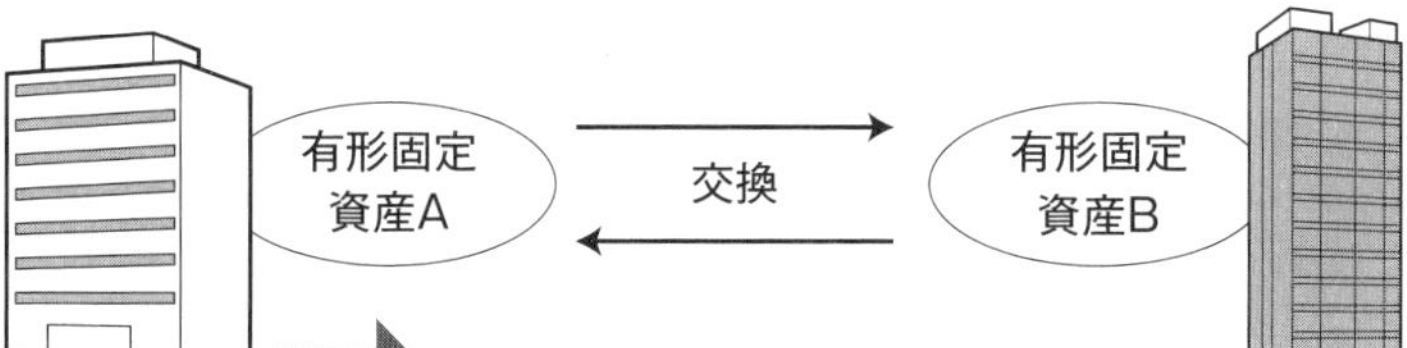

➡ 原則：公正価値で測定

ただし…

- 同質のものの交換のため、経済的実質を欠く
- 取得資産・引渡資産のいずれの公正価値も信頼性をもって測定できない

→引渡資産の帳簿価額で測定

51 有形固定資産の事後測定

取得原価を公正価値により再評価することも認められる

●有形固定資産の事後測定

有形固定資産は、原価モデルまたは再評価モデルにより事後測定します。企業はいずれを用いて事後測定するかを、有形固定資産の種類ごとに会計方針として選択する必要があります。例えば、機械について原価モデルを用いる場合には、一部の機械を原価モデルにより測定し、残りを再評価モデルにより測定する、ということはできず、すべての機械を原価モデルで測定する必要があります。ただし、機械については原価モデル、土地については再評価モデルを用いて測定する、ということは認められます。

●原価モデル

取得原価から減価償却累計額と減損損失累計額を控除した額で事後測定する方法です。日本基準では、この方法のみが認められています。

●再評価モデル

有形固定資産を公正価値で再評価し、その金額からその後の減価償却累計額と減損損失累計額を控除した額で事後測定する方法です。再評価する頻度は特に決まっていませんが、帳簿価額が報告期間の末日における公正価値を用いたならば算定されたであろう金額と大きく異ならない頻度で定期的に行うことが必要とされています。

再評価の結果、資産の帳簿価額が増加する場合、その増加額はその他の包括利益に計上し、再評価剰余金として資本に含められます。ただし、同じ資産について過去に帳簿価額を減額している場合は、帳簿価額の増加額のうち、その部分は純損益に含めます。

再評価の結果、資産の帳簿価額が減少する場合、その減少額は純損益に計上します。ただし、同じ資産について過去に帳簿価額を増額したためにその他の包括利益で認識している金額がある場合には、帳簿価額の減少額のうち、その部分はその他の包括利益の減額として取り扱います。

有形固定資産の事後測定

【原価モデル】

取得原価	−	減価償却累計額 減損損失累計額（あれば）

【再評価モデル】

公正価値で 再評価した金額	−	再評価後の 減価償却累計額 減損損失累計額（あれば）

いずれかを，有形固定資産の種類ごとに
選択適用することができる。

52

コンポーネント・アカウンティング

航空機や船の本体とエンジンは別々に減価償却する

●コンポーネント・アカウンティングとは

有形固定資産の中には、複数の要素が集まって1つの有形固定資産となっているものがあります。例えば、航空機であれば、機体、エンジン、座席などのさまざまな要素が集まって全体として1つの航空機となっています。ＩＦＲＳでは、このように有形固定資産が複数の要素により構成されている場合は、各構成要素のうち、有形固定資産の取得原価総額に対して重要であるものについて、それぞれ別々に減価償却することが求められます。先ほどの航空機であれば、機体とエンジン、その他の部分をそれぞれ別々に減価償却するイメージです。このように、有形固定資産を重要な構成要素に分けて減価償却することを、コンポーネント・アカウンティングといいます。コンポーネント・アカウンティングは、あくまでも減価償却の計算に関する話です。有形固定資産項目を財政状態計算書上、構成要素に分解して表示することが求められているわけではありません。

日本基準には、ＩＦＲＳのようなコンポーネント・アカウンティングに関する規定はありません。そのため、わが国の企業がＩＦＲＳを適用する際には、減価償却を行う単位について検討する必要があり、結果として減価償却費の計算結果が異なる可能性があります。ただし、実務上は、有形固定資産の減価償却をわが国の税法の規定を参照して行っているケースもあります。このようなケースの中には、税法上の詳細な規定に従い、実務上すでに、ＩＦＲＳでコンポーネント・アカウンティングが求められるレベルまで細分化して減価償却しているため、計算結果にあまり影響がないケースも考えられるでしょう。

●定期修繕も構成要素？

有形固定資産の中には、例えば、船舶や溶鉱炉などのように、有形固定資産を継続して操業するための条件として定期的に大規模な修繕やオーバーホールが必要なものがあります。日本基準では、こうしたコストについて修繕引当金が計上されますが、ＩＦＲＳでは引当計上は認められません。その代わり、定期修繕部分を有形固定資産の構成要素の一部として取り扱い、取得原価に含め、他の構成要素とは区別して、定期修繕から次の定期修繕までの期間にわたって減価償却します。日本基準とは取扱いが大きく異なる点ですので、注意が必要です。

重要な構成要素は別々に減価償却を実施

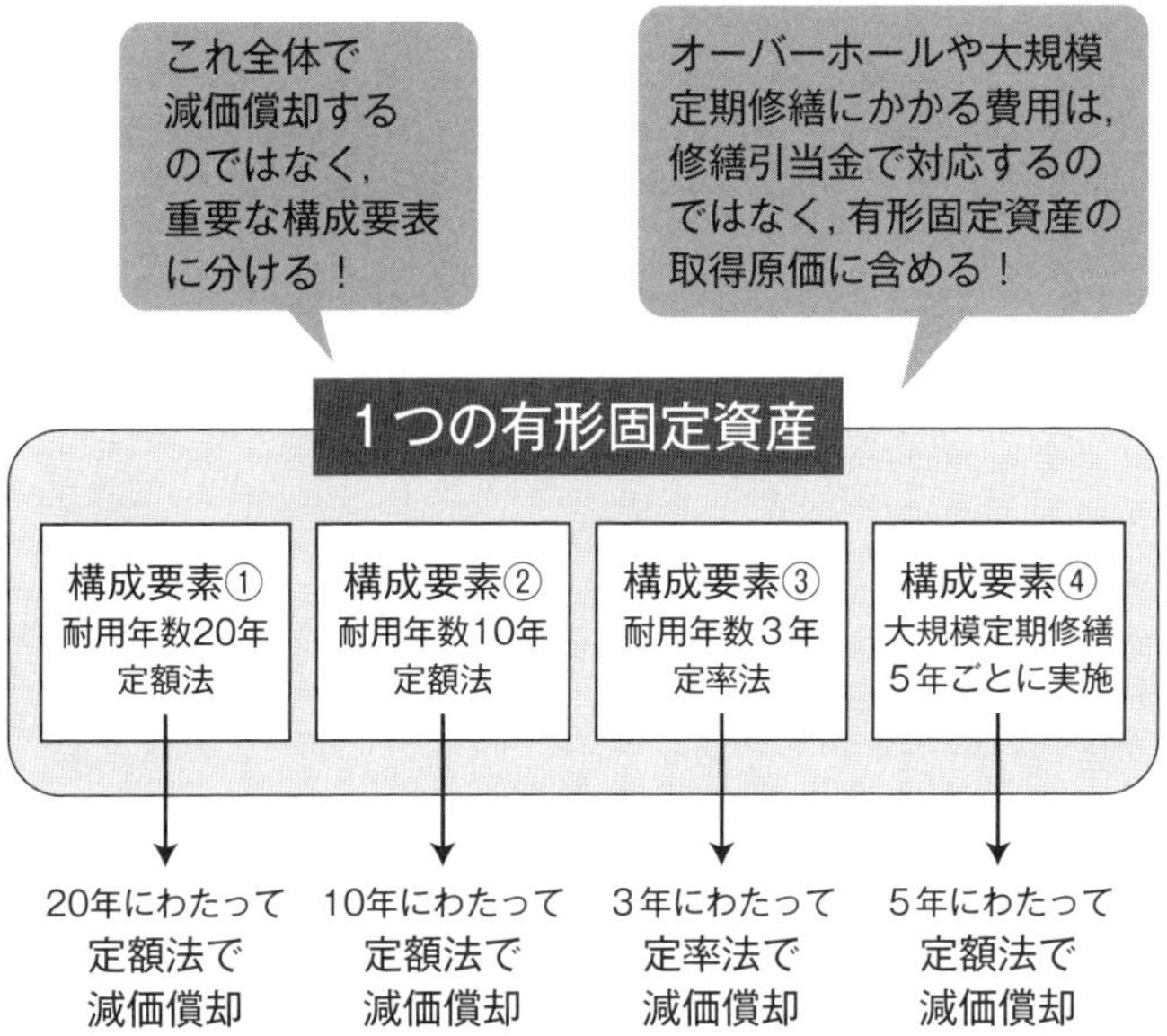

これ全体で減価償却するのではなく，重要な構成要表に分ける！
オーバーホールや大規模定期修繕にかかる費用は，修繕引当金で対応するのではなく，有形固定資産の取得原価に含める！
1つの有形固定資産
構成要素① 耐用年数20年 定額法
構成要素② 耐用年数10年 定額法
構成要素③ 耐用年数３年 定率法
構成要素④ 大規模定期修繕 ５年ごとに実施
20年にわたって定額法で減価償却
10年にわたって定額法で減価償却
３年にわたって定率法で減価償却
５年にわたって定額法で減価償却

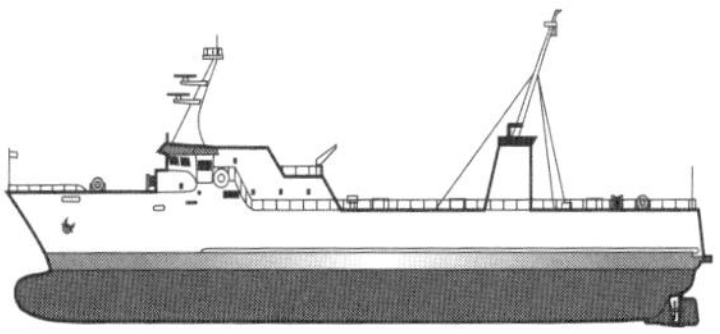

53

減価償却方法、耐用年数、残存価額

詳細な規定はなく、実態を見て判断する

●減価償却方法

日本基準では減価償却方法は会計方針であり、いったん採用した後は正当な理由がある場合にのみ変更します。

これに対して、ＩＦＲＳでは減価償却方法は会計上の見積りであり、「資産の将来の経済的便益の消費パターンを最もよく反映する方法」を選択する必要があります。このような方法として、ＩＡＳ第16号には、定額法、定率法および生産高比例法が挙げられています。ＩＦＲＳにおける減価償却方法は、会計上の見積りであるため、継続して適用することを条件に企業が自由に選択できるもの（フリーチョイス）ではありません。実際の決定にあたっては、資産の予想使用量（予想生産高）や技術的・経済的陳腐化、資産の使用に関する法規制等の制限、その他さまざまな要因を考慮したうえで、総合的に判断していく必要があると考えられます。なお、一定の業界で実務上用いられている取替法を用いた減価償却は、ＩＦＲＳでは原則として認められないものと考えられます。

減価償却方法は、各会計年度末に再検討を行い、変更がある場合には、会計上の見積りの変更として会計処理します。

●耐用年数、残存価額

ＩＦＲＳ上、「耐用年数」とは、資産が企業によって利用可能と予想される期間（または資産から得られると予想される生産高または類似の単位数）をいいます。耐用年数の決定は、企業の観点から行います。

ＩＦＲＳ上、「残存価額」とは、仮に現時点で資産の耐用年数が到来し、その資産が耐用年数終了時点で予想される状態であった場合に、企業がその資産を処分することで得るであろう見積金額（処分費用見積額控除後）のことをいいます。

減価償却方法と同様、耐用年数と残存価額も、各会計年度末に再検討を行い、変更がある場合には、会計上の見積りの変更として将来に向けて会計処理します。

事実および状況を踏まえて判断

この資産の自社にとっての
利用可能期間は，何年か…？
この資産の将来の経済的
便益の消費パターンを
もっともよく反映する
減価償却方法は…？
この資産の耐用年数
到来時の価値は…？

54 無形資産

耐用年数が有限かどうかで会計処理が異なる

●無形資産の定義

無形資産とは、物理的実体のない、識別可能な非貨幣資産をいいます。識別可能とは、当該資産が以下のいずれかに該当する場合をいいます。

・分離可能な（売却、譲渡、賃貸、交換等ができる）場合

・契約またはその他の法的権利から生じている場合

●無形資産の認識

ＩＦＲＳにおいては、無形資産の定義を満たすことに加えて、以下の要件を満たす場合に無形資産を認識します。

・将来の経済的便益が企業に流入する可能性が高い（蓋然性要件）

・取得価額を信頼性をもって測定できる（測定可能要件）

企業結合により取得された無形資産については、これらの要件は常に満たされているとみなされます。また、個別に取得した無形資産については、蓋然性要件は常に、測定可能要件は通常、満たされているとみなされます。

●無形資産の測定

無形資産は、取得原価で当初認識します。当初認識後は、原価モデルと再評価モデルのいずれかを選択適用します。ただし、再評価モデルを用いるには、当該無形資産を取引する活発な市場（例：取引可能なタクシーのライセンスや漁業権）が存在していることが必要となります。

●償却無形資産と非償却無形資産

耐用年数が有限な無形資産は、その耐用年数にわたり規則的に償却します。償却方法は、将来の経済的便益の消費パターンを反映しなければならず、消費パターンを信頼性をもって決定できない場合は、定額法

を用いることとされています。償却方法および耐用年数は、少なくとも各会計年度末において見直す必要があります。

耐用年数を確定できない無形資産（例：一部の商標権）は、償却を行わず、毎年、および減損の兆候がある場合はその都度、減損テストを行う必要があります。

無形資産

無形資産の定義を満たすもの

↓ 無形資産の認識要件を満たすか

無形資産の認識要件	個別に取得した無形資産	企業結合により取得した無形資産	自己創設無形資産
将来の経済的便益が企業に流入する可能性が高い	常に満たされるとみなされる	常に満たされるとみなされる	判定が困難であるため追加的な規定あり（55項参照）
取得価額を信頼性をもって測定できる	通常満たされるとみなされる		

↓ 耐用年数が有限かどうか

有限 ⇒ 耐用年数にわたり規則的に償却
減損の兆候があれば減損テストを実施

確定できない ⇒ 償却せず，少なくとも年１回，および減損の兆候があればその都度減損テストを実施

55

自己創設無形資産

開発費も資産計上される可能性がある

●自己創設無形資産の認識要件

自己創設無形資産については、企業結合や個別の取引により取得した無形資産と異なり、無形資産を認識するための蓋然性要件および測定可能要件に関する判定が難しいケースがあります。そのため、ＩＦＲＳにおいては、自己創設無形資産の創出過程を研究局面と開発局面に区分し、それぞれについて会計処理を規定しています。

●研究局面

研究局面に関する支出は、無形資産として認識してはならず、発生時に費用処理します。これは、研究局面においては、将来の経済的便益が企業に流入する可能性が高いと結論付けることができないためです。

●開発局面

開発局面に関する支出は、以下の6つの要件のすべてを満たす場合にのみ無形資産として認識し、それ以外は研究局面と同様に発生時に費用処理します。

① 無形資産を完成させ、これを使用または売却することが技術的に可能である。
② 無形資産を完成させ、これを使用または売却するという意図がある。
③ 無形資産を使用または売却する能力がある。
④ 無形資産が将来の経済的便益を創出する方法を示すことができる。
⑤ 無形資産を完成させ、これを使用または売却するための技術上、財務上およびその他の資源が利用可能である。
⑥ 無形資産の開発局面の支出を、信頼性をもって測定できる能力がある。

●自己創設のブランド等

自己創設のブランド、ロゴ、出版タイトル、顧客リストおよびこれらに類似するものは、事業を全体として発展させるための費用と区別することができないため、無形資産として認識することはできません。

●ソフトウェアの会計処理

IFRSには、ソフトウェアの会計処理に係る特別な規定はありません。ソフトウェアの開発に要した支出については、それが販売目的か自社利用目的かを問わず、自己創設無形資産の規定に基づき、研究局面と開発局面に区分して会計処理を行います。

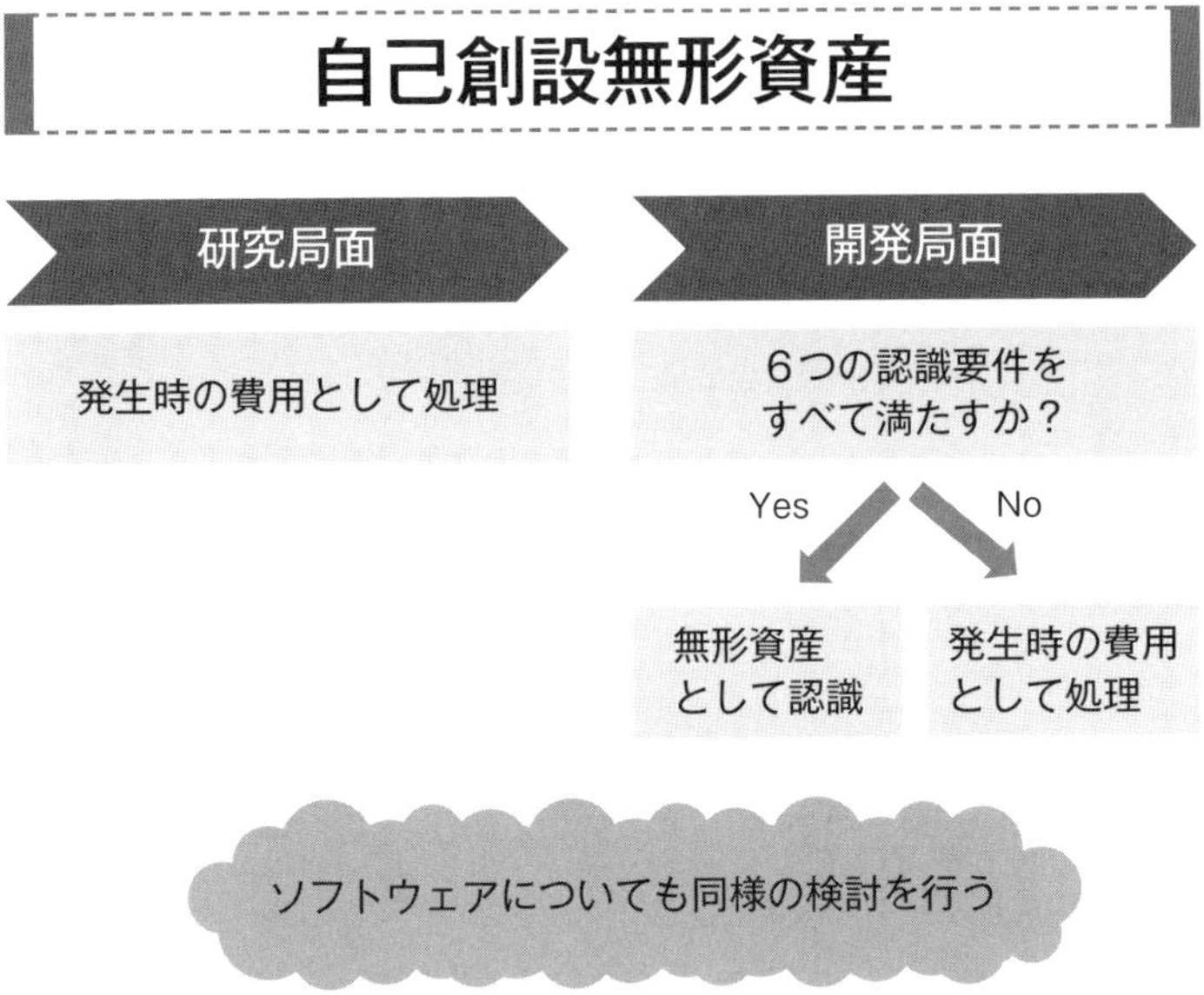

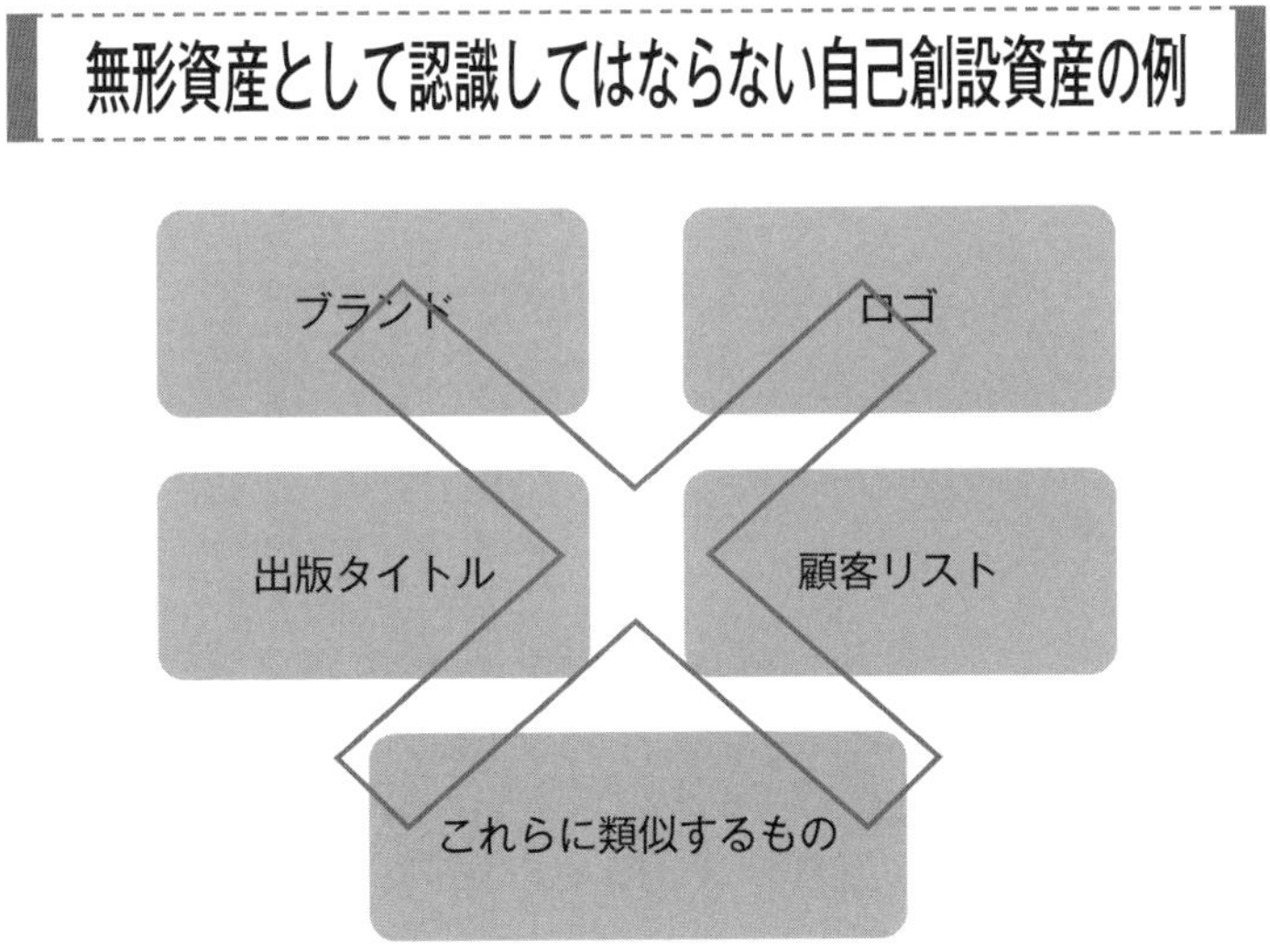

56 投資不動産

毎期公正価値で評価し、差額を損益認識する方法が認められる

●投資不動産の定義

投資不動産とは、賃貸収益またはキャピタルゲインの獲得を目的として保有する土地および建物をいいます。

IFRSにおいては、投資不動産について、通常の有形固定資産とは異なる規定があります。日本基準においては、開示目的で賃貸等不動産という区分がありますが、認識や測定については特段の規定がなく、通常の有形固定資産と同様の規定が適用されます。

●公正価値モデルと原価モデル

投資不動産は、当初認識時においては取得原価で認識されますが、その後の会計処理は、公正価値モデルと原価モデルの2通りがあります。企業は、これらのいずれかを会計方針として選択し、保有するすべての投資不動産に適用する必要があります。

公正価値モデルにおいては、投資不動産は期末時に公正価値で測定され、帳簿価額との差額（評価損益）は純損益として認識されます。

原価モデルにおいては、投資不動産も，原価モデルを採用した有形固定資産と同様に会計処理されます。ただし、当該投資不動産の公正価値を注記で開示する必要があります。

●自己使用不動産との振替え

投資不動産について公正価値モデルを適用している場合、自己使用不動産と投資不動産との間における振替え時の会計処理について特別な規定があります。

自己使用不動産から投資不動産への振替え時には公正価値で測定し、帳簿価額との差額については、有形固定資産の再評価モデルと同様の会計処理（51項参照）を行います。投資不動産から自己使用不動産への振替え時にも公正価値で測定しますが、帳簿価額との差額については純損益として認識します。

●リース基準との関係

投資不動産について公正価値モデルを適用している場合，リースの借手は投資不動産の定義を満たす使用権資産についても，公正価値モデルを適用する必要があります。

投資不動産

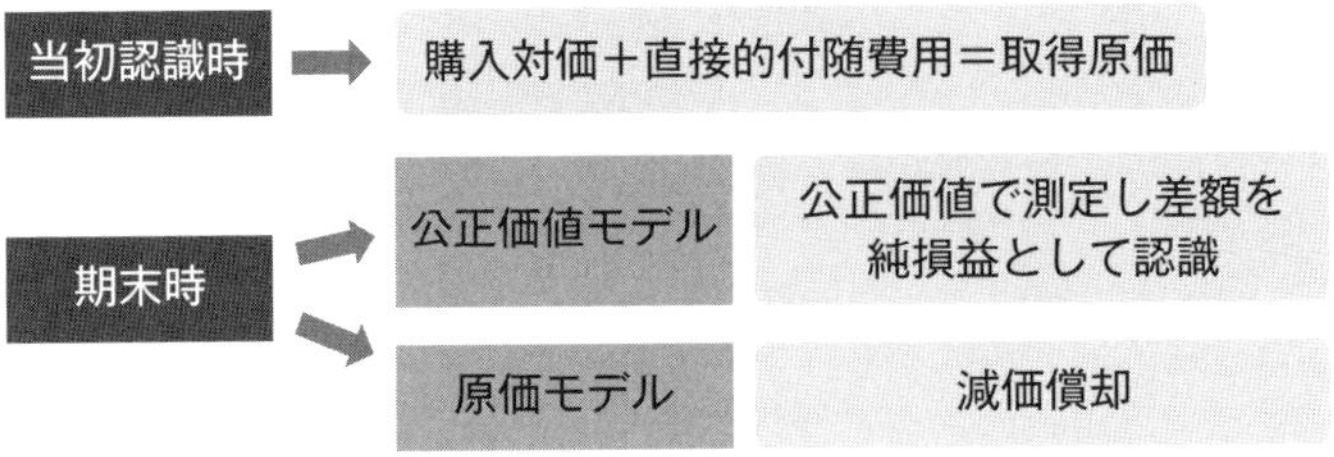
当初認識時
購入対価＋直接的付随費用＝取得原価
期末時
公正価値モデル
公正価値で測定し差額を純損益として認識
原価モデル
減価償却

振替え時の公正価値と帳簿価額の差額

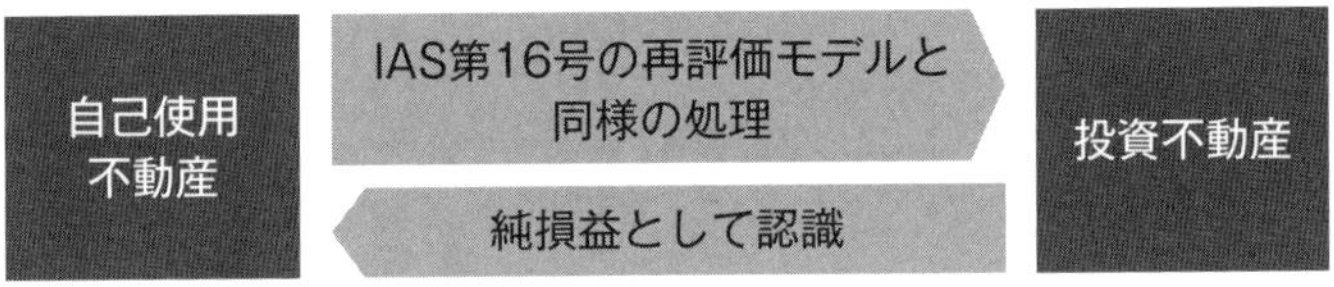
自己使用不動産
IAS第16号の再評価モデルと同様の処理
純損益として認識
投資不動産

リース基準との関係

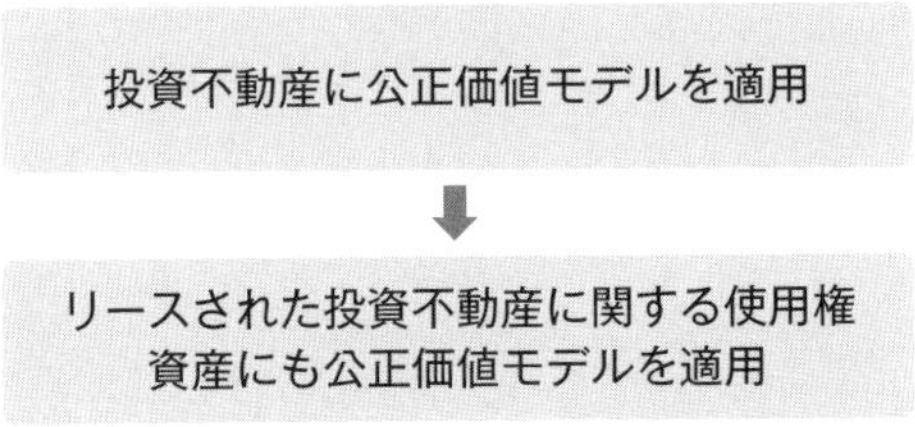
投資不動産に公正価値モデルを適用
リースされた投資不動産に関する使用権資産にも公正価値モデルを適用

57

資産の減損の概要と会計単位

グルーピングの単位がより細かくなる可能性がある

●減損会計の概要

　ＩＦＲＳと日本基準のいずれにおいても、固定資産の減損に関する検討は以下の手順で行います。

・資産グループの識別
・各資産グループに係る減損の兆候の有無に関する検討
・減損損失の認識の要否に関する検討
・減損損失の測定と認識

●資金生成単位

　減損の検討を行う際には、まず対象資産を識別する必要があります。ＩＦＲＳにおいては、個別資産について減損の検討を行うことを前提としていますが、個別資産の回収可能価額を見積もることが不可能な場合には、資金生成単位（おおむね独立したキャッシュ・インフローを生成する最小の資産グループ）について減損の検討を行います。資金生成単位の区分例として、製品系列別、事業別、場所別等が挙げられています。

　ある資産グループにより生産される製品が企業内部で使用されていたとしても、当該製品について活発な市場があり、市場での販売が可能である場合は、当該資産グループとその後の製造過程や販売過程に係る資産グループを，それぞれ別個の資金生成単位として減損の検討を行う必要があります。日本基準にはそのような規定がないため、製造、販売等のすべての機能に係る資産を1つの資産グループとして、減損の検討を行っている可能性があります。

●キャッシュ・インフローを見る

　ＩＦＲＳにおいては、資金生成単位を識別する際に、正味キャッシュ・フローでなくキャッシュ・インフローを見る必要があります。例えば、小売の店舗について、売上（キャッシュ・インフロー）を店舗ごとに管理している場合、購買（キャッシュ・アウトフロー）

を地域ごと等のより広い単位で管理していても、資金生成単位は店舗ごとと判断される可能性があります。

減損の検討プロセス

1. 資金生成単位の識別
2. 減損の兆候の有無に関する検討
3. 減損損失の認識の要否に関する検討
4. 減損損失の測定と認識

資金生成単位の例

	IFRS	日本基準
製造子会社が販売子会社への公正価値での物品販売により独立したキャッシュ・インフローを生成	製造子会社が資金生成単位となり得る	グループ全体が資産グループとなり得る
売上を店舗ごとに，仕入を地域ごと管理	各店舗が資金生成単位となり得る	各地域が資産グループとなり得る

58 減損の兆候

株価や金利の変動も兆候に含まれる

●減損の兆候

減損の検討をする際には、まず対象資産に減損の兆候があるかどうかを検討します。この点はＩＦＲＳも日本基準も同様ですが、ＩＦＲＳにおいて減損の兆候に当たる事象として例示されている項目は日本基準よりも多く、ＩＦＲＳのほうがより幅広い状況について減損の兆候に該当すると考えられます。

ＩＦＲＳにおいては、減損の兆候を外部的要因と内部的要因に分け、最低限考慮すべき事項を例示しています。その内容について、日本基準との主な差異は以下のとおりです。

●外部的要因に係る差異

資産の市場価値の著しい下落により減損の兆候があると考えられる場合について、日本基準では、帳簿価額からおおむね50％程度以上下落した場合とされていますが、ＩＦＲＳではそのような数値基準はなく、実質的な判断が必要になります。

ＩＦＲＳにおいては、市場金利の著しい上昇に伴い、使用価値の測定に用いられる割引率が上昇し、その結果回収可能価額が著しく減少する見込みである場合、減損の兆候があると考えます。また、企業の株式の時価総額が、当該企業の純資産の帳簿価額を下回る場合にも減損の兆候があると考えます。日本基準においては、そのような規定はありません。

●内部的要因に係る差異

営業損益またはキャッシュ・フローの状況により減損の兆候があると考えられる場合について、日本基準では、それらがおおむね過去2期継続してマイナス（赤字）の場合とされていますが、ＩＦＲＳでは、それらが当初の予算との比較において著しく悪化している場合とされています。したがって、たとえ営業損益またはキャッシュ・フローが過去から継続してプラス

（黒字）の状況であっても、当期の実績が予算よりも著しく悪化している場合には、ＩＦＲＳ上は減損の兆候になり得ると考えられます。

●経営者による判断

ＩＦＲＳにおいては、減損の兆候を検討するにあたり、日本基準のような詳細な数値基準がないため、日本基準と比較して、より広範で高度な判断が求められます。

減損の兆候を示す状況の例

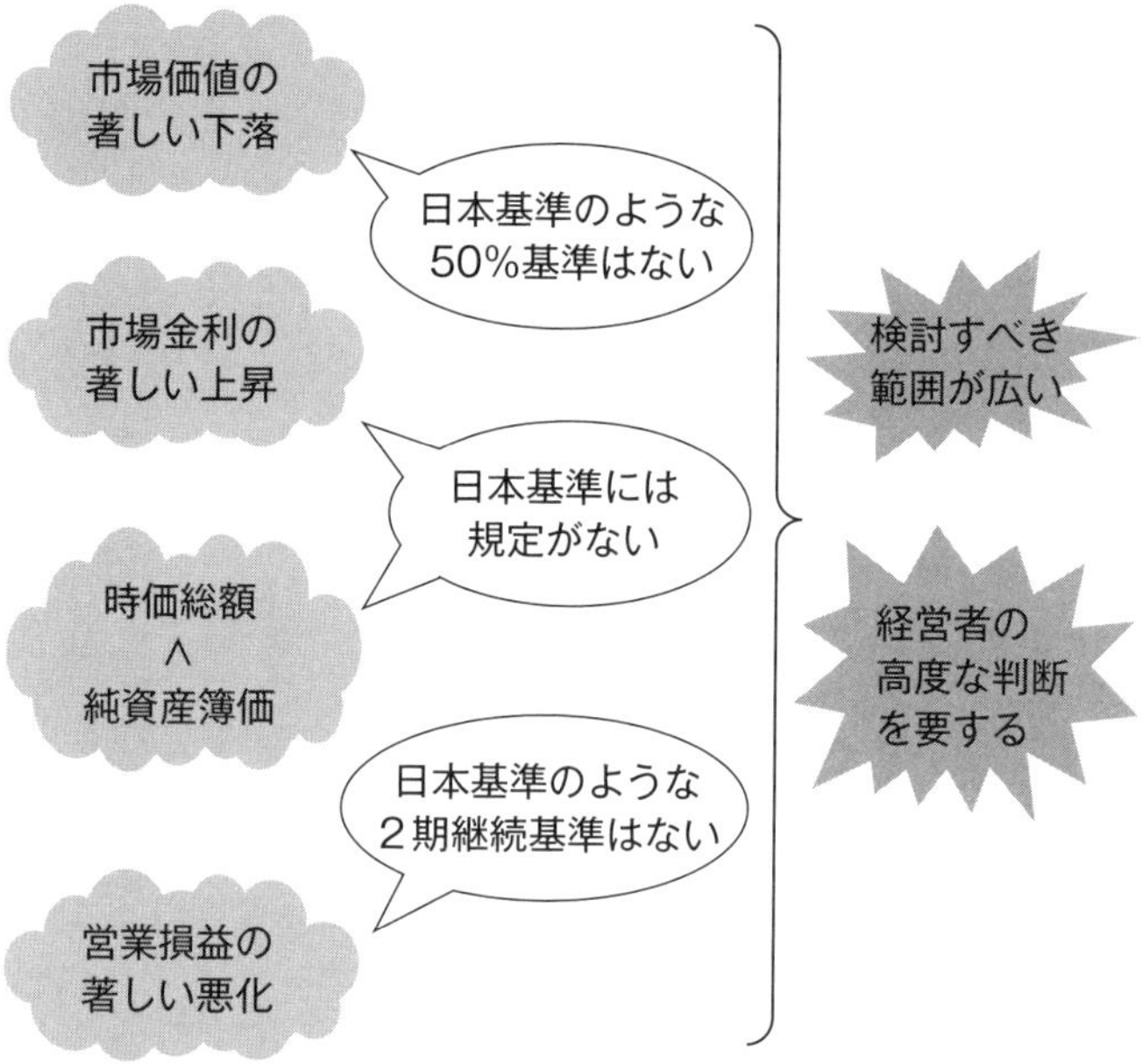

市場価値の著しい下落
日本基準のような50%基準はない
市場金利の著しい上昇
日本基準には規定がない
時価総額∧純資産簿価
日本基準のような２期継続基準はない
営業損益の著しい悪化
検討すべき範囲が広い
経営者の高度な判断を要する

59

減損損失の認識

割引前将来キャッシュ・フローによる検討のステップはない

●減損損失の検討プロセス

ＩＦＲＳと日本基準のいずれにおいても、資金生成単位（57項参照）について減損の兆候（58項参照）が認識された場合に、減損損失を認識する必要があるかどうかを詳細に検討します。しかし、減損損失の認識の要否を検討するプロセスはＩＦＲＳと日本基準で大きく異なります。

●減損損失の認識の要否

ＩＦＲＳにおいては、減損の兆候がある資金生成単位について、回収可能価額（使用価値と処分費用控除後の公正価値のいずれか高い金額）と帳簿価額の比較を行います。回収可能価額が帳簿価額を下回る場合には、その差額を減損損失として認識します。

一方、日本基準においては、回収可能価額と帳簿価額の比較を行う前のステップとして、割引前将来キャッシュ・フローと帳簿価額の比較を行い、前者が後者を上回る場合は、回収可能価額の測定および減損損失の認識は不要となります。

そのため、例えば割引前将来キャッシュ・フローは帳簿価額を上回るが回収可能価額は帳簿価額を下回るような状況においては、日本基準では減損損失の認識は不要ですが、ＩＦＲＳでは減損損失の認識が必要となります。

●減損損失の認識および配分

特定の資金生成単位について認識された減損損失は、当該資金生成単位にのれんが配分されている場合、まず当該のれんに配分し、その帳簿価額を減額します。次に、当該資金生成単位内のその他の資産の帳簿価額に基づく比例按分により、その他の各資産に配分します。なお、のれんが複数の資金生成単位に配分され、当該複数の資金生成単位とのれんで、より大きな１つの資金生成単位グループと考える場合は、減損の検討および減損損失の認識を行う順序に留意が必要です（61項参照）。

●減損損失の戻入れ

日本基準においては、減損損失の戻入れは認められませんが、IFRSにおいては、減損損失の戻入れの兆候がある場合に、回収可能価額を測定し、戻入れを行う必要があります。ただし、当該資金生成単位の減損損失認識前の帳簿価額から、減損損失を認識していなければ発生していたであろう減価償却費を控除した金額を超えて、戻入れを行うことは認められません。

また、どのような状況においても、のれんについて認識した減損損失の戻入れは認められません。

減損損失の認識の要否

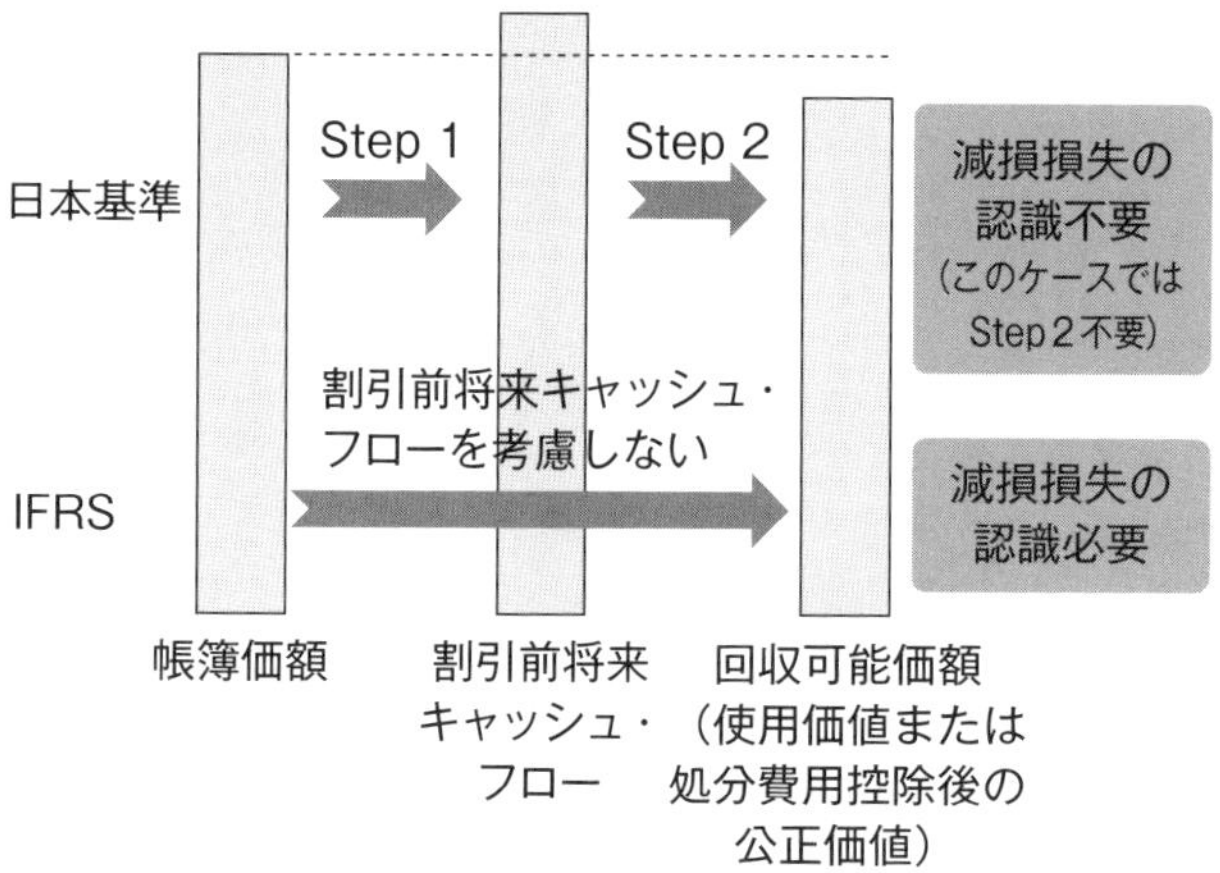

60

減損時の回収可能価額の決定

評価専門家の関与が必要となるケースも

●回収可能価額とは

IFRSにおいては、回収可能価額は使用価値と処分費用控除後の公正価値のいずれか高い金額と定義されています。この点は日本基準と同様です。

●使用価値

使用価値は、将来キャッシュ・フローの割引現在価値で測定されます。将来キャッシュ・フローは、資産の継続的な使用により発生すると見込まれる正味キャッシュ・フローと、最終的な資産の処分により受け取ると見込まれる正味キャッシュ・フローにより構成されます。

将来キャッシュ・フローは、経営者が承認した事業計画等に基づいて見積もる必要がありますが、当該事業計画等に基づく見積期間は、正当な理由がない限り、最長でも5年とされています。事業計画等がない期間については、国、産業、市場等の長期平均成長率に基づく一定または逓減的な成長率を使用して、将来キャッシュ・フローを見積もります。

一方、日本基準においては、20年もしくは資産の残存耐用年数のどちらか短い期間について将来キャッシュ・フローを見積もることとされています。

将来キャッシュ・フローを現在価値に割り引く際に使用する割引率は、貨幣の時間価値と当該資産の固有リスクを反映したものでなければなりません。そのような利率を市場から直接入手できない場合は、加重平均資本コスト等に基づき割引率を見積もる必要があります。

●処分費用控除後の公正価値

IFRSにおいては、非金融資産の公正価値を測定するにあたり、市場参加者が当該資産を最有効使用すると仮定します。そのため、経営者が意図する特定の使用方法に関わりなく、市場参加者の観点から実行可能な最有効使用を検討する必要があります。また、処分費用控除後の公正価値を測定するために控除すべき処分費用には、法的費用、印紙税等の取引税等、資産の処分に係る直接増分費用が含まれます。

●専門家の利用

使用価値、処分費用控除後の公正価値のいずれも、その測定には高度な判断や見積りが求められるため、状況に応じて評価専門家の関与を検討することが必要になると考えられます。

回収可能価額の決定

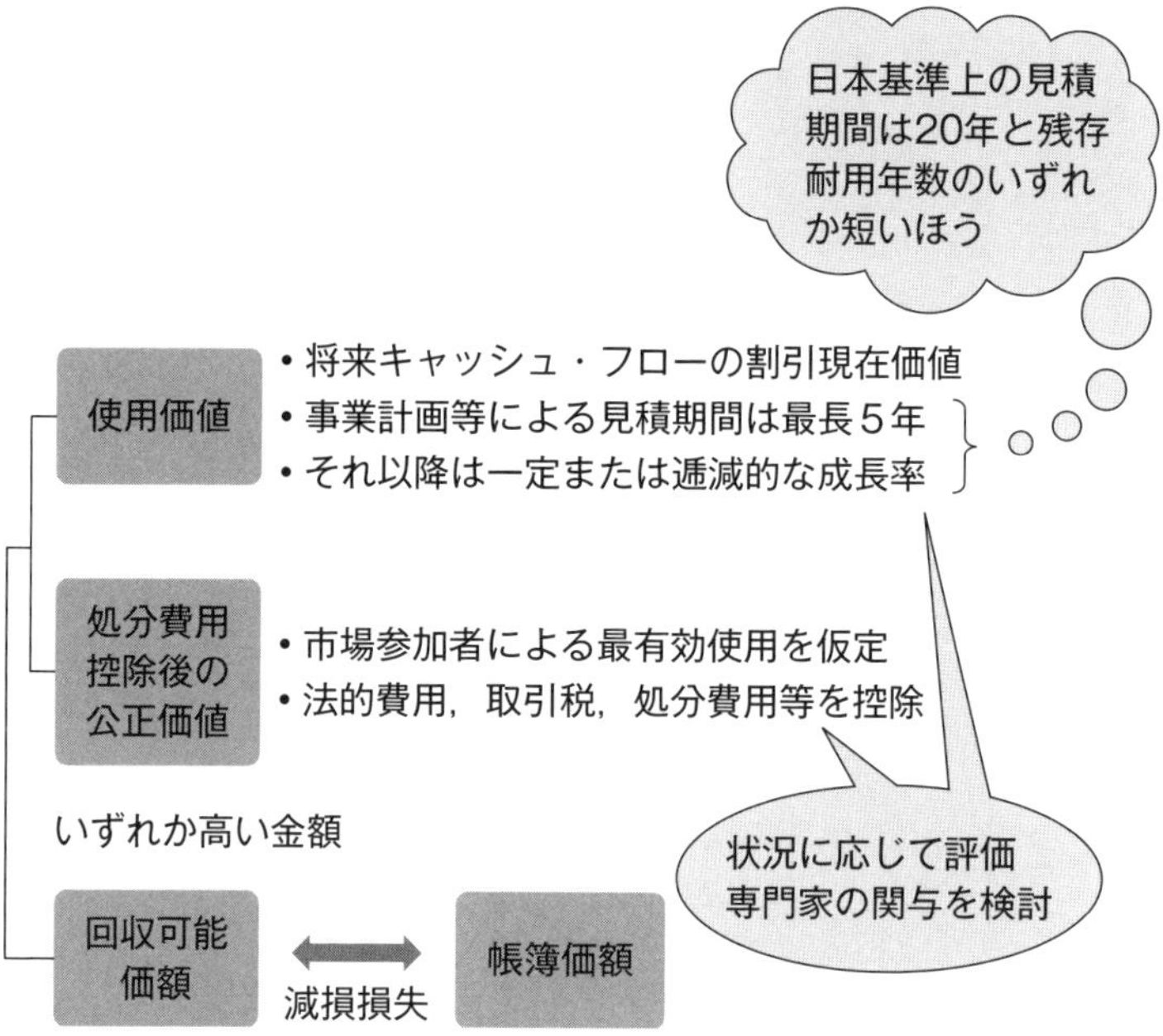
日本基準上の見積期間は20年と残存耐用年数のいずれか短いほう
使用価値
• 将来キャッシュ・フローの割引現在価値
• 事業計画等による見積期間は最長５年
• それ以降は一定または逓減的な成長率
処分費用控除後の公正価値
• 市場参加者による最有効使用を仮定
• 法的費用，取引税，処分費用等を控除
いずれか高い金額
状況に応じて評価専門家の関与を検討
回収可能価額
減損損失
帳簿価額

61 のれんの減損

2段階に分けて減損判定を行う場合がある

●償却せず毎期減損テストを行う

IFRSにおいては、のれんの償却は行いませんが、減損の兆候の有無にかかわらず、毎期減損テストを行う必要があります。のれんの減損テストは必ずしも期末に行う必要はありませんが、毎期同時期に行う必要があります。また、減損の兆候がある場合には、期末においても減損テストを行う必要があります。

●のれんの配分

のれんは単独では独立したキャッシュ・フローを生み出さないため、減損の判定を行う際には、当該のれんが発生した企業結合によるシナジー効果が期待される資金生成単位に、のれんを配分する必要があります。

当該シナジー効果が、特定の資金生成単位ではなく複数の資金生成単位に関連し、かつ、のれんを合理的な方法でそれらの資金生成単位に配分することができない場合は、当該複数の資金生成単位とのれんで、より大きな1つの資金生成単位グループと考えます。

●のれんの減損テスト

のれんの減損テストにおいては、まず、のれんを含む資金生成単位グループに含まれる特定の資金生成単位に減損の兆候がある場合は、当該資金生成単位のみについて減損の検討を行い、必要に応じて減損損失を認識します。

次に、のれんを含む資金生成単位グループ全体について減損テストを行います。のれんを含む資金生成単位グループの帳簿価額が、当該資金生成単位グループの回収可能価額を上回る場合に、減損損失を認識する必要があります。当該減損損失は、まずのれんに対して配分します。そのうえで、のれんに配分しきれない減損損失については、資金生成単位グループに含まれる他の資産に対して、それらの帳簿価額に基づく比例按分により配分します。のれんについて認識した減損損失は、のれんを含む資金生成単位グループの回収可能価額が以後増加した場合であっても、戻入れが認められません。

のれんの減損

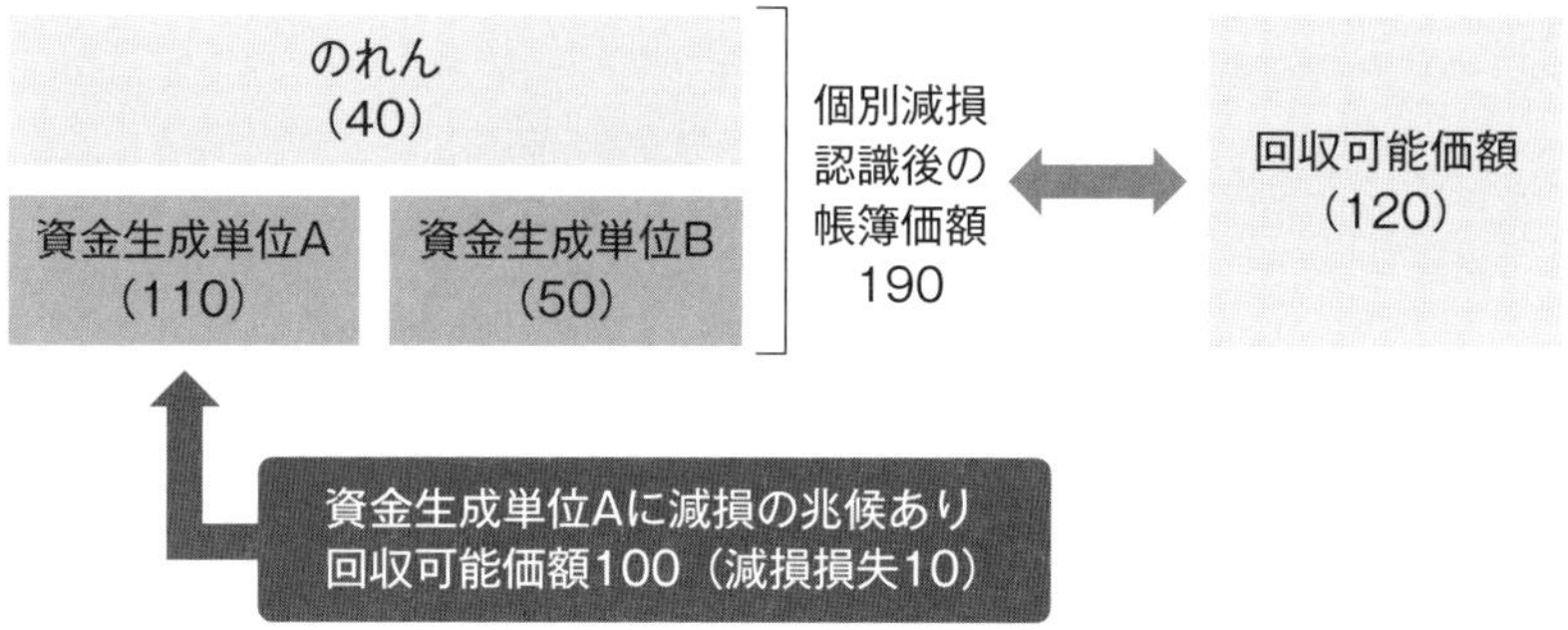

	帳簿価額	個別減損認識後の帳簿価額	回収可能価額	減損損失	減損損失認識後の帳簿価額
のれん	40	40	120	(40)※1	—
資金生成単位A	110	100		(20)※2	80
資金生成単位B	50	50		(10)※3	40
合計	200	190		(70)	120

※1　のれんに係る減損は仮に回収可能価額が将来回復しても戻入れ不可
※2　((190−120)−40)×100÷(100+50)
※3　((190−120)−40)×50÷(100+50)

コラム

減価償却――税法の規定は会計処理の直接的な根拠にならない

日本基準において，固定資産の減価償却方法は会計方針として選択されますが，実務上は，税務上の減価償却限度額を最大限使用する減価償却方法，例えば定額法でなく定率法を採用しているケースが多いと考えられます。なぜでしょうか。

日本では，税務上の原則として確定決算主義が採用されており，税務上の課税所得を計算する際に損金として算入するためには，株主総会で承認された決算書において費用または損失として会計処理されている必要があります。この原則によると，会計上認識された減価償却費が税務上の減価償却限度額を下回る場合，当該差額分を税務申告書において追加的に損金算入することは認められず，その分の税務メリットを放棄することになってしまうのです。

一方，IFRSにおいては，減価償却方法は将来の経済的便益の消費パターンを最も適切に反映したものでなければなりません。それは企業が会計方針として任意に選択できるものではなく，会計上の見積りとして固定資産の利用実態により自ずと決まるものと考えられます。つまり，IFRSにおける会計処理は，税務上の取扱いとは切り離して考える必要があります。この点は，耐用年数や残存価額の取扱いについても同様です。

したがって，日本基準において税務上の取扱いを根拠に減価償却方法を決定している企業がIFRSを導入する際には，固定資産の実態に即した減価償却方法の見直しが必要となります。しかし，当該見直しにより，例えば減価償却方法を定率法から定額法に変更した場合などは，前述のとおり税務メリットの一部を放棄する結果となってしまう可能性があります。

税務メリットを享受できるかどうかは企業のキャッシュ・フローに直接影響するため，確定決算主義はIFRSの導入に関する企業の意思決定にも影響を及ぼす可能性があります。確定決算主義の意義と今後の方向性については，2010年6月に日本公認会計士協会が研究報告を公表していますが，日本におけるIFRSの導入を考えるうえで，今後も注視すべき事項であるといえるでしょう。

第8章

企業結合と連結財務諸表

62 企業結合の定義と適用範囲

企業結合に該当すれば、公正価値評価や、のれんの認識が必要

●企業結合および事業の定義

企業が他の企業や事業、資産グループ等を取得した場合は、まず、取得対象が企業結合の基準の適用対象か判定する必要があります。ここで「企業結合」とは、取得企業が1つまたは複数の事業に対する支配を獲得する取引またはその他の事象をいいます。

ポイントは取得した対象が「事業」の定義に該当するかどうかを適切に判断することです。支配を獲得した対象が単に資産グループの場合は、個々の資産等として認識し、他の関連するＩＦＲＳに準拠して会計処理します。一方、事業に該当する場合は、企業結合として会計処理します。

事業は原則として、①インプット、②プロセス、③アウトプットから構成されます。工場を例にとると、インプットは経済的資源である機械や従業員、原材料です。プロセスはインプットに適用された場合にアウトプットを創出するシステム等のことで、製造や製品管理プロセスのことです。アウトプットは経済的便益を生み出す能力を有するもので、製品および製品の販売などが該当します。インプットとプロセスは、事業であるために必須ですが、アウトプットは、事業に含まれていることが多いものの、事業であるための必須条件ではありません。

例えば、工場を取得し、単に原材料や機械を譲り受けた場合は、プロセスがないため資産グループであると考えられますが、製造プロセス等の経営のノウハウ等を合わせて取得した場合は事業となると考えられます。

●適用範囲から除外される取引

ＩＦＲＳ第3号は、次の取引には適用されません。

① ジョイント・ベンチャーの設立（70項参照）
② 事業を構成しない資産または資産グループの取得

③　共通支配下の企業または事業の結合

親子会社間や子会社同士での合併等は、③共通支配下の企業等による結合に該当するため、ＩＦＲＳ第３号の適用範囲外です。当該取引については現時点でＩＦＲＳに明確な規定はなく、企業が適切な会計処理を自社の会計方針として決定する必要があります。このような会計方針としては、例えば、取得した資産および負債を帳簿価額で認識する方法や、取得法を類推適用する方法が考えられます。

取得したものは事業か？

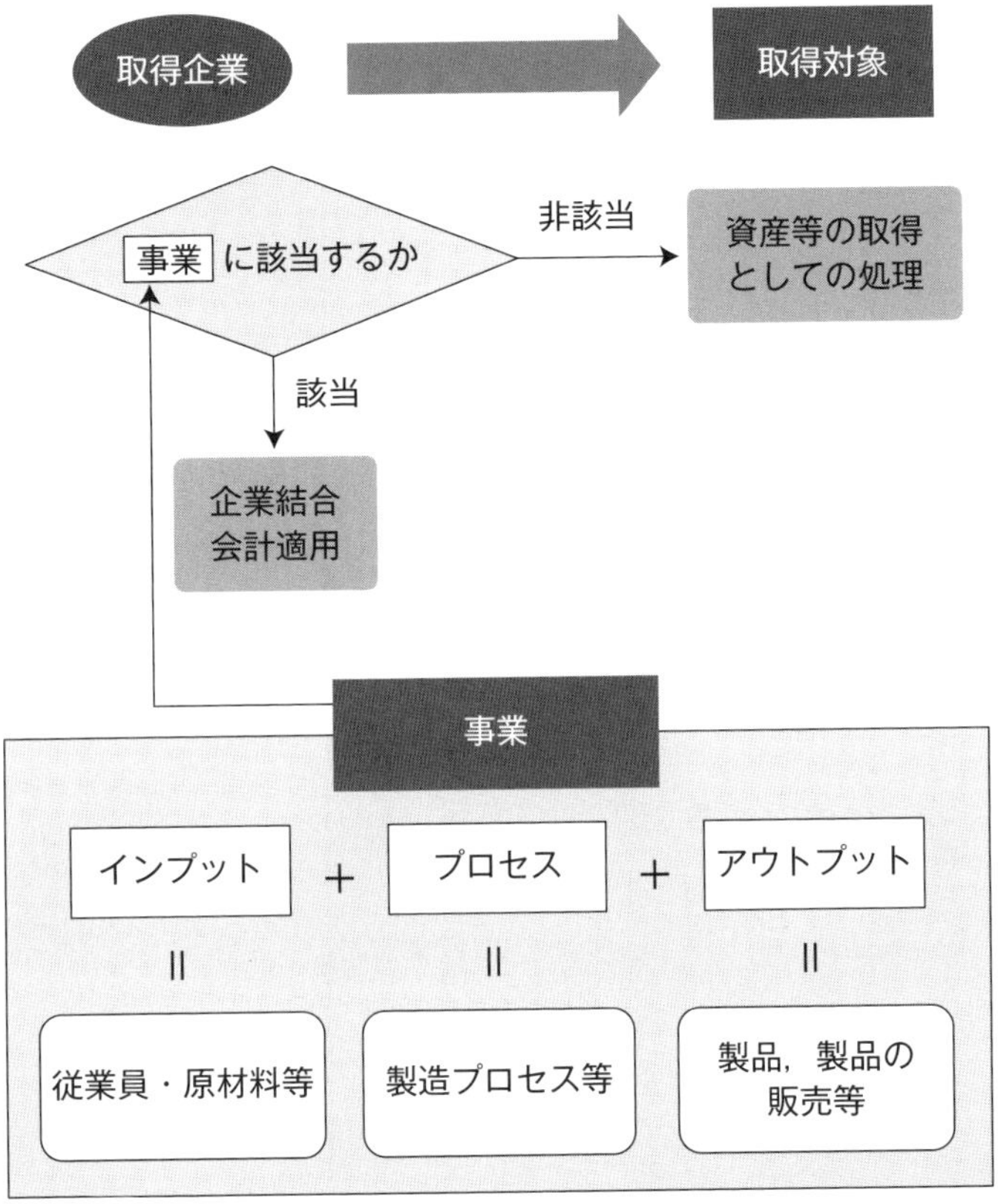

63 取得法①

誰が、いつ、いくらで買うかを考える

●取得法の適用

IFRS第3号は、すべての企業結合に取得法を用いることを求めています。取得法は、一方の当事者による他の当事者の「持分の取得」として会計処理する方法で、被取得企業に対する持分を外から購入したものとして、原則として公正価値で測定します。

取得法では、取得日時点で被取得企業が認識していなかった資産、負債もその公正価値で認識する（64項参照）ことになるため、財務諸表の利用者にとって、取得企業が行った初期投資や、投資先の今後の業績をよりよく評価できる利点があります。

●取得企業（誰が）の決定

取得法の適用にあたり、まず取得企業を決定します。取得企業とは、他の企業または事業の支配を獲得する企業をいいます。支配の有無は後述するIFRS第10号に基づき判断しますが、必ず1社を取得企業として識別する必要があります。いわゆる対等合併の場合等で、各企業の影響力がほぼ対等の場合は慎重な判断が必要です。また仮に、同時に複数の当事者が支配を有するのであれば、「支配」ではなく「共同支配」となり、IFRS第3号の適用対象外となります。

●取得日（いつ）の決定

次に取得日を決定します。取得日は、取得企業が被取得企業の支配を獲得した日であり、形式的にではなく、実質的に判断します。

例えば、企業結合取引に関して株主や規制当局による承認が必要な場合、取得日を承認日より前とすることはできません。ただし、経営陣と株主が実質的に同一である場合等、承認が形式的な場合はその限りではありません。取得日の決定に際しては、個々の企業結合における事実および状況を十分に検討することが必要です。

●譲渡対価（いくら）の決定

譲渡対価は、①取得企業が引き渡した資産、②引き受けた負債、③発行した資本持分、④条件付対価で構成され、それぞれを取得日の公正価値で測定した金額を合計して算定します。

ＩＦＲＳでは、弁護士やコンサルタントへの支払等の企業結合に直接起因する付随費用は、譲渡対価の計算に含めず、発生時の費用として会計処理します。この点、２０１３年９月に公表された「企業結合に関する会計基準」により、付随費用は発生時の費用として処理することとされているため、日本基準でも同様の取扱いとなっています。

取得法の流れ

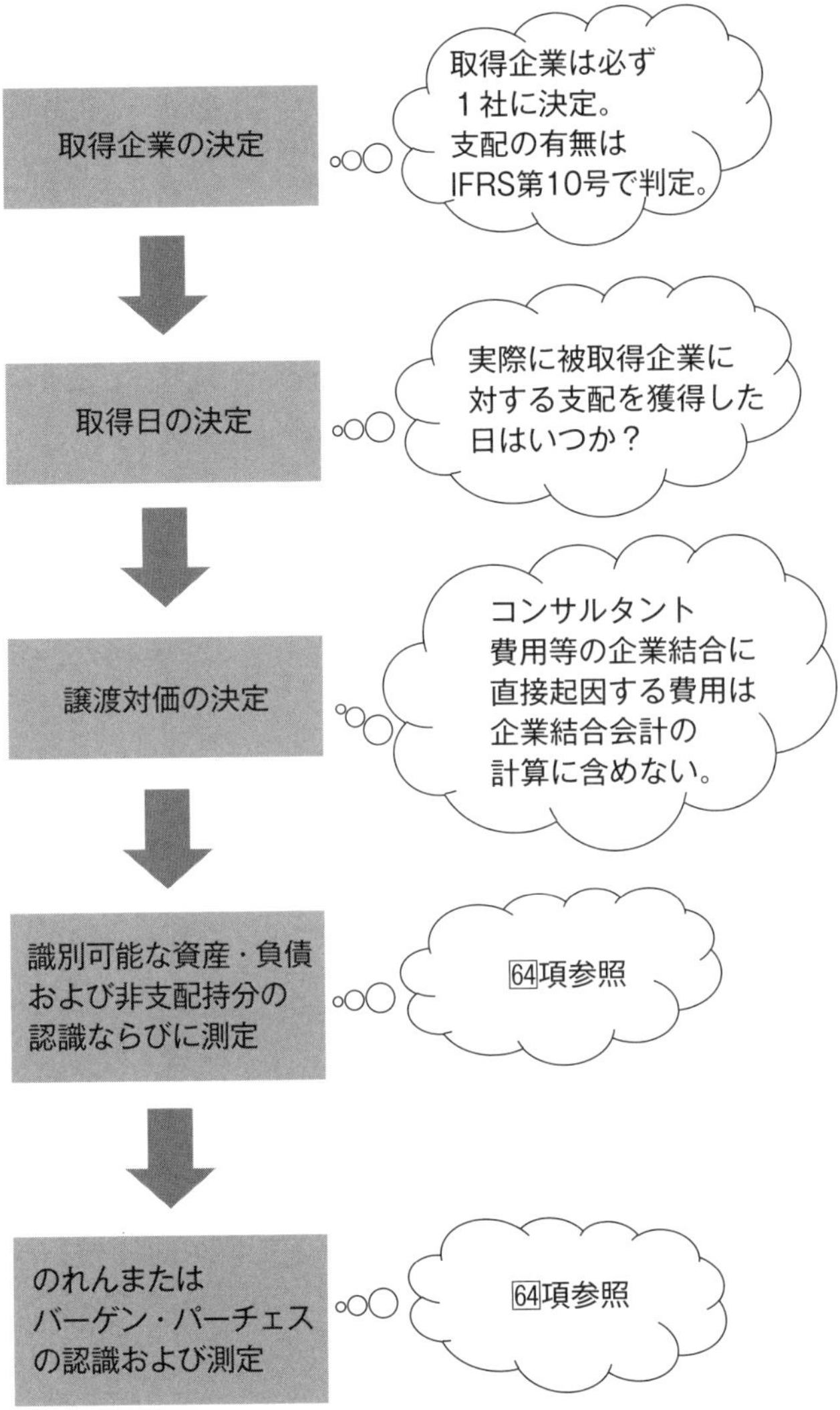
取得企業の決定
取得企業は必ず１社に決定。支配の有無はIFRS第10号で判定。
取得日の決定
実際に被取得企業に対する支配を獲得した日はいつか？
譲渡対価の決定
コンサルタント費用等の企業結合に直接起因する費用は企業結合会計の計算に含めない。
識別可能な資産・負債および非支配持分の認識ならびに測定
64項参照
のれんまたはバーゲン・パーチェスの認識および測定
64項参照

64 取得法②

ブランドやライセンスも資産計上される

●識別可能な資産・負債の認識および測定

取得企業は、取得日において、取得した識別可能な資産、引き受けた負債、および被取得企業の非支配持分を認識し、次のように測定しなければなりません。

① 取得資産・引受負債…取得日の公正価値で測定（限定的な例外あり）

② 非支配持分…その公正価値、または被取得企業の識別可能純資産に対する非支配持分割合相当額のいずれか（68項参照）

認識にあたり、被取得企業が認識していなかった特定の無形資産等が認識されるケースがあります。例えば、高い評価を得ているブランドは顧客を引き付ける効果がありますし、ライセンスやロイヤルティは契約を引き継いだ場合、その権利は取得企業に帰属します。これらは自己創設無形資産であるため、被取得企業の財務諸表では、認識できなかったものです。

●のれんとバーゲン・パーチェス

これまでに算定した、③「認識し測定した資産、負債の合計から非支配持分を控除した金額」と、④「企業結合の対価」との差額は、③＜④の場合をのれん、③＞④の場合をバーゲン・パーチェスといいます（左ページ下図参照）。

のれんは、取得企業が被取得企業の将来性等を考慮し、③を上回る対価を支払って取得した場合に生じます。つまり、のれんとは、個別の資産として識別されなかったものの、将来の経済的便益を表す資産として認識されたものです。発生したのれんは償却せず、毎年（加えて減損の兆候がある場合はその都度）減損テストを実施（詳細は61項参照）し、必要に応じて減損処理を行います。

一方、バーゲン・パーチェスの場合は、まず、認識および測定の手続が正しかったか（認識すべき無形資産が他にないか等）の見直しが求められます。これは、公正価値を下回る金額で取引が行われるのは、売手に事情があり損失を出しても売り急ぐ必要がある場合等に限られるため、企業結合における各手続が不十分でないかどうか、慎重に対応するために行われるものです。それでもなおバーゲン・パーチェスとなる場合は、その金額を利益として認識します。

なお、のれんもバーゲン・パーチェスも差額で算出するため、②の非支配持分の測定にいずれの方法を用いるかにより、測定結果が異なります（68項参照）。

識別可能な資産・負債および非支配持分の認識

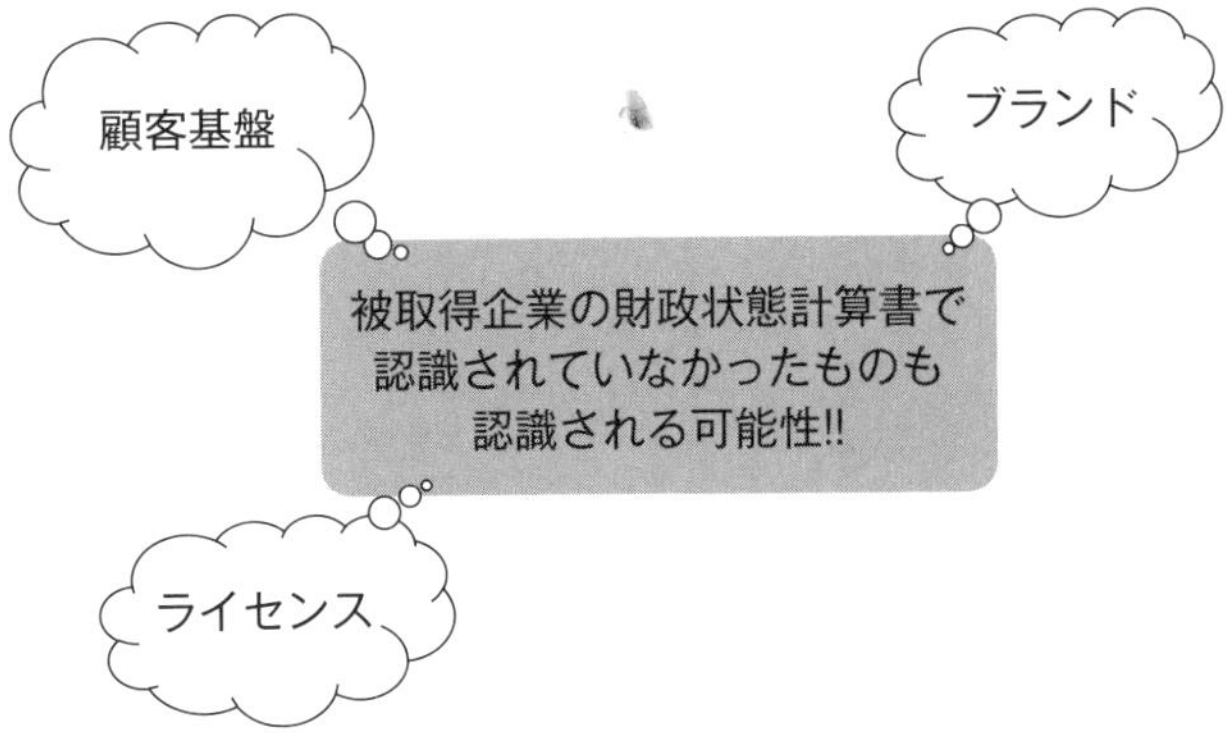

のれんとバーゲン・パーチェス

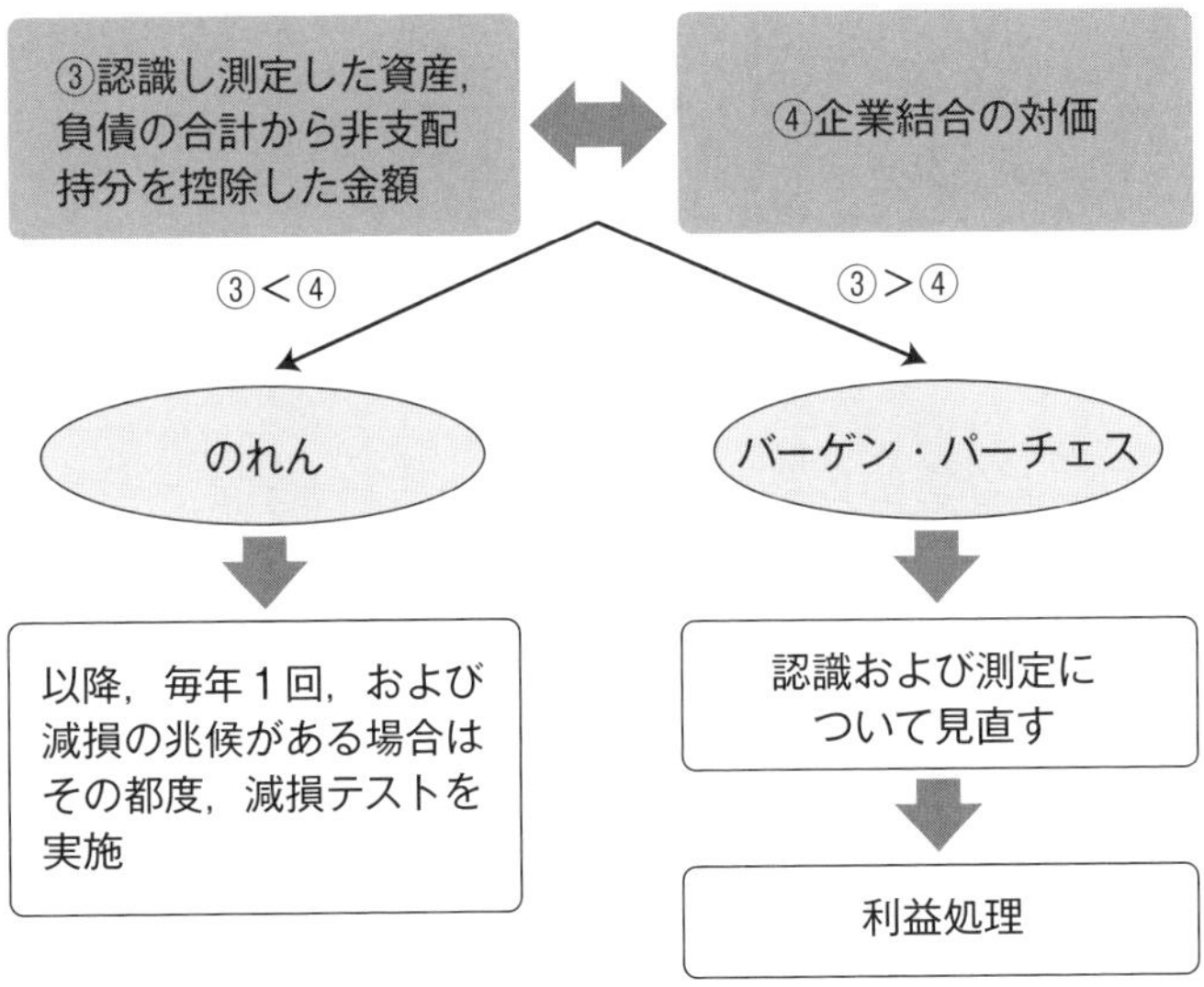

65

連結の範囲

パワーとリターンが結びついてはじめて「連結」する

●支配の構成要素

IFRSでは連結除外規定は設けられておらず、企業は特別目的事業体を含めたすべての子会社を連結しなければなりません。

連結の要否は、投資先への支配の有無で決定します。支配は①パワー、②リターンの変動性に対するエクスポージャーまたは権利、③パワーとリターンのリンクの3つの条件を満たした時にあると判断されます。

パワーとは、関連する活動（投資先の活動のうち投資先のリターンに重要な影響を及ぼす活動）を指図する能力を与える現在の権利のことをいい、議決権や、投資先の経営幹部のメンバーの選解任を行う権利等が代表例です。

変動リターンは、投資先の業績の結果として変動する可能性のあるリターンであり、例として、配当、債券の金利、税務上の便益、投資証券の価値変動による利益または損失等があります。リターンには、正の値、負の値、またはその両方の場合があります。

パワーとリターンのリンクとは、自社の便益のために、被投資企業のリターンに影響を与えるパワーを、被投資企業に対して行使する能力を有していることです。例えば投資企業がアセットマネージャー等で、自らのためではなく、他社のために（代理人として）権利行使する場合は、パワーとリターンにリンクはないと判断します。

●判定にあたり考慮すべき事項

左図は支配の有無の判定にあたり、具体的に考慮すべき事項を示したものです。判定にあたり検討順序はなく、すべての事実および状況を勘案して評価する必要があります。また判定は継続的に行わなければならず、事実および状況が変化した場合には評価の見直しを行います。

前提の理解
- 被投資企業を識別する。
- 被投資企業の関連する活動を識別する。
- 関連する活動についての決定が，どのように行われているか決定する。

投資企業が関連する活動に対するパワーを有するか。

投資企業がリターンの変動性にさらされているか。

パワー
- 議決権に関連するか，その他の権利に関連するか。

〈議決権に関連〉
- 潜在的議決権（実質的な権利の場合）
- 他の契約上の取決め
- 事実上の支配　等
 （議決権の分散状況や行使状況）

〈その他の権利に関連〉
- 目的およびデザイン
- リターンの変動性に対するエクスポージャー　等

リターンの変動性

〈主なリターンの種類〉
- 配当，投資先からのその他の経済的分配（債券の金利等）
- 税務上の便益
- 信用供与から生じる損失
- 他の持分所有者には利用できないリターン
 （営業機能の統合，コスト削減，製品の調達，独占的な知識等）

〈変動性〉
- 投資先の業績
- 投資先の債務不履行リスク　等

パワーとリターンのリンク

〈誰のために行動するか〉
- 本人か代理人か
 （代理人は本人の便益のために，行動することを主とする当事者）

特にパワーの判定については、実質的な権利のみを検討すること、潜在議決権についても実質的な権利である場合は検討に含めること、「事実上の支配（de facto control)」の判断も必要であること、等の多くの考慮事項があります。

支配を決定する要因

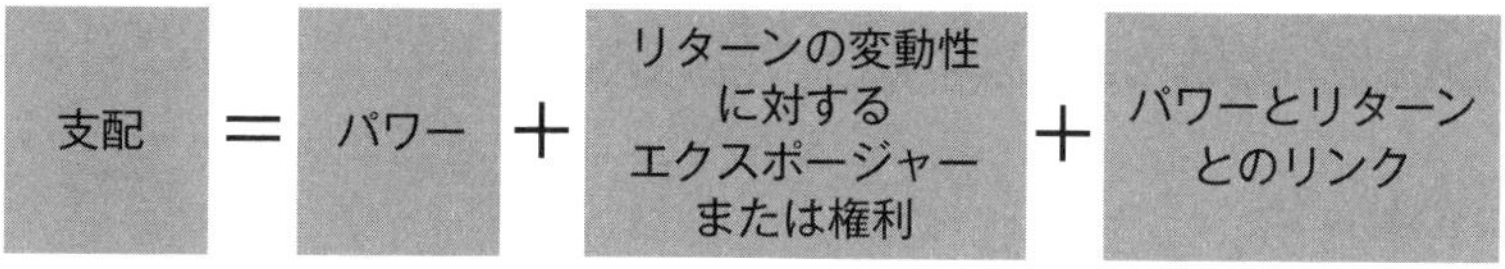

考慮すべき事項

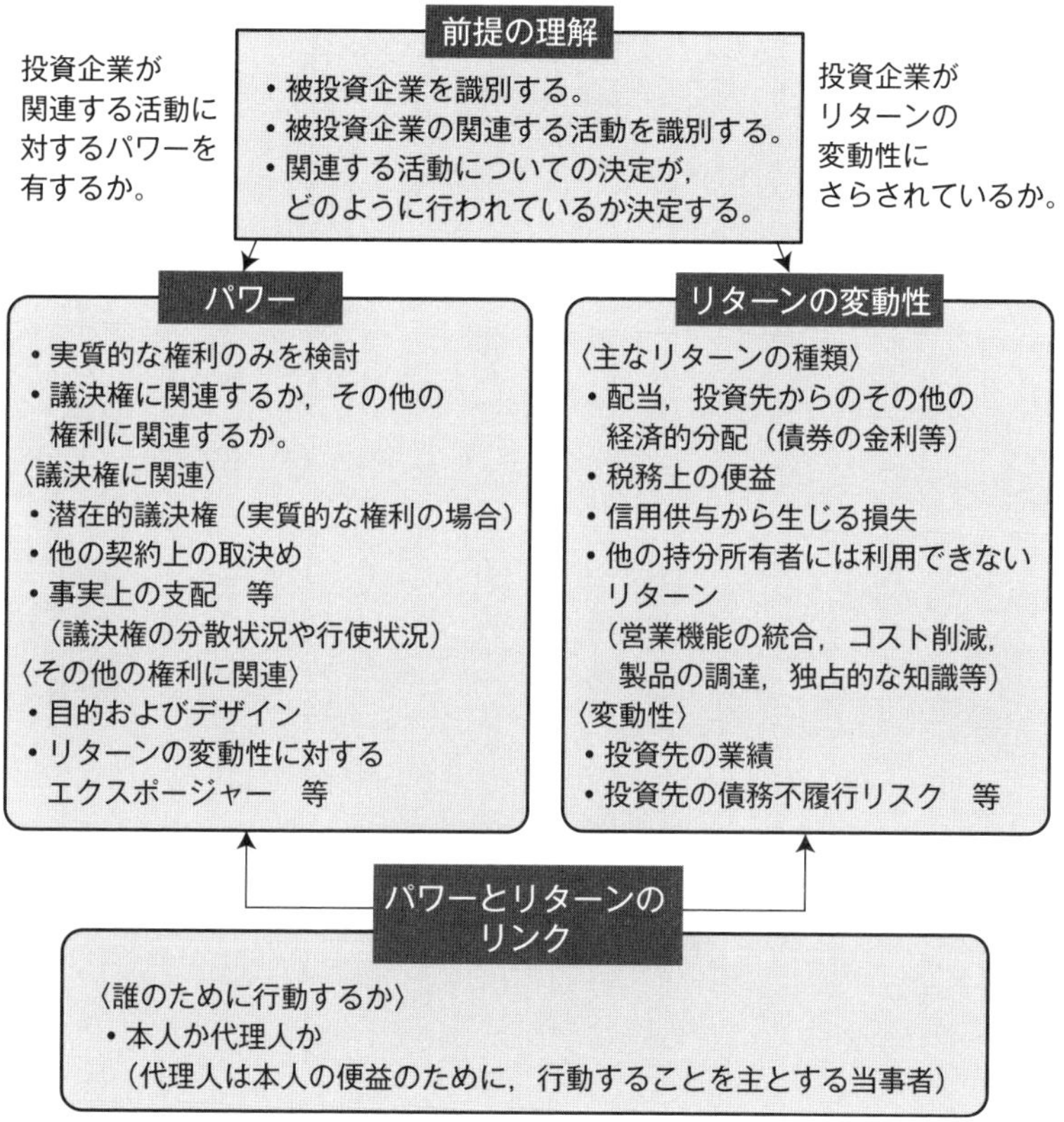

66 連結財務諸表の基本的事項

子会社決算は親会社と同一時点、同一尺度のものを利用する

●親会社と子会社の決算日の統一

連結財務諸表の目的は、企業集団を単一の報告企業として表示する財務諸表を作成することです。したがって、作成にあたり、まず連結財務諸表に組み込まれる親会社と子会社の財務諸表の決算日を、原則として同一の日にしなければなりません。親会社と子会社の決算日が異なる場合は、子会社は原則として、連結決算のために、親会社の決算日現在の追加的な財務諸表を作成する必要があります。

ただし、追加的な財務諸表の作成が実務上不可能な場合は、決算日の差異が3か月を超えない場合に限り、決算日が親会社と異なる子会社の直近の財務諸表を連結決算に利用することができます。その場合は、親会社の決算日と子会社の決算日との間に生じた重要な取引や事象に関して、子会社の財務諸表を修正する必要があることに注意が必要です。

なお、いかなる場合でも決算日の差異が3か月を超える財務諸表を連結決算に利用することはできません。

●親会社と子会社の会計方針の統一

財務諸表の作成にあたっては、同一の事象について、複数の会計方針を選択適用できる場合がありますが、企業集団を単一の報告企業として表示する財務諸表を作成するという考え方に基づけば、類似の状況での同様の取引および事象について、在外子会社を含むすべてのグループ内企業の会計方針を統一する必要があります。なお、日本基準においては、在外子会社の財務諸表がＩＦＲＳまたは米国会計基準に基づいて作成されている場合は、特定の項目を除き、修正することなく連結手続に利用することができます。

●連結決算手続

連結決算で必要な、投資と資本の相殺消去や親子会社間の債権債務の相殺消去等に関しては、日本基準と

大きな差異はありません。ただし、以下の点については日本基準と処理が異なるため、注意が必要です。

① 非支配持分の企業結合時の測定方法（68項参照）

② 支配の喪失を伴う持分の減少があった場合の残存持分の会計処理（67項参照）

③ 連結上消去された未実現利益に係る税効果に買手の税率を適用する点（78項参照）

親会社と子会社の決算日の統一

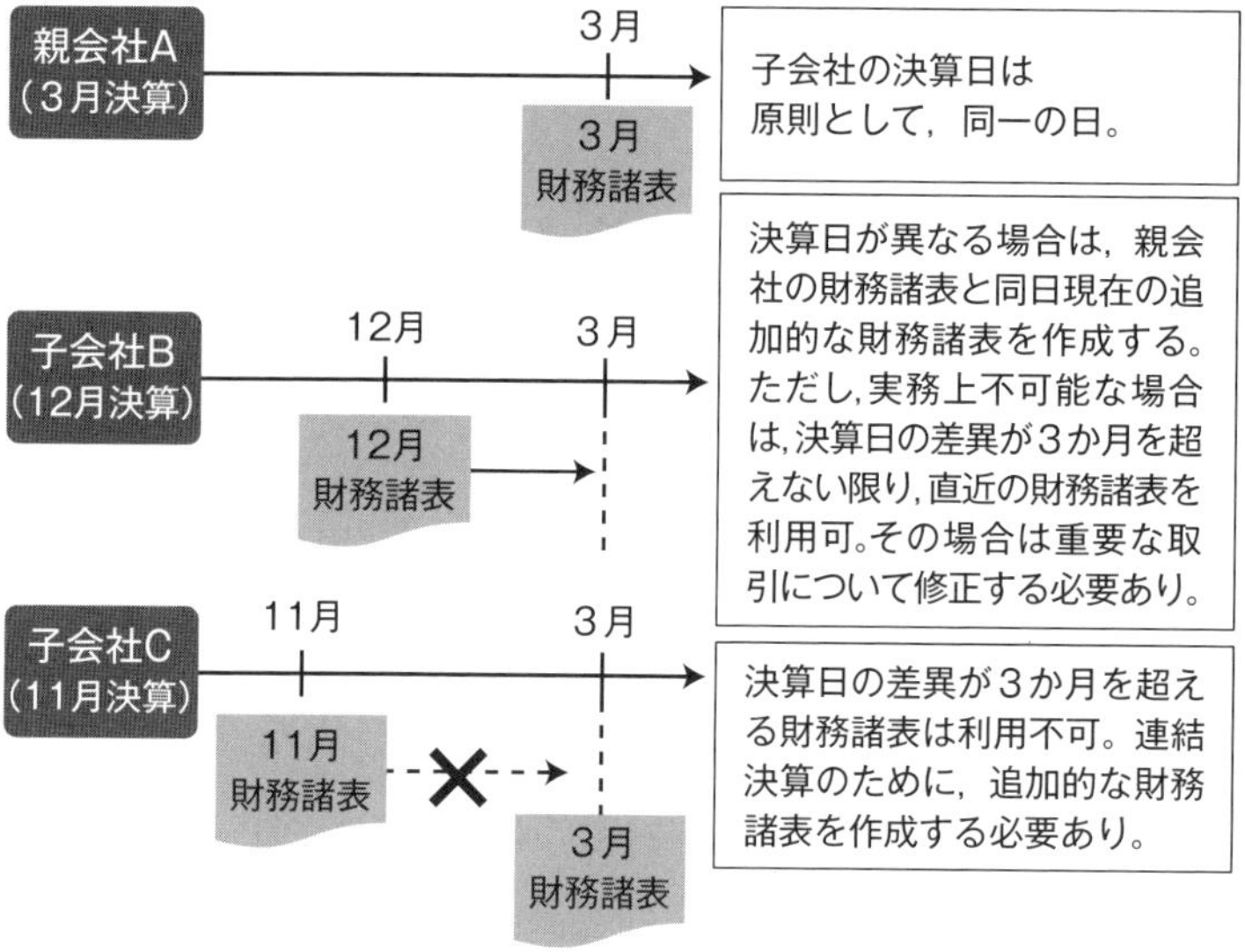

親会社と子会社の会計方針の統一

子会社のA社と，B社は，同一国に所在しており，同一用途で同種の資産を使用している（類似の状況での同様の取引に該当）

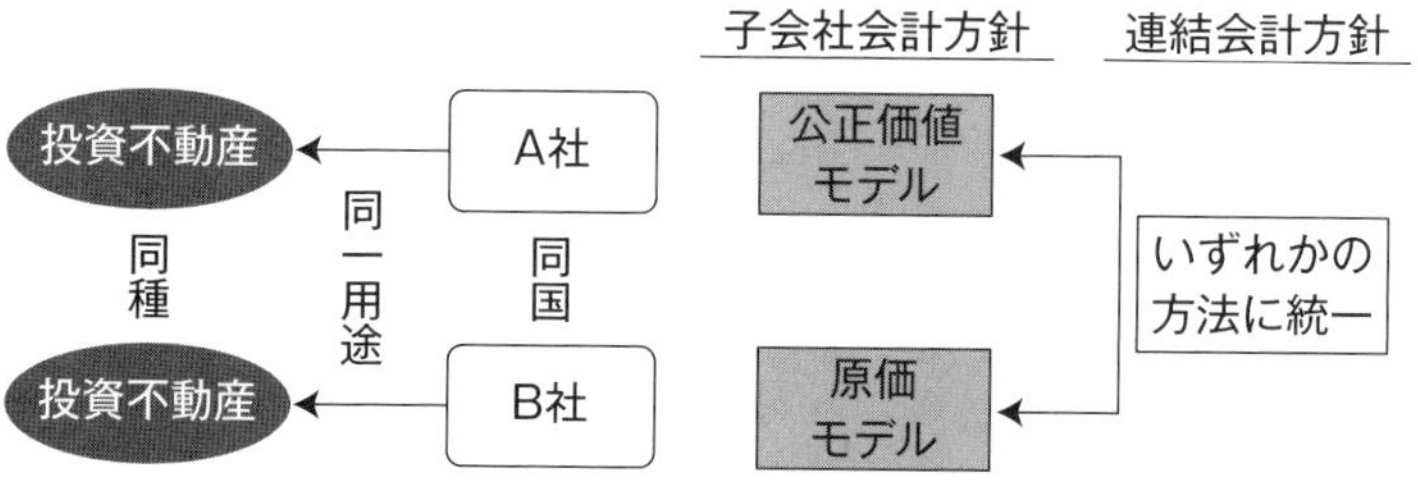

67

子会社持分の増減

子会社である間は、持分変動による損益は計上されない

●支配獲得後の持分の増加

支配獲得後に子会社株式を追加取得したこと等により持分が増加した場合は、資本取引として取り扱います。これは、ＩＦＲＳでは非支配持分も資本であると考えているためです。そのため、非支配持分の帳簿価額と支払対価の公正価値との差額は、直接資本で認識し、追加でのれんが生じることはありません。

この点，現行の日本基準でも、２０１３年９月に公表された「連結財務諸表に関する会計基準」により、当該差額は資本剰余金として処理することとされているため、資本取引として処理する点で両者の差異は解消されています。

●支配獲得後の持分の減少

支配獲得後の持分の減少に係る会計処理は、その取引により支配が喪失するかどうかによって異なります。

①　支配の喪失を伴うもの…損益取引

②　支配の喪失を伴わないもの…資本取引

①の場合、損益取引とする点でＩＦＲＳと日本基準の取扱いは同様です。ただし、旧子会社に対する残存投資がある場合、ＩＦＲＳではそれを公正価値で測定しますが、日本基準では支配を喪失し関連会社となる場合は持分法による投資評価額に修正し、子会社でも関連会社でもない場合は個別貸借対照表上の帳簿価額で評価することとされており、この点で相違があります。

②の場合、持分の増加と同様、非支配持分の帳簿価額と受取対価の公正価値との差額を、直接資本で認識します。この点，現行の日本基準でも、２０１３年９月に公表された「連結財務諸表に関する会計基準」により、当該差額は資本剰余金として処理することとされているため、資本取引として処理する点で両者の差異は解消されています。

●子会社に対する支配の喪失が複数の取引を通じて行われる場合の取扱い

子会社に対する支配を喪失するか否かによって、持分の減少に関する会計処理が異なることから、持分の減少が複数の取引により行われる場合、会計処理が恣意的になる余地が生じます。

ＩＦＲＳ第10号では、このような恣意性を排除するため、複数の取引を単一の取引としてみなすべきかについてのガイダンスが盛り込まれています。

持分が増減する場合

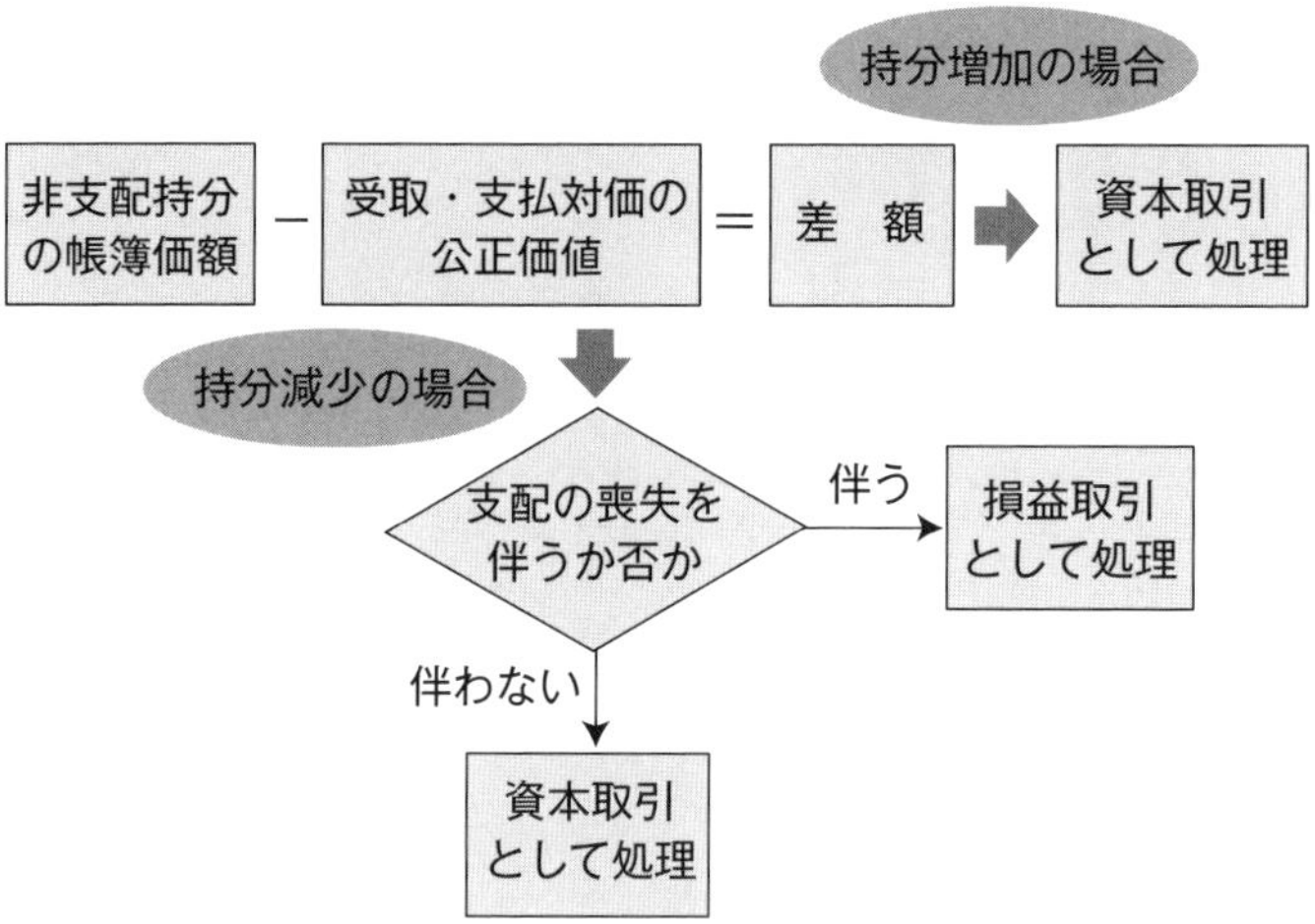

持分増加の場合
非支配持分の帳簿価額
－
受取・支払対価の公正価値
＝
差　額
資本取引として処理
持分減少の場合
支配の喪失を伴うか否か
伴う
損益取引として処理
伴わない
資本取引として処理

複数の取引を通じて支配を喪失する場合

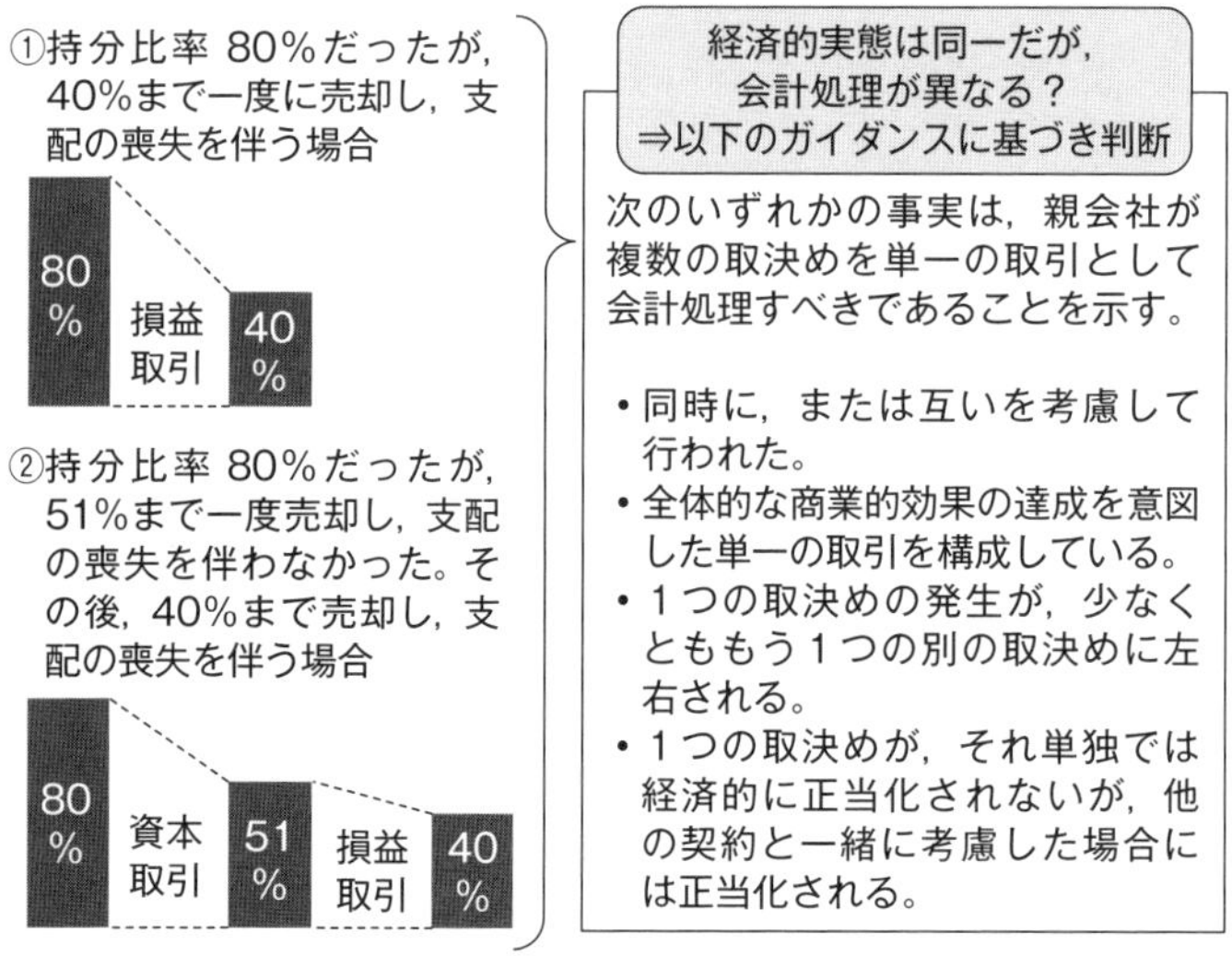

①持分比率 80％だったが，40％まで一度に売却し，支配の喪失を伴う場合
80％
損益取引
40％
②持分比率 80％だったが，51％まで一度売却し，支配の喪失を伴わなかった。その後，40％まで売却し，支配の喪失を伴う場合
80％
資本取引
51％
損益取引
40％
経済的実態は同一だが，会計処理が異なる？
⇒以下のガイダンスに基づき判断
次のいずれかの事実は，親会社が複数の取決めを単一の取引として会計処理すべきであることを示す。
• 同時に，または互いを考慮して行われた。
• 全体的な商業的効果の達成を意図した単一の取引を構成している。
• １つの取決めの発生が，少なくとももう１つの別の取決めに左右される。
• １つの取決めが，それ単独では経済的に正当化されないが，他の契約と一緒に考慮した場合には正当化される。

68 非支配持分

親会社株主以外の株主持分はどのように処理するか

●非支配持分

連結対象が100％子会社でない限り、親会社に帰属しない子会社に対する持分が存在します。そのため、連結財務諸表において、親会社持分に帰属する部分と帰属しない部分とを区別する必要があります。そこで、親会社に直接または間接に帰属しない部分を非支配持分として、次のように表示、測定します。

●財務諸表における表示方法

① 連結財政状態計算書上の表示

非支配持分は、連結財政状態計算書の資本に親会社の持分とは区別して表示します。

② 連結包括利益計算書上の表示

非支配持分に帰属すべき損益の金額は、純損益および包括利益の内訳として、親会社の株主に帰属すべき損益の金額とともに別途表示します。

●非支配持分の測定方法

当初支配獲得時において、非支配持分は、以下のいずれかの方法により測定されます。

① 取得日の非支配持分の公正価値（全部のれんアプローチ）

② 取得日の被取得企業の識別可能純資産に対する非支配持分割合相当額（購入のれんアプローチ）

上記の方法のうち、いずれを用いるかについては会計方針を定める必要はなく、企業結合ごとに決定することができます。①の方法による場合は、非支配持分に対するのれんも認識され、連結財務諸表に計上することとなりますが、②の方法による場合は、親会社持分に対するのれんのみを連結財務諸表に計上します。このようにどちらの方法を適用したかにより、企業結合時に差額として算定されるのれんの金額が異なりますので、注意が必要です。

また、企業結合日以後は、日本基準同様、資本の変動に伴い非支配持分の金額も変動します。

●非支配持分に対する子会社の損失の配分

子会社に欠損が発生した場合、非支配持分に配分すると非支配持分の残高がマイナスになる場合があります。IFRSでは非支配持分の残高がマイナスになる場合でも、配分が行われます。

一方、日本基準では配分した際に非支配株主持分の残高がマイナスになる場合には、当該部分は親会社が負担することとされ、非支配株主には配分されません。

財務諸表における表示

連結財政状態計算書における表示（抜粋）

	X2年	X1年
親会社の所有者に帰属する持分		
株主資本	×××	×××
利益剰余金	×××	×××
その他の資本の内訳項目	×××	×××
	×××	×××
非支配持分	×××	×××
資本合計	×××	×××

←区分表示（非支配持分）

連結包括利益計算書における表示（抜粋）　1計算書方式

	X2年	X1年
(…略)		
当期純利益	×××	×××
その他の包括利益		
(…略)		
当期包括利益合計額	×××	×××
純利益の帰属：		
親会社の所有者	×××	×××
非支配持分	×××	×××
	×××	×××
包括利益合計の帰属：		
親会社の所有者	×××	×××
非支配持分	×××	×××
	×××	×××

←区分表示（非支配持分）

非支配持分の測定方法

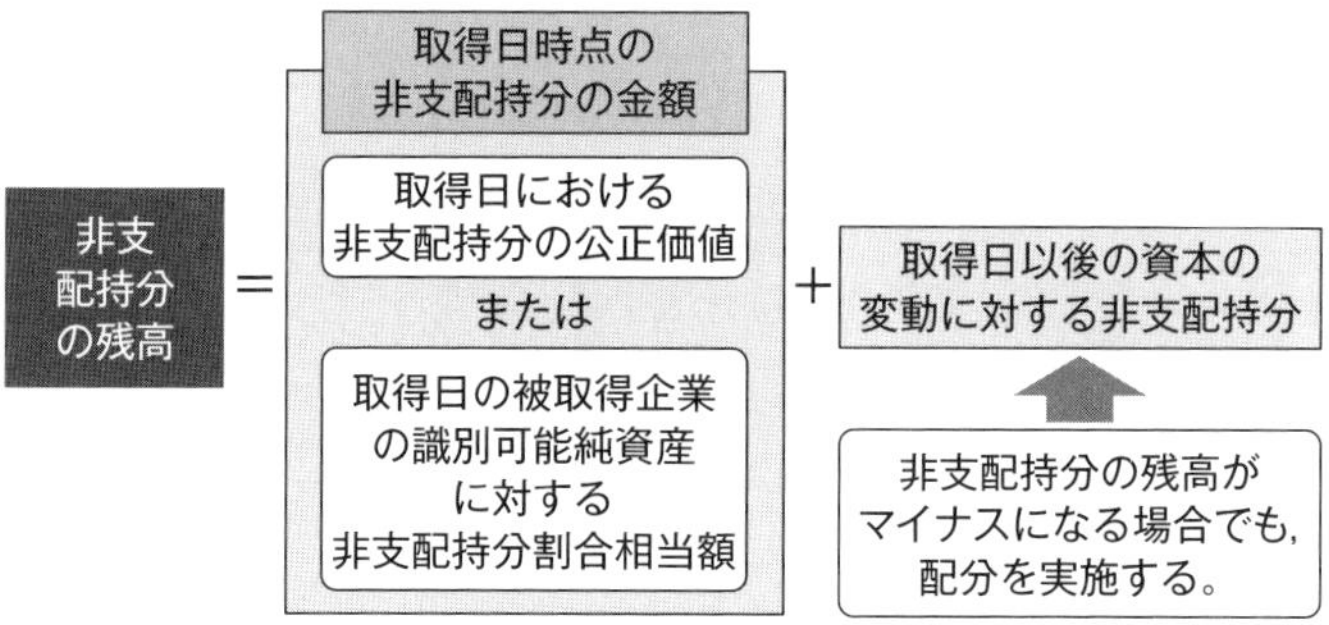

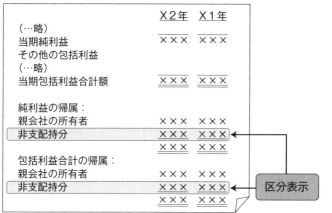

69 関連会社

子会社と同様に関連会社の業績も連結財務諸表に反映させる

●重要な影響力

企業が、投資先企業の財務および営業の方針に重要な影響力を有している場合には、通常の投資と性質が異なると考えられます。そのため、被投資企業を関連会社とし、持分法により投資の成果を反映します。

被投資企業に対する議決権割合が20％以上の場合は、重要な影響力を与えていない明らかな反証が認められない限り、重要な影響力を有していると推定されます。これに対して当該割合が20％未満の場合は、重要な影響力を与えている反証がない限り、重要な影響力を有していないと推定されます。

考慮すべき議決権割合には、投資企業が直接的に保有しているものに加え、間接的に保有しているもの（例：子会社を通じた保有）が含まれますが、投資企業の関連会社やジョイント・ベンチャーが保有する持分は含まれないと考えられます。また、重要な影響力の判定には、新株予約権等の潜在的議決権を考慮しますが、その場合、連結処理とは異なり（65項参照）、潜在的議決権が「実質的な権利であるかどうか」ではなく、「現時点で行使可能かどうか」を考慮する点に注意が必要です。

●会計処理方法（持分法）

投資時点では持分法適用会社株式を投資原価で評価します。投資後は、被取得企業の純資産の変動に対する、投資企業の持分比率相当額を投資額に加減算して評価します。

なお、連結財務諸表を作成する場合と同様、親会社と関連会社の決算日の統一（66項参照）だけでなく、会計方針の統一（66項参照）も求められます。

持分法ではのれんは投資の帳簿価額に含まれ、別途表示されることはありません。そのため、減損についてはのれんを含めた投資全体の帳簿価額について減損テストを行います。

持分法で会計処理されている被投資企業に損失が発生した場合は、投資企業の持分の帳簿価額を減額します。ただし、原則として帳簿価額がゼロを下回ることはありません。投資企業に損失を補填する義務がある場合、または被投資企業の代わりに支払を行った場合に限り、投資企業はそれ以上の損失を認識します。

重要な影響力を有しているかの判断

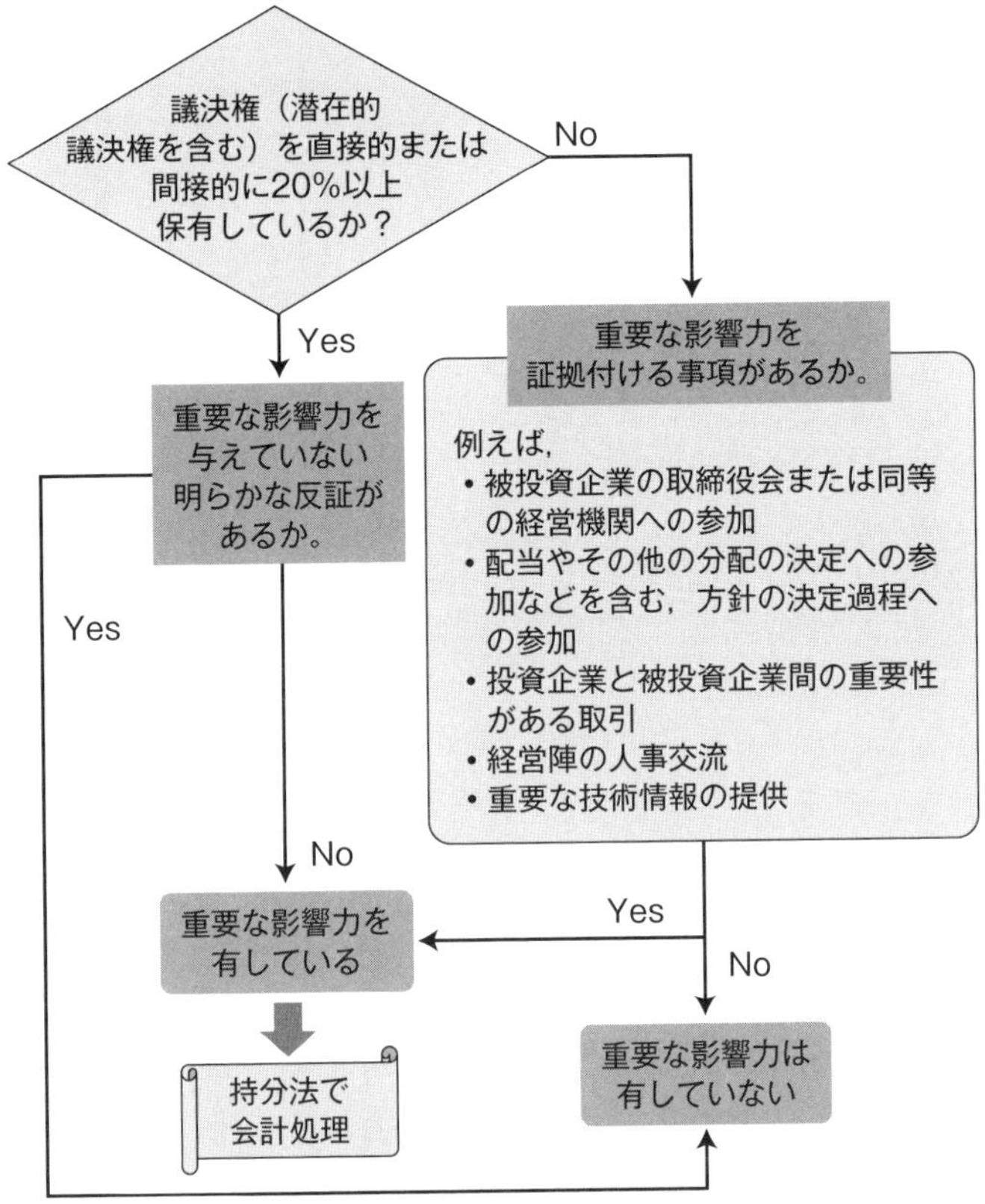

議決権（潜在的議決権を含む）を直接的または間接的に20%以上保有しているか？
No
Yes
重要な影響力を与えていない明らかな反証があるか。
重要な影響力を証拠付ける事項があるか。
例えば，
・被投資企業の取締役会または同等の経営機関への参加
・配当やその他の分配の決定への参加などを含む，方針の決定過程への参加
・投資企業と被投資企業間の重要性がある取引
・経営陣の人事交流
・重要な技術情報の提供
Yes
No
Yes
No
重要な影響力を有している
持分法で会計処理
重要な影響力は有していない

持分法による会計処理

持分法適用連結簿価 ＝ 投資原価 ＋ 被投資企業の純資産変動額 × 持分比率

※　決算日の統一，会計方針の統一が必要

70 共同支配の取決め

共同支配「事業」か共同支配「企業」かで会計処理が変わる

●共同支配

共同支配は、契約上合意された支配の共有で、関連する活動に関する決定を行う際に、支配を共有する参加者の全員一致の合意を必要とする場合にのみ存在します。そのため、支配が存在するか、存在する支配が共同かを判断する必要があります。ただしこれは、必ずしも契約上明記されているわけではありません。

例えば、ある共同支配の取決めについて、議決権をA社50%、B社30%、C社20%で保有しており、契約書上、関連する活動に関する意思決定に議決権の75%以上の賛成が必要な場合は、必ずA社とB社の同意が必要なため、共同支配となります。しかし、B社とC社がそれぞれ25%の議決権比率の場合は、B社かC社のいずれかとA社が組めばいいので、それが取決め上明らかでない限りは、共同支配とはなりません。

●共同支配事業（JO）と共同支配企業（JV）の分類

複数の参加者が共同支配を有する取決めを「共同支配の取決め」といいます。共同支配の取決めは、契約内容や法的形式により、「共同支配事業」（JO）と「共同支配企業」（JV）に分類されます。

JOは、当事者が、共同支配の取決めに関する資産・負債に対する権利および義務を有している場合です。例えば、複数の建設業者がある工事を受注、施工する目的で形成する事業体のような民法上の組合は、JOの要件を満たす可能性が高いと考えられます。JVは、当事者が、共同支配の取決めに関する純資産に対する権利を有している場合で、2つの企業が共同で出資により会社を設立する場合がその典型例です。

具体的な分類は投資企業とは別個のビークル（事業体）の設立の有無や、法的形式、その他の契約条件等を考慮して行われます。

共同支配事業と共同支配企業の分類

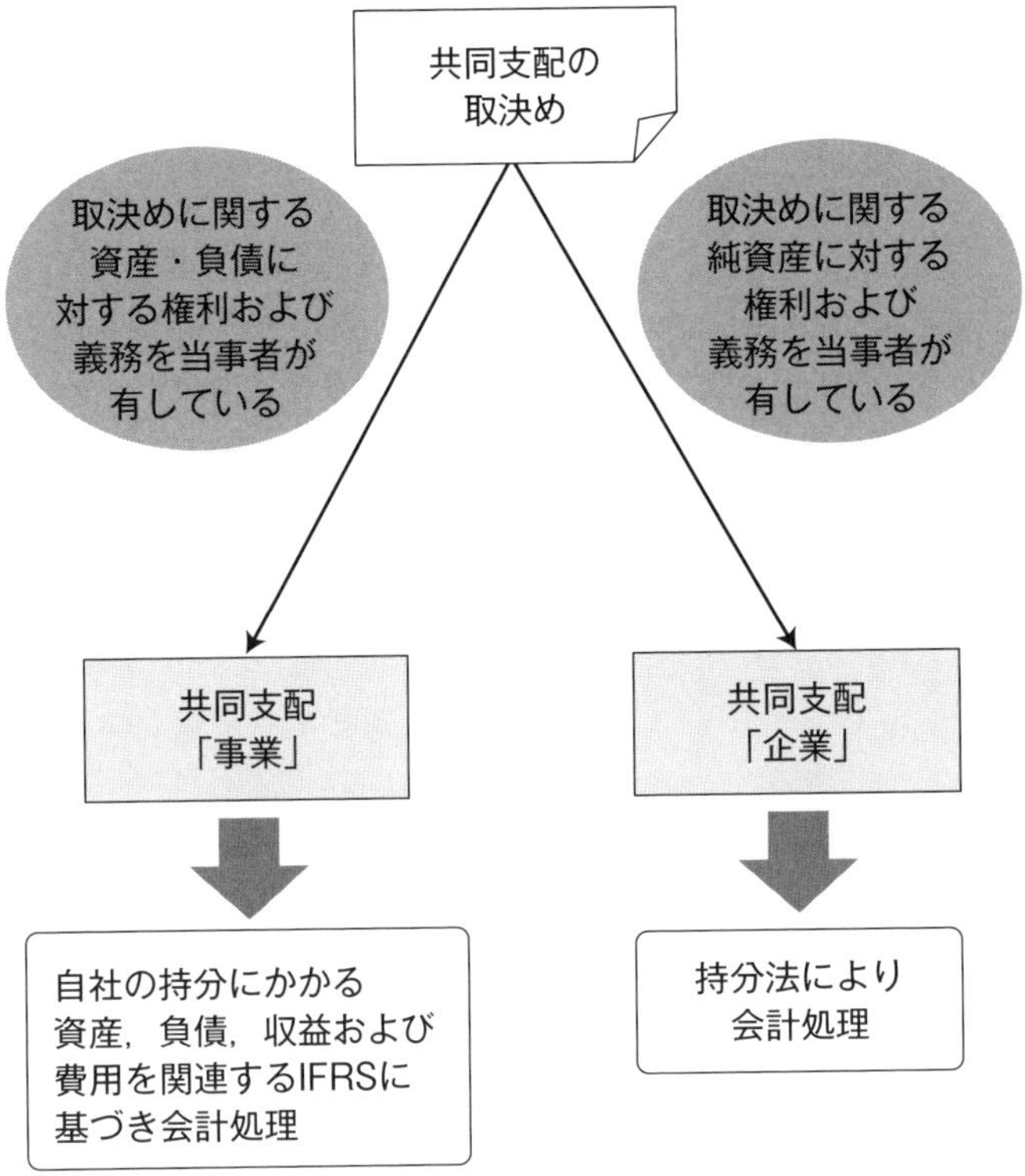
共同支配の取決め
取決めに関する資産・負債に対する権利および義務を当事者が有している
取決めに関する純資産に対する権利および義務を当事者が有している
共同支配「事業」
共同支配「企業」
自社の持分にかかる資産，負債，収益および費用を関連するIFRSに基づき会計処理
持分法により会計処理

●それぞれの会計処理

ＪＯは共同支配を有する参加者が、それぞれ資産、負債に対する権利を有し、義務を負っているため、会計処理もそれぞれが有する権利、義務等に応じて、資産、負債、損益等を認識します。認識したそれぞれの資産等は関連するＩＦＲＳ基準に基づいて処理します。

一方、ＪＶでは、共同支配を有する参加者の権利は純資産に対するものであることから、取決めの成果に対する持分を財務諸表に反映させるため、持分法により会計処理します。

コラム

のれんをめぐる動向

IFRSにおいて，のれんは償却を行わず，減損の兆候の有無にかかわらず毎期減損テストを行うこととされています。もともとIFRSにおいては，IAS第22号「企業結合」により，のれんの規則的な償却が求められていましたが，2004年に公表されたIFRS第３号「企業結合」により，償却を行わず減損テストを行う現在の会計処理が求められるようになりました。ところが最近，のれんを規則的に償却すべきでないかという議論が，改めて活発に行われるようになってきました。

具体的には，IASBは，2015年６月に公表した「IFRS第３号「企業結合」の適用後レビュー」において，現行の減損モデルが複雑で時間と費用を要し，重要な判断が伴うとの指摘があることに触れており，2015年８月に公表した「2015年アジェンダコンサルテーション」において，のれんおよび減損をリサーチプロジェクトに含めることを提案しています。

日本の企業会計基準委員会（ASBJ）は，2014年７月に欧州財務報告諮問グループ（EFRAG）等と共同で公表したディスカッションペーパーにおいて，のれんを規則的に償却したうえで減損テストを行うことが適切であると結論付けています。また，2015年６月に公表された「修正国際基準（国際会計基準と企業会計基準委員会による修正会計基準によって構成される会計基準）」においては，のれんを減損せず，規則的に償却することとされています。

米国会計基準においては，のれんは償却を行わず毎期減損テストを行うこととされていますが，非公開企業については，2014年に基準が改訂され，のれんを10年を超えない期間で定額法により償却することが認められるようになりました。また，2016年６月には基準の改定案が公表され，現在２ステップとなっているのれんの減損テストを１ステップに簡素化することが提案されています。

のれんを償却すべきであるという意見の主な理由は，のれんの実態が超過収益力であるならば，通常は継続的な事業活動によりその価値が減少するはずであるという点にあります。また，のれんの償却により財務体質の健全性が高まるという，実務的な観点からの根強い意見もあります。一方で，のれんを償却すべきでないという意見の主な理由は，のれんの耐用年数および消費パターンが一般的に予測不能であり，償却する場合には恣意的な見積りが伴うという点にあります。皆さんはどう思いますか？

第9章

その他の重要な規定

71 棚卸資産

評価損失の戻入れは容認でなく強制される

●IFRSにおける原価計算に関する基準書

わが国では、原価計算については「原価計算基準」、棚卸資産の会計処理については「棚卸資産の評価に関する会計基準」が公表されています。これに対してIFRSでは、棚卸資産の原価や原価算定方式、評価方法等はすべて、IAS第2号「棚卸資産」を参照して会計処理します。以下、日本基準とは異なる点、注意すべき点を中心に解説します。

●棚卸資産に含まれる原価

IFRSの棚卸資産の原価には、購入原価、加工費のほか、棚卸資産が現在の場所・状態に至るまでに発生したその他のすべての原価（異常な金額は除く）が含まれます。IFRSでは、日本基準と異なり、棚卸資産の生産目的で有形固定資産を使用した結果発生する資産除去費用は、有形固定資産ではなく、IAS第2号「棚卸資産」に従って会計処理します。また、限定的なケースではあるものの、IAS第23号「借入コスト」の資産化要件を満たす借入コスト（79項参照）が棚卸資産の原価に含まれる可能性があります（例：ウイスキーの製造）。

●棚卸資産の評価方法

IFRSでは、他と代替性のない棚卸資産の原価や、特定のプロジェクトのために製造され、他と区別されている財・サービスの原価は、個別法により評価します。それ以外の場合は、先入先出法または加重平均法により評価します。日本基準で認められている売価還元法については、その結果が原価と近似する場合にのみ認められます。

●棚卸資産の評価減

棚卸資産は、原価と正味実現可能価額のうち、いずれか低いほうの金額で測定します。ここで、正味実現可能価額とは、通常の事業の過程における見積売価から、棚卸資産の完成に要する見積原価とその販売に要する見積費用とを控除した額をいいます。ＩＦＲＳでは評価減の原因となった状況が存在しなくなった場合や経済的状況の変化により正味実現可能価額の増加が明らかであるという証拠がある場合は、評価減の額を戻し入れる必要があります。これに対して日本基準では、洗替法と切放法のいずれかを棚卸資産の種類ごとに選択できます。

棚卸資産の原価

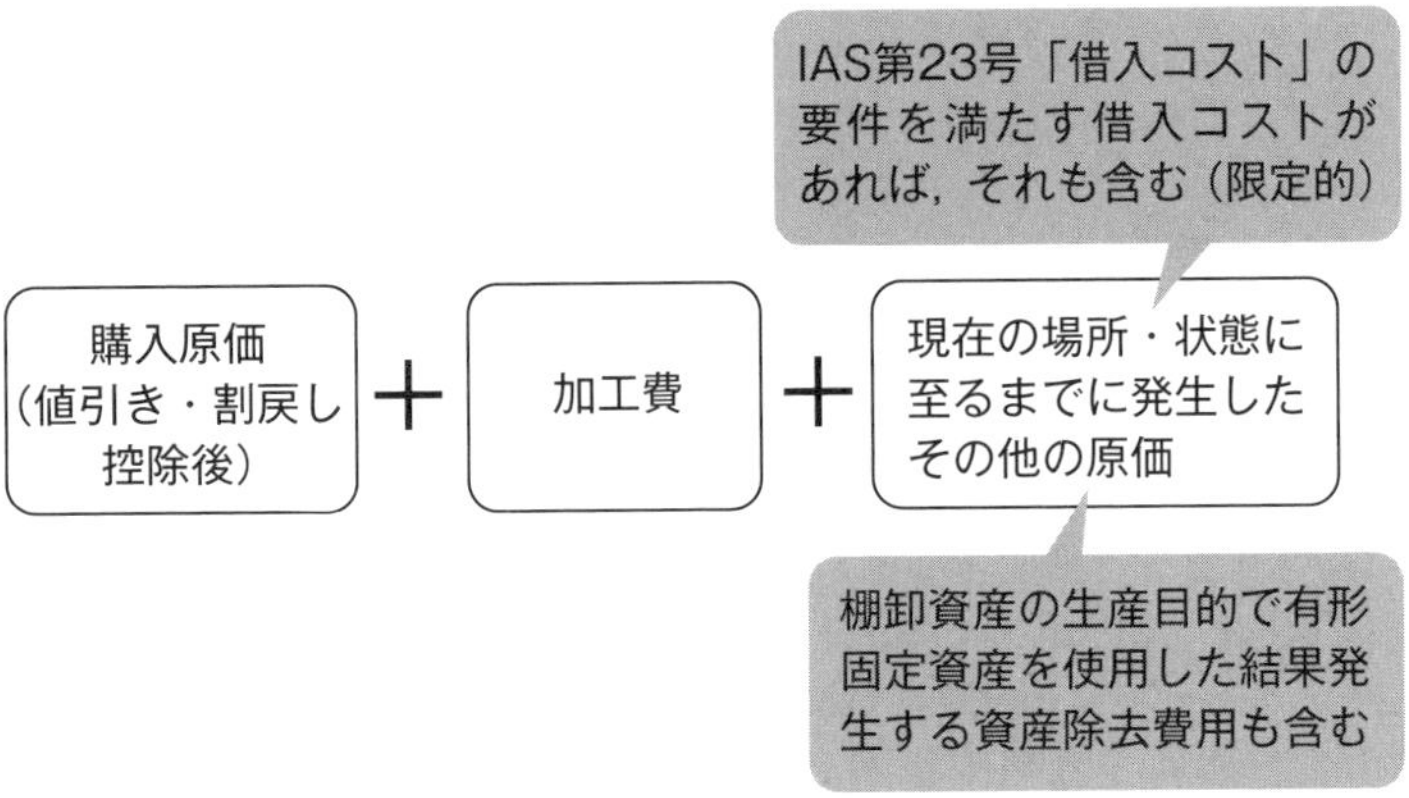

IAS第23号「借入コスト」の要件を満たす借入コストがあれば，それも含む（限定的）
購入原価（値引き・割戻し控除後）
＋
加工費
＋
現在の場所・状態に至るまでに発生したその他の原価
棚卸資産の生産目的で有形固定資産を使用した結果発生する資産除去費用も含む

棚卸資産の評価減

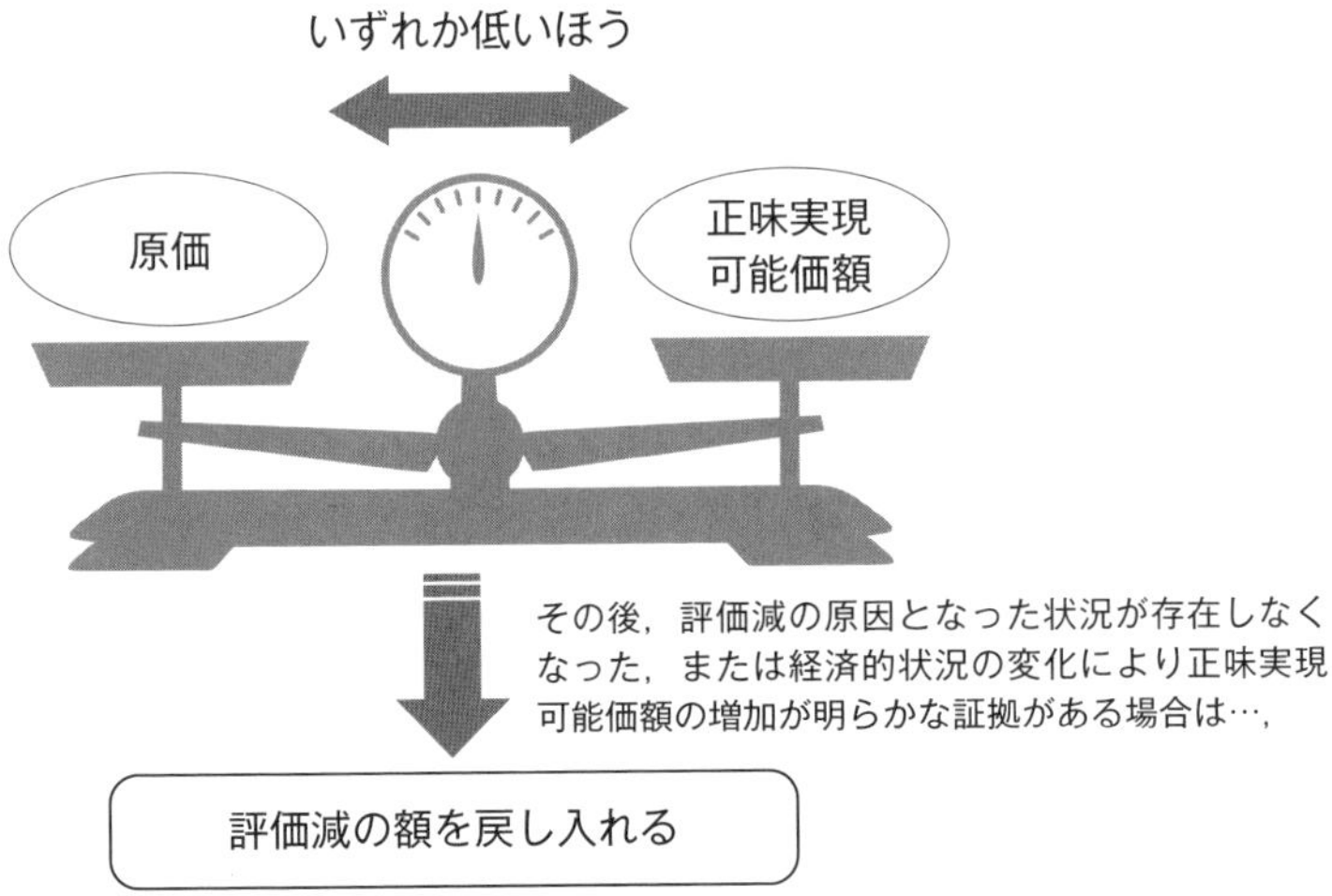

いずれか低いほう
原価
正味実現可能価額
その後，評価減の原因となった状況が存在しなくなった，または経済的状況の変化により正味実現可能価額の増加が明らかな証拠がある場合は…，
評価減の額を戻し入れる

72

売却目的で保有する非流動資産

売却目的保有に分類した時点で含み損が実現

●売却目的保有への分類要件

ＩＦＲＳにおいては、日本基準には見られない、売却目的で保有する非流動資産に関する特別な規定があります。

売却目的で保有する非流動資産とは、現在ただちに売却することが可能であり、その売却の可能性が非常に高い資産とされています。

売却可能性が非常に高いといえるためには、経営者が売却計画を確約し、買手を積極的に探す活動を開始している必要があり、その販売価格が現在の公正価値との関係において合理的なものでなければなりません。また、原則として1年以内に売却の完了が見込まれており、計画を完了させるための行動をとっていることにより、計画が撤回される可能性が低い状況でなければなりません。

●売却目的で保有する非流動資産の測定

売却目的で保有する非流動資産は、帳簿価額と売却費用控除後の公正価値のいずれか低い金額で測定する必要があります。売却費用控除後の公正価値が帳簿価額よりも低い場合は、その差額を当該非流動資産に係る減損損失として認識します。

その後、売却費用控除後の公正価値が増加した場合は、過去に認識した減損損失の累計額を超えない範囲で、評価益を認識する必要があります。

また、売却目的で保有する非流動資産に分類されている間は、当該非流動資産の減価償却を行いません。

●売却計画の変更

売却計画の変更により、売却目的保有への分類要件を満たさなくなった非流動資産については、売却目的保有への分類前の帳簿価額から売却目的保有に分類されていなければ発生していたであろう減価償却費を控除した額と、計画変更時の回収可能価額のいずれか低い金額で測定する必要があります。当該測定額と計画変更時の帳簿価額との差額については、純損益として認識します。

売却目的で保有する非流動資産

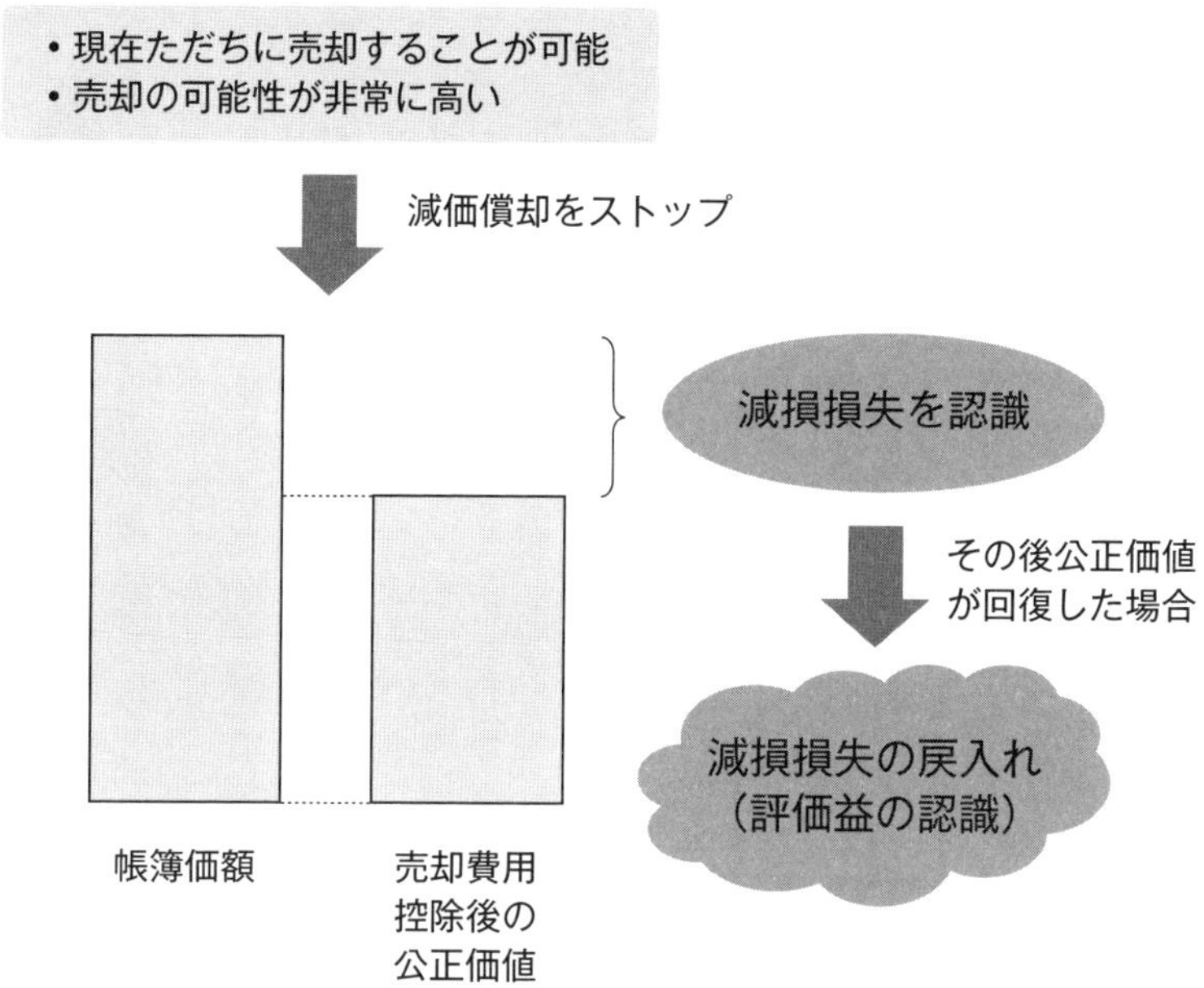

73 退職後給付①

確定給付制度は積立状況を財政状態計算書に表示

●退職後給付制度の種類

退職後給付制度は、確定拠出制度と確定給付制度に大別されます。確定拠出制度においては、企業は一定の掛金を基金に支払うのみであり、将来、給付のための十分な資産がない場合であっても、それ以上の法的または推定的な拠出義務は負いません。他方、確定給付制度においては、将来、給付のための十分な資産がなかった場合には、企業は法的または推定的な拠出義務を負います。

●確定拠出制度の会計処理

確定拠出制度の場合、企業の債務は企業が基金に拠出することを約束した金額に限定されているため、ＩＦＲＳにおいても日本基準と同様、掛金拠出額を費用として計上します。

●確定給付制度の会計処理（財政状態計算書関連）

確定給付制度の場合、確定給付制度債務の現在価値と制度資産の公正価値とを比較し、前者が後者を上回っている場合（積立不足）は確定給付負債を、後者が前者を上回っている場合（積立超過）は確定給付資産を、財政状態計算書上で認識します。ただし、積立超過であったとしても、その超過部分が最終的に企業に返還されない場合には、企業の資産ではないと考えられることから、ＩＦＲＳでは、確定給付資産として計上できるのは、将来の経済的便益を企業が利用可能である範囲までとされています（アセット・シーリング）。

●日本基準との主な違い（財政状態計算書関連）

ＩＦＲＳではアセット・シーリングの考えが明示されているため、積立超過の場合に日本基準と取扱いが異なる可能性があります。

また、わが国では、割引率は国債または優良社債の利回りを基礎としますが、ＩＦＲＳでは、原則として優良社債の利回りを用いることとされており、国債の利回りが使えるのは、厚みのある社債市場がない場合に限られます。
　さらに、わが国では退職給付見込額の算定方法として「期間定額基準」と「給付算定式基準」のいずれかを選択適用することが認められますが、ＩＦＲＳでは給付算定式に従う方法を用いる必要があります。後期の年度の勤務が初期の年度より著しく高い水準の給付を生じさせる部分については「定額法」で補正しますが、この場合であっても、わが国の「期間定額基準」とは異なる場合があるため、注意が必要です。

確定給付制度 —— 積立状況を財政状態計算書に示す

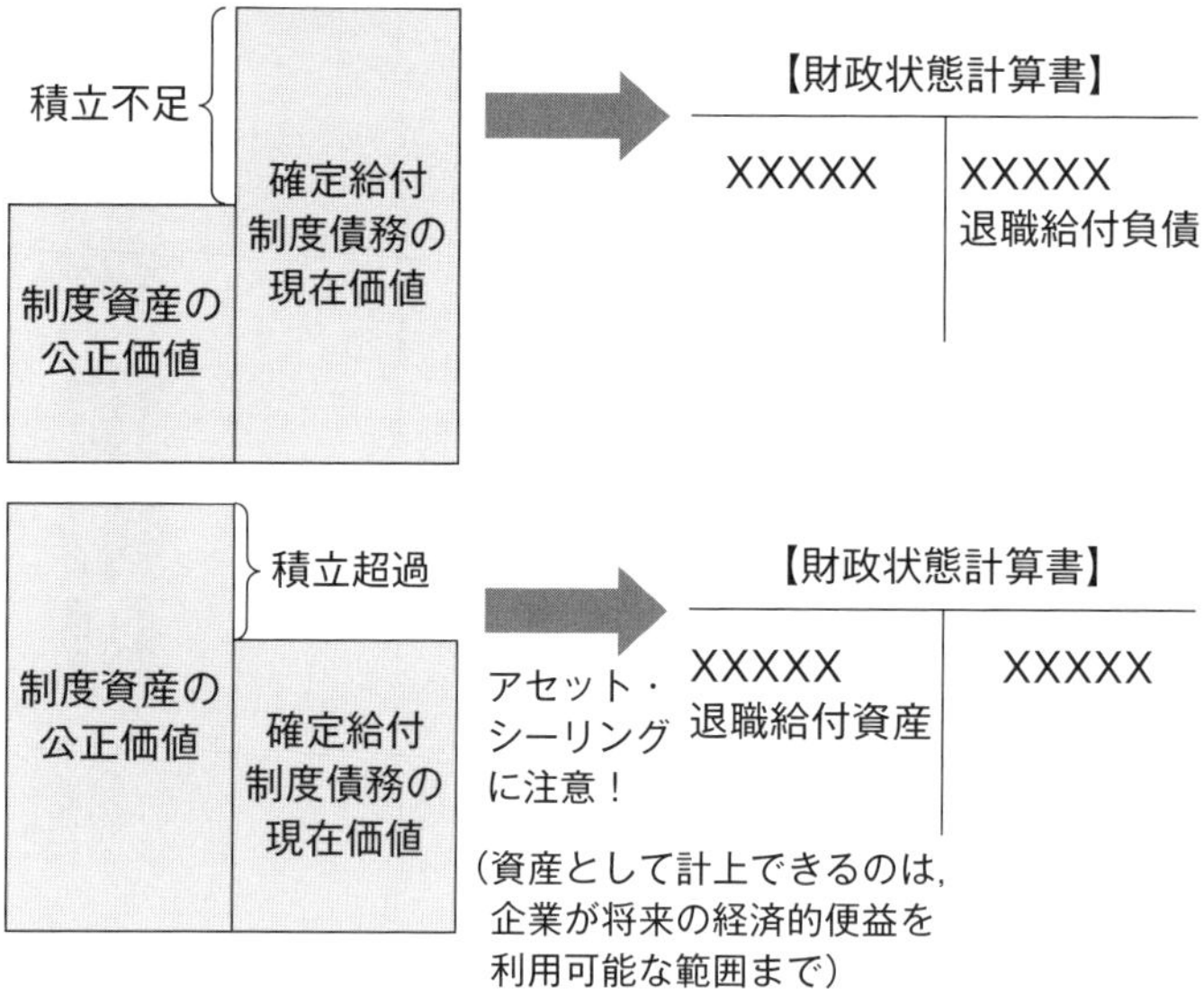

後期の年度の勤務が初期の年度より著しく高い水準の給付を生じさせる場合

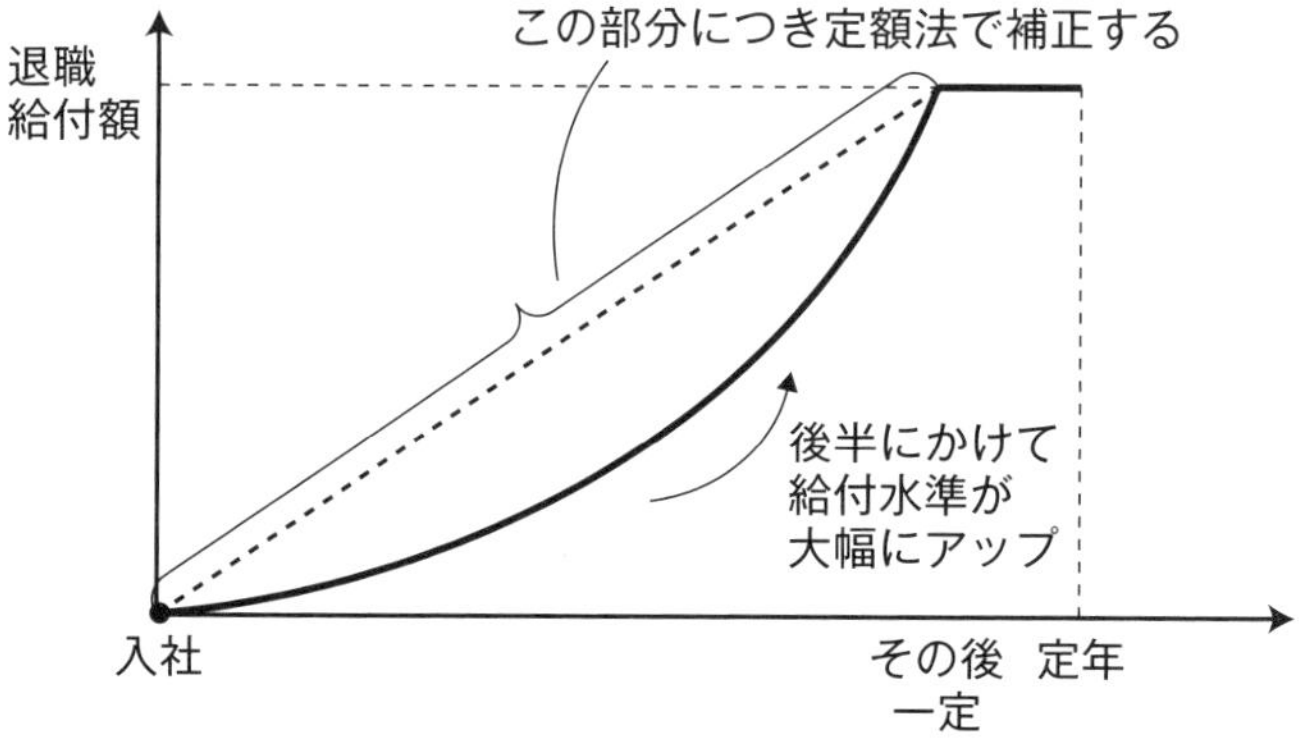

74 退職後給付②

数理計算上の差異は純損益に含めない

●確定給付制度の会計処理（包括利益関連）

確定給付制度に関連して発生する費用は、左ページのように整理されます。このうち、当期勤務費用、利息純額、過去勤務費用（あれば）および清算損益（あれば）は、純損益及びその他の包括利益計算書上、純損益に含まれます。他方、数理計算上の差異や制度資産の予測と実績の差額のように、確定給付負債または確定給付資産を再測定したことによる金額は、その他の包括利益に含まれ、その後は、資本の中での振替えは認められますが、リサイクリング（純損益への振替え）は認められません。

●日本基準との主な違いは？（包括利益関連）

日本基準では、確定給付制度債務の現在価値の期首残高に「割引率」を乗じたものが当期の利息費用であり、制度資産の期首残高に「期待収益率」を乗じたものが制度資産からの期待運用収益である、というように、負債側と資産側で乗じる率が異なっています。しかしＩＦＲＳでは、負債側と資産側の純額に「割引率」を乗じることにより、利息の純額を計算することとされている（すなわち、資産側にも負債側にも割引率を乗じる）ため、割引率と期待収益率が異なる場合には、計算結果が異なります。

過去勤務費用と数理計算上の差異について、日本基準では原則として、平均残存勤務期間以内の一定の年数で按分する方法により毎期費用処理し、当期発生額のうち費用処理されない部分（未認識部分）を、税効果調整のうえ、その他の包括利益で認識します。一方、ＩＦＲＳでは、過去勤務費用については一時に費用として認識します。また、数理計算上の差異については全額をその他の包括利益で認識し、その後のリサイクリングは認められません。

確定給付制度 ── 包括利益関連

【確定給付費用の内訳】

勤務費用	当期勤務費用	当期中の従業員の勤務から生じる確定給付制度債務の現在価値の増加
	過去勤務費用	制度の改訂または縮小から生じる，過去の期間の従業員の勤務にかかる確定給付制度債務の現在価値の変動
	清算損益	確定給付制度において支給する給付の一部またはすべてについて，すべての追加的な法的・推定的債務を解消する取引（清算）にかかる損益
利息純額		時の経過により生じる，当期中の確定給付負債（資産）の純額の変動。確定給付負債または確定給付資産の純額に割引率を乗じて計算する
再測定		確定給付制度債務の予測と実績の差異や数理計算上の仮定の変更の影響から生じる数理計算上の差異，および制度資産の予測と実績の差額など，確定給付負債（資産）の純額を再測定したことにより生じる金額

各費用は，純損益及びその他の包括利益計算書上，以下のように認識する。

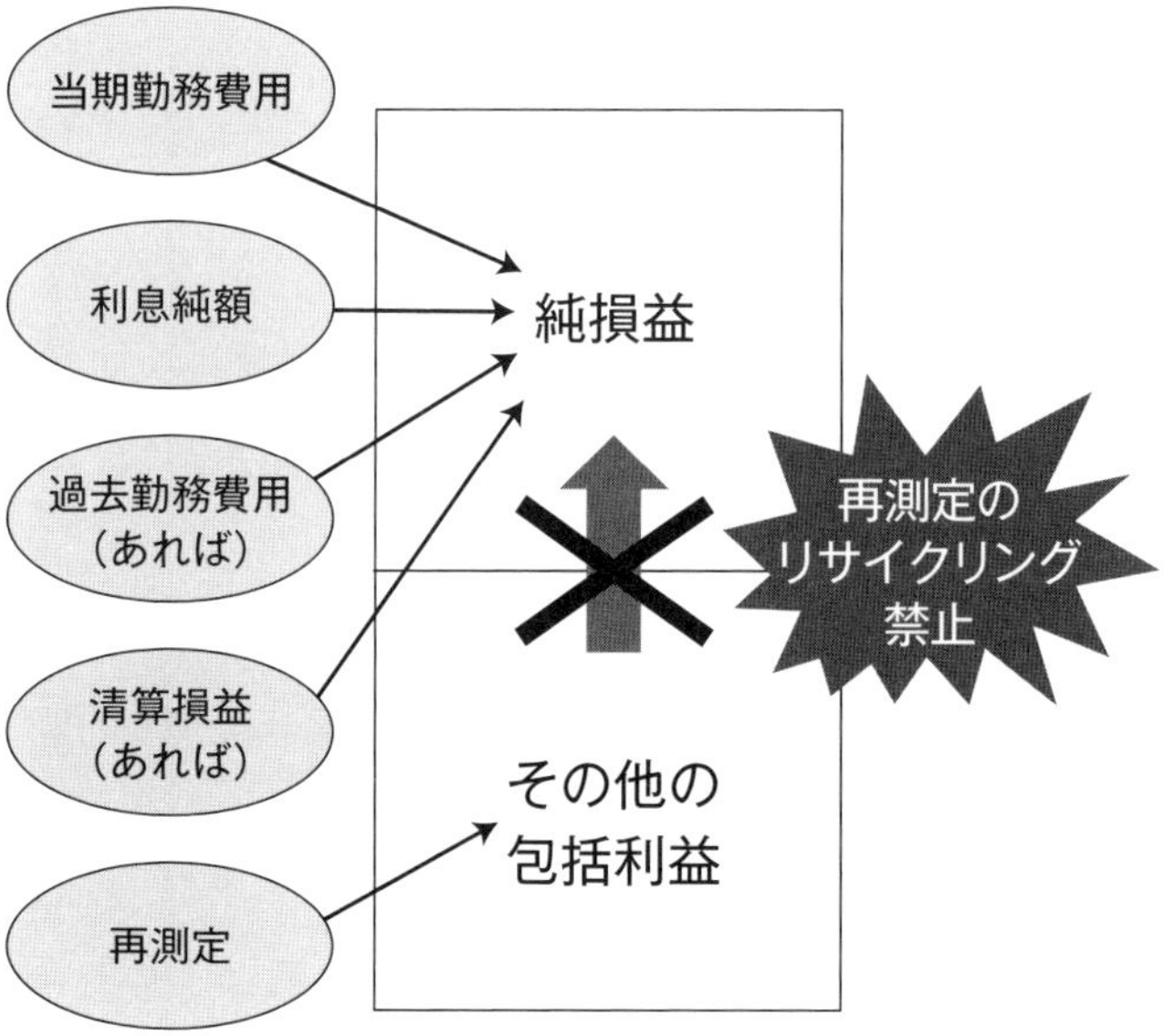

75

退職後給付以外の従業員給付

有給休暇を付与すると、負債計上が必要となる可能性あり

●短期従業員給付

短期従業員給付には、給与や賞与、年次有給休暇など、従業員が関連する勤務を提供した年次報告期間の末日後12か月以内にすべてが決済されると予想される従業員給付が含まれます。短期従業員給付は、費用として認識し、必要に応じて未払・前払費用を計上します。

年次有給休暇のうち、当期の権利をすべては使用しなかった場合に繰り越して将来の期間に使用することができるもの（累積型の有給休暇）については、期末日時点で未使用の部分について、企業が将来支払うと見込まれる追加金額を負債として計上する必要があります。

●解雇給付

解雇給付とは、従業員の雇用の終了と引き換えに支給される従業員給付をいいます。解雇給付は、企業に債務を生じさせる事象が従業員の勤務ではなく、雇用の終了であるため、ＩＦＲＳ上、他の従業員給付と区別されています。解雇給付は、給付の性質に従い、短期従業員給付、退職後給付またはその他の長期従業員給付のいずれかの規定を適用し、企業がそれを支払うことを撤回できなくなった時点と解雇給付を伴うリストラクチャリング費用を計上した時点のうち、いずれか早い時点で計上します。

●その他の長期従業員給付

その他の長期従業員給付とは、短期従業員給付、退職後給付、解雇給付以外の従業員給付をいいます。例えば、従業員が10年勤続した場合に付与される特別有給休暇や、長期障害給付などがこれに該当します。その他の長期従業員給付も、確定給付制度と同様に債務の現在価値と制度資産の公正価値を算定したうえで積立超過または積立不足を資産または負債として計上し

ます。ただし、退職後給付に比べて不確実性は低いため、包括利益計算書関連項目については、再測定部分を含めた全額を純損益に含めて計上します。

従業員給付の種類

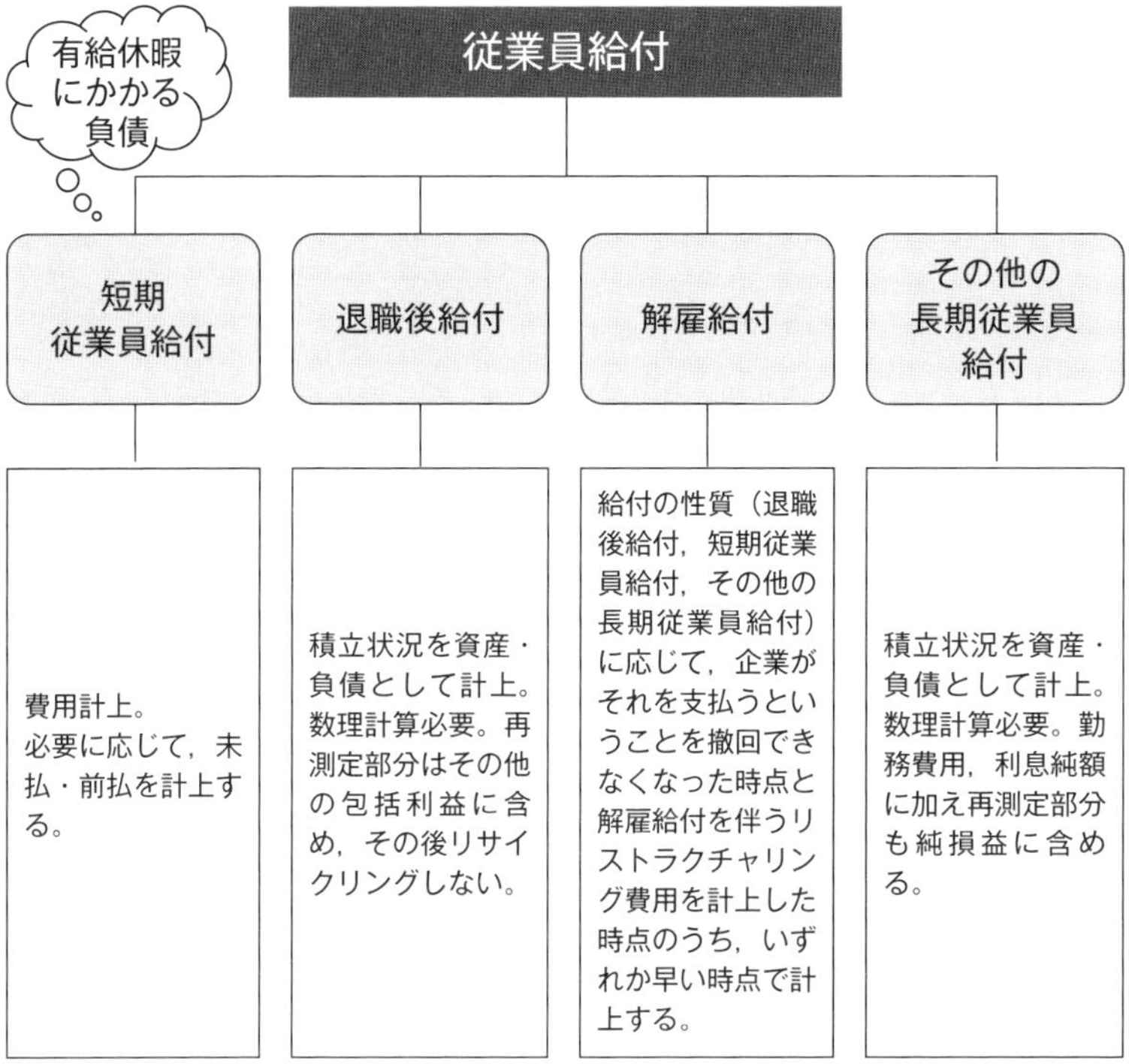

76

引当金

日本基準では引当計上できてもＩＦＲＳではできない可能性も

●引当金の認識

ＩＦＲＳでは、次の３つの要件を満たしたときに引当金を計上します。

① 過去の事象の結果として企業が「現在の債務」を有している

「債務」というと、一般には法令や契約による法的債務が考えられますが、ＩＦＲＳではこれに加えて、推定的債務、すなわち企業の過去の実務慣行や公表済みの方針などから、企業がある責務を負うという妥当な期待を企業外部の人々が持っているような場合の債務も含まれます。

② 債務の決済のために経済的便益を持つ資源が流出する可能性が高い

ここでいう「可能性が高い」とは、50％超（more-likely-than-not）の場合をいいます。

③ 金額を信頼性をもって見積もることができる

ＩＡＳ第37号は、通常、企業は引当金を計上するのに十分な信頼性をもって金額を見積もることができる、としています。

●引当金の測定

引当金は、企業が負っている債務を決済するのに必要な金額の「最善の見積り」で計上します。具体的には、測定対象の引当金が単一の項目である場合は最も起こりそうな金額で測定し、測定対象の引当金の母集団が大きい場合は期待値（発生確率に基づく加重平均値）で測定します。実際の支出までが長期のため、貨幣の時間価値が重要である場合には、現在価値に割り引く必要があります。

●どのような影響があるか

例えば、認識要件の１つに「現在の債務」が含まれることから、修繕引当金などのように「現在の債務」でないものを負債（引当金）として計上することができなくなることが考えられます。また、長期のものについては割引計算が必要な場合がある点にも注意が必要です。

引当金の認識要件（3つ）

現在の債務 ＋ （資源流出の）可能性が高い ＋ 信頼性のある見積り

現在の債務
- ✓ 法的債務
- ✓ 推定的債務

（例：土壌汚染が発生した場合，浄化活動を行う法的義務はないが，企業として浄化活動を行う方針を広く公表している場合，など）

可能性が高い
＝**50％超**

極めて稀な場合を除き，信頼性をもって見積もることができるとの前提

↓

引当金を認識

引当金の測定＝最善の見積り

単一の債務（例：裁判の結果）

最も起こり得ると見積もられる8億円で引当金を計上する。

	発生確率	見積額
勝訴	15%	－
和解	65%	8億円
敗訴	20%	15億円

母集団の大きい債務（例：製品保証）

期待値である1,850千円（＝1,000×93％×0＋1,000×5％×5千円＋1,000×2％×80千円）で引当金を計上する。

	発生確率 1,000個中	要修理額 ／個
欠陥なし	93%	－
軽微な欠陥	5%	5千円
重大な欠陥	2%	80千円

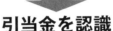

77

資産除去債務

将来の原状回復義務や資産の解体・除去義務は負債計上する

●資産除去債務とは

資産除去債務とは、機械や工場などの資産の取得および使用の結果発生する、資産の解体、除去、原状回復などに対する法的または推定的な債務をいいます。

●資産除去債務の会計処理

わが国では、資産除去債務に関する独立した会計基準が存在しますが、IFRSにおいては、資産除去債務は引当金の一種であり、76項で紹介したIAS第37号「引当金、偶発負債及び偶発資産」に従い、引当金の認識要件を満たしたときに、当該債務の決済に必要と思われる最善の見積りで計上します。

●どのような影響があるか？

IFRSにおいても日本基準においても、企業が将来、資産を解体・除去したり原状回復したりしなければならない義務を負っている場合には、負債を計上する必要があります。ただし、両基準における資産除去債務は、主に次の点で異なります。

① 資産除去債務の相手勘定

日本基準では、資産除去コストの全額を有形固定資産の取得原価に含めることとされています。これに対してIFRSでは、資産の取得時と棚卸資産の生産以外の目的で使用した結果発生する資産除去コストは、IAS第16号「有形固定資産」を適用し、有形固定資産の取得原価に含めますが、棚卸資産の生産目的で使用した結果発生する資産除去コストはIAS第2号「棚卸資産」に従い会計処理します。

② 時の経過に伴う割戻しによる調整額

資産除去債務は、時間価値を考慮するための割引計算を行うため、将来の支出額や支出時期、割引率など他の要素の見積りに変更がまったくなかったとしても、時の経過によりそれだけ割引期間が短くなることにより、債務金額の調整が発生します。IFRSでは、この調整額を支払利息として扱いますが、日本基準では減価償却と同じ区分に含めることとされています。

③　割引率

IFRSでは、貨幣の時間価値と当該負債（資産除去債務）に固有のリスクについての現在の市場評価を反映した税引前の割引率を用いることとされており、割引率の見直しが必要です。日本基準においては、将来キャッシュ・フローの見積り変更に伴い将来キャッシュ・フローが増加する場合に変更時点の割引率が適用されますが、通常、割引率は見直されません。

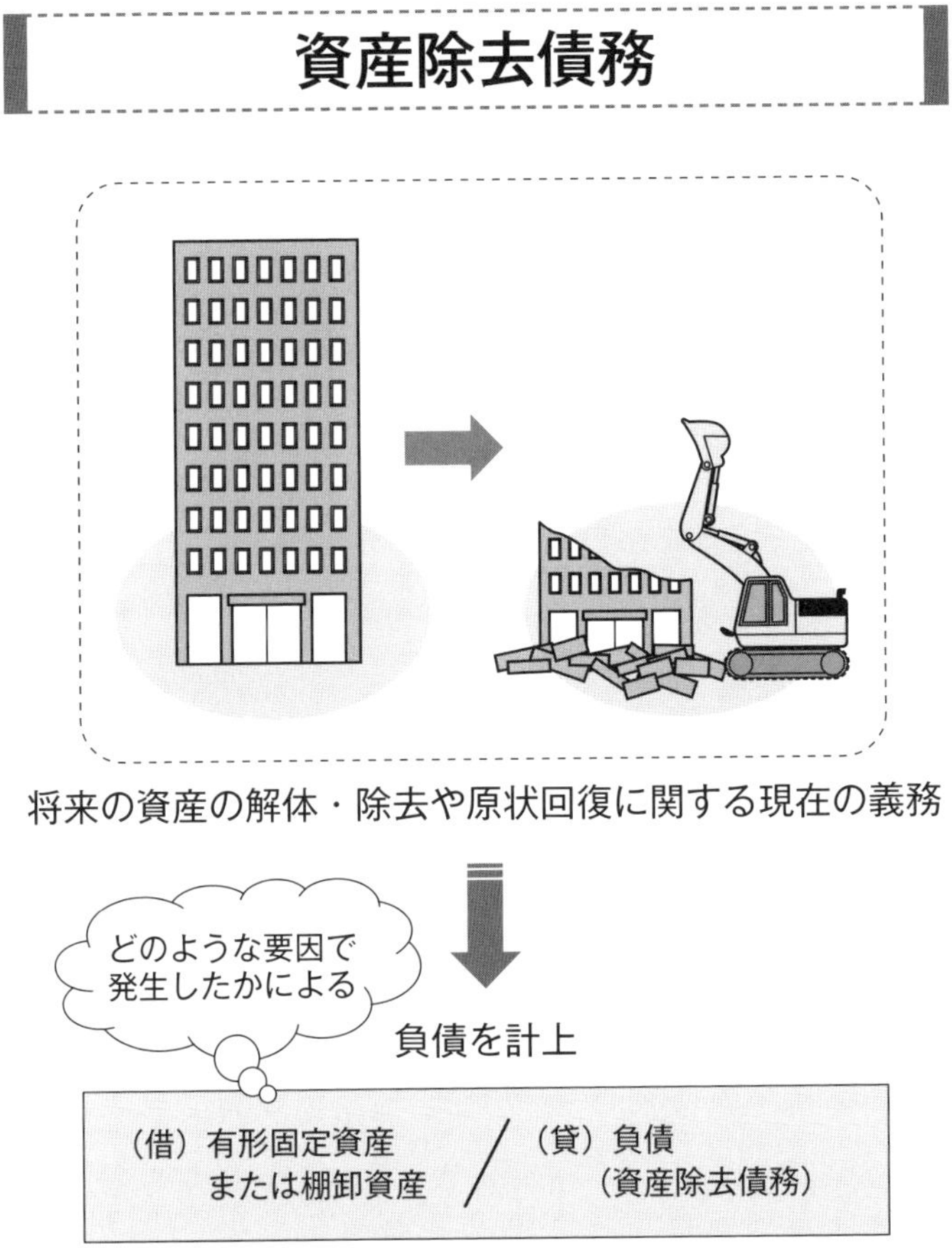

78 繰延税金

繰延税金資産の回収可能性はどのように考えればよいか

●税効果会計

税効果会計とは、企業会計上の資産・負債の額と課税所得計算上の資産・負債の額が相違する場合に、それらの相違にかかる法人税等の額を適切に期間配分することを目的とする会計上の手続のことをいいます。IFRSも日本基準も税効果会計を行うという点では同様です。しかし、両者の規定には、いくつかの差異が存在する（左ページ参照）ため、わが国の企業がIFRSに従って税効果会計を行う際には、注意が必要です。

●繰延税金資産の回収可能性の判断

日本基準では、企業会計基準適用指針第26号「繰延税金資産の回収可能性に関する適用指針」において、会社区分に応じた繰延税金資産の回収可能性についての取扱いが詳細に規定されています。例えば、会社区分によっては課税所得を見積もる期間が制限されますし、スケジューリング不能な一時差異に関する繰延税金資産は，原則として特定の会社区分に該当する会社でないと計上することはできないとされています。

これに対して、IFRSにはこのような詳細な規定はなく、回収可能性が高い範囲内で繰延税金資産を認識します。具体的には，十分な将来加算一時差異があるか、十分な課税所得を獲得できるか、およびタックス・プランニングは実行可能か等を考慮して、総合的に判断することになります（左ページも参照）。

なお、IFRSでは、将来の期に発生すると予想される将来減算一時差異から生じる課税所得は、回収可能性の評価に際して見積もる将来の課税所得には含めないこととされています。

●未実現損益の消去にかかる税効果

わが国では、未実現損益の消去にかかる税効果については、繰延法により売手の支払税金を繰延処理しますが、ＩＦＲＳでは、資産負債法により買手の資産の一時差異として、買手における適用税率を用いて税効果を認識します。

●繰延税金の表示

ＩＦＲＳでは、わが国のように繰延税金資産および負債を流動または非流動に分類することなく、すべて非流動に分類します。

繰延税金に関して，その他留意すべき事項の例

- 当初認識の例外規定
  IFRSでは，特定の状況においては、繰延税金資産および繰延税金負債の当初認識を行わないこととされている
- 評価性引当金
  IFRSでは繰延税金資産から評価性引当金を控除するという考え方をするのではなく，回収可能性がある範囲で繰延税金資産を認識する。
- 子会社，支店および関連会社に対する投資ならびに共同支配の取決めに対する持分にかかる繰延税金負債
  親会社や投資者等が一時差異を解消する時期をコントロールでき，かつ予測可能な期間に一時差異が解消しない可能性が高い場合は，繰延税金負債を認識しない。

繰延税金資産の回収可能性の判断

十分な将来加算一時差異はあるか

将来減算一時差異の解消が見込まれる期，または繰延税金資産により生じる税務上の欠損金の繰戻し・繰越しが可能な期に，十分な将来加算一時差異があるか

↓

十分な課税所得およびタックス・プランニングの実行可能性の検討

十分な将来加算一時差異がない場合，

- 将来減算一時差異の解消が見込まれる期，または繰延税金資産により生じる税務上の欠損金の繰戻し・繰越しが可能な期に，十分な課税所得を獲得できるか（将来の期に発生すると予想される将来減算一時差異より生じる課税所得は無視）
- 適切な期間に課税所得を発生させるタックス・プランニングの実行が可能か

79

借入コスト

特定の借入コストについて資産計上が強制される場合がある

●借入コストの取扱い

日本基準では借入コストは、不動産開発事業を行う場合で一定の要件を満たすものを除き、通常、一般の財務費用として発生時に費用処理されます。これに対してＩＦＲＳでは、特定の資産（これを「適格資産」といいます）の取得、建設または生産に直接起因する借入コストは、資産計上しなければなりません。借入コストの資産計上に関する規定は、「できる」規定ではなく、要件を満たす場合には資産計上「しなければならない」規定であることにご留意ください。

●適格資産とは

適格資産とは、企業が意図した使用や販売が可能となるまでに相当の期間が必要である資産をいいます。「相当の期間」がどの程度であるかについては、ＩＦＲＳには説明がありません。事実および状況を勘案して企業で決定する必要があると考えられます。通常、棚卸資産は適格資産の定義を満たさないことが多いと考えられますが、例えば製造に長期間を要するウィスキーのような棚卸資産については、適格資産の定義を満たす可能性があると考えられます。

●資産計上される借入コスト

適格資産の取得、建設または生産に直接起因する借入コストとは、もしも適格資産に関する支出がなかったとしたら避けられたであろう借入コストです。

企業が適格資産のために個別に資金を借り入れた場合には、当期中に当該借入金に関して発生した実際の借入コストが資産計上されるべき金額となります。ただし、当該借入金を一時的に投資したことにより得た利益がある場合は、その利益は借入コストから差し引きます。

適格資産のための個別借入れではなく、一般目的の借入金の一部を適格資産のために使用する場合は、その資産の購入等に要した支出に、一般目的の借入金残高に対応する借入コストの加重平均利子率を乗じることにより資産計上すべき借入コストを算定します。

●資産計上する期間

借入コストを資産化する期間は、資産を意図した使用または販売を可能にするために必要な活動が開始されてから終了するまでの期間です（左図参照）。途中で適格資産の活発な開発が中断している期間があれば、その期間中は借入コストの資産化も中断されます。

借入コストの資産化

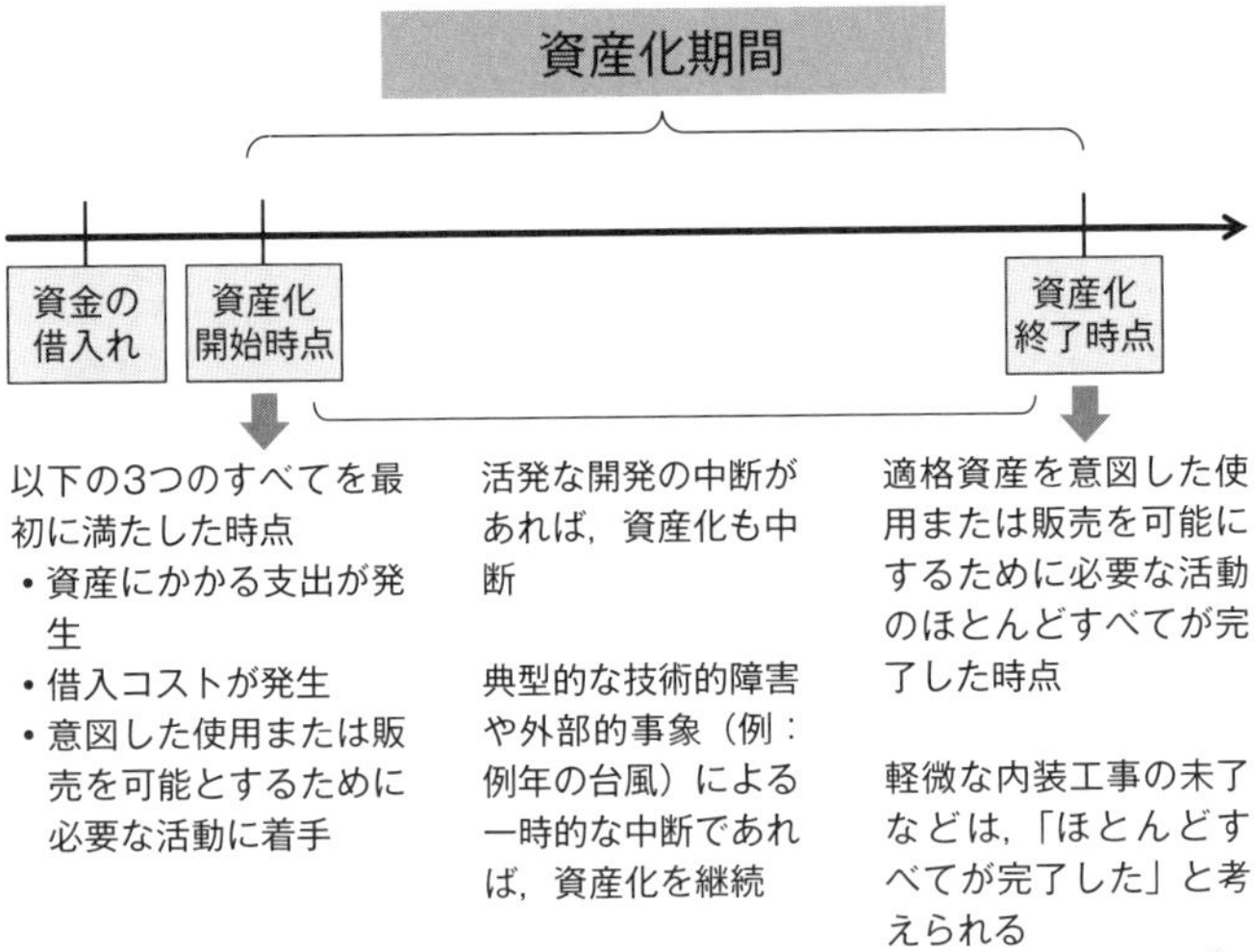

資産化期間
資金の借入れ
資産化開始時点
資産化終了時点
以下の3つのすべてを最初に満たした時点
・資産にかかる支出が発生
・借入コストが発生
・意図した使用または販売を可能とするために必要な活動に着手
活発な開発の中断があれば，資産化も中断
典型的な技術的障害や外部的事象（例：例年の台風）による一時的な中断であれば，資産化を継続
適格資産を意図した使用または販売を可能にするために必要な活動のほとんどすべてが完了した時点
軽微な内装工事の未了などは，「ほとんどすべてが完了した」と考えられる

【実務上の留意事項】
- 借入コストには，支払利息だけでなく，借入れを行う際に発生する手数料等も含まれるため，範囲について基準書で確認する
- 資産の使用または販売を可能にするための活動には，資産建設に関する認可の取得等を含む
- 自家建設の場合，適格資産の建設が終了し引渡しが終わった後に支払が行われることがある。この部分については，資産化開始に必要な要件のうちの「資産にかかる支出の発生」がないため，借入れを事前に行っていたとしても資産計上できない

80

機能通貨および表示通貨

記帳通貨は必ずしも現地通貨とは限らない

●機能通貨および表示通貨の概念

ＩＦＲＳで外貨換算を行う場合は、まず、企業の機能通貨を決定することが必要です。

機能通貨とは、企業が営業活動を行う主たる経済環境に関連する通貨です。例えば、アメリカに進出した子会社の機能通貨としては通常ドルが採用され、機能通貨と現地通貨が一致する場合が多いと考えられます。一方で、東南アジアに進出した子会社で、通常の営業活動で使用する通貨の大半がドルである場合には、機能通貨がドルとなることにより現地通貨と異なるケースも考えられるため、留意が必要です。この機能通貨は、財やサービスの販売価格、材料費および労務費等に与える影響を勘案して決定されます。

機能通貨とは別に、表示通貨という概念もあります。これは、財務諸表に表示される通貨のことです。一般に、日本企業の表示通貨は円となりますが、ＩＦＲＳ上は、任意の通貨を表示通貨とすることができます。

●機能通貨への換算方法

すべての外貨建取引（機能通貨以外の通貨による取引）は、機能通貨に換算して記帳します。例えば、機能通貨が円の企業が、1ドルで有形固定資産を購入し、購入日の為替レートが1ドル１００円であった場合、帳簿には１００円で記帳します。

外貨建取引の期末における換算方法は、換算対象の外貨建資産および負債が貨幣性項目であるか否かにより異なります（左ページ図表参照）。例えば、前述の例であれば、期末の為替レートが1ドル90円であったとしても、有形固定資産は非貨幣性項目であるため、期末の換算替えは行いません。一方、前述の例が有形固定資産ではなく売掛金などの貨幣性項目である場合には、資産を90円で換算し、当初計上額の１００円との差額の10円を損失として純損益に計上します。

●表示通貨への換算方法

企業グループ内で使用する機能通貨と表示通貨が異なる場合には表示通貨への換算が必要です。

表示通貨への換算方法は次のとおりです。資産および負債については決算日レートにより換算します。資本取引（例えば、増資、配当）については、関連する取引が行われた日の為替レートで換算し、換算替を実施しません。収益および費用については、取引日の為替レート（取引日の為替レートに近似する場合には、期中平均レート）により換算します。これらの換算の結果生じる為替差損益は、その他の包括利益に計上します。

外貨建取引の機能通貨への換算方法

①当初認識時における換算方法

外貨建取引は，取引日の為替レートで換算する。

②期末日における換算方法

売掛金，社債，年金以外の未払経費等

項目	決算時点での換算方法	為替差損益の処理方法
貨幣性項目	決算日レートで換算	純損益に計上
非貨幣性項目	①取得原価で評価されているもの 取引日の為替レートで換算	—
	②公正価値で再評価されているもの 公正価値が決定された日の為替レート	純損益に計上 ただし，非貨幣項目の利益および損失がその他の包括利益に計上される場合は，為替差損益もその他の包括利益に計上する※。

※　固定資産に対して，再評価モデルを採用する場合等が該当する。

有形固定資産，のれん，無形資産等

機能通貨および表示通貨

機能通貨	表示通貨
企業が営業活動を行う主たる通貨	財務諸表が表示される通貨

機能通貨決定の際に考慮する主な事項

①売上に関する通貨
- 財およびサービスにかかる販売価格に大きく影響を与える通貨
- ある特定国の競争力および規制により財およびサービスの販売価格を主に決定することになる場合の当該国の通貨

②コストに関する通貨
- 材料費や労務費等に主に影響を与える通貨

③財務活動により資金が調達される通貨
- 社債および株式の発行といった財務活動により資金が調達される通貨

④営業活動からの受取金額が通常，留保される通貨

81

在外営業活動体の換算

法的形式より実質判断により換算方法が決まる

●在外営業活動体の定義

在外営業活動体とは、その活動が、報告企業と異なる国または通貨に基盤を置いているかまたは行われている報告企業の子会社、関連会社、ジョイント・ベンチャーまたは支店をいいます。

ＩＦＲＳでは支店か子会社かという法的形式にかかわらず、まず、当該在外営業活動体の実質的な活動内容に着目したうえで、親会社や本店とは異なる機能通貨を採用すべきか否かを検討します。このように、ＩＦＲＳでは在外営業活動体の活動の実質に基づいて分析が必要であることから、親会社と子会社、および本店と在外支店では機能通貨が異なることも考えられます。親会社や本店の機能通貨が表示通貨となることが多いため、在外営業活動体が、親会社等と異なる機能通貨を採用する場合には、当該活動体の財務諸表を表示通貨に換算する必要があります。

●在外営業活動体の財務諸表の換算

在外営業活動体の財務諸表の親会社等表示通貨への換算方法は、基本的に79項の機能通貨から表示通貨への換算方法と同様です。すなわち、資産および負債は決算日の為替レートで換算、資本取引は関連する取引が行われた日の為替レートで換算（換算替なし）、費用および収益は各取引日の為替レート（または、取引日の為替レートに近似する場合は期中平均レート）で換算します。

日本基準においても、在外子会社の資産および負債は、ＩＦＲＳと同様、決算時の為替相場により円換算することとされています。しかし、収益および費用については、原則として期中平均相場により円換算とされているものの、決算時の為替相場で換算することも認められており、この点においてＩＦＲＳと異なっています。

ＩＦＲＳ上、表示通貨への換算過程で生じる為替差損益は、その他の包括利益に計上します。この為替差損益から生じるその他の包括利益は、在外事業体が処分され処分損益が認識された時に、その他の包括利益から純損益に振り替えます。この為替差損益から生じるその他の包括利益は、在外営業活動体が処分された場合には、左図のように処理する必要があります。

在外営業活動体の範囲

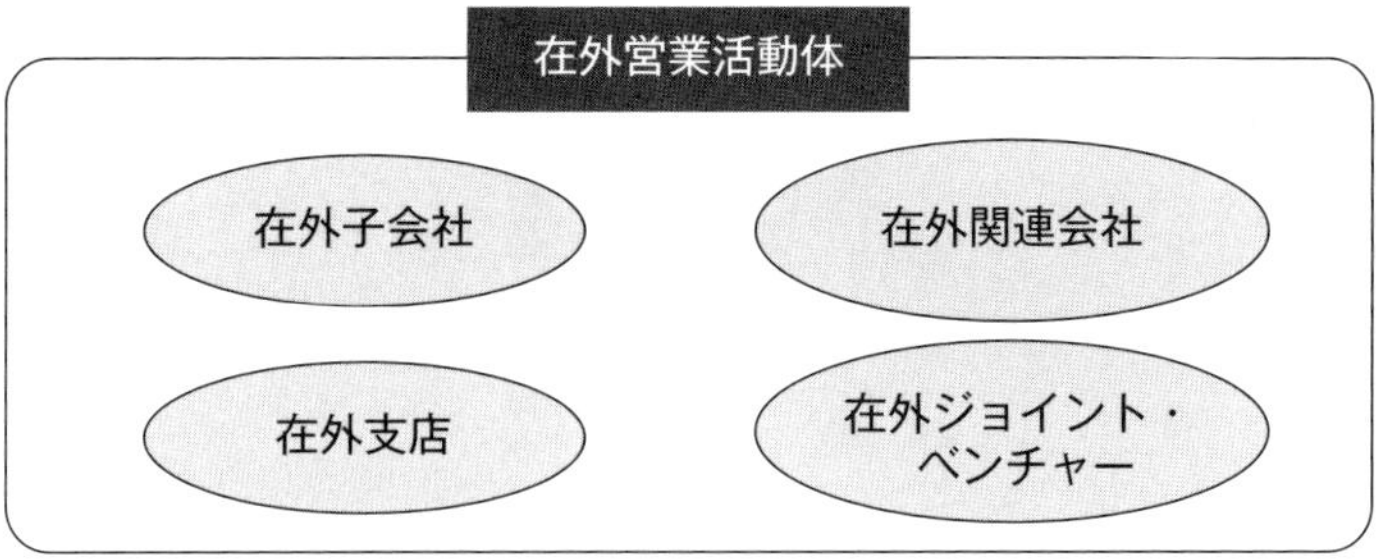

在外営業活動体の財務諸表の親会社等表示通貨への換算方法

	資産および負債	収益および費用	資本
為替レート	決算日レート	取引日レート または 期中平均レート	取引日レート
換算差額	その他の包括利益		

在外営業活動体の処分に関する会計処理

処分の種類	為替差損益の会計処理
以下のいずれかの場合 ・在外営業活動体に対する持分のすべてを処分した場合 ・部分的な処分により在外子会社に対する支配喪失した場合 ・部分的な処分により在外関連会社または共同支配企業に対する重要な影響力を喪失した場合	売却損益を認識するとともに，その他の包括利益として計上されていた為替差損益累計額も純損益に振り替える。
在外子会社に対する持分を処分したものの，その支配を喪失しなかった場合	その他包括利益として計上されていた為替差損益のうち，売却相当分について，非支配持分に振り替える。
上記以外の在外関連会社等の部分的な処分に該当する場合	その他の包括利益に認識した為替差損益のうちの比例的持分のみを純損益に振り替える。

82 外貨建有価証券の換算方法

子会社・関連会社株式以外はすべて決算日レートで換算

●外貨建有価証券の換算

　ＩＦＲＳ第9号によると、子会社および関連会社株式を除く有価証券は、純損益を通じて公正価値で測定する金融資産、償却原価で測定する金融資産、その他の包括利益を通じて公正価値で測定する金融資産に分類されますが、これらの外貨建有価証券はすべて期末日に決算日レートで換算します。ただし、為替差損益の処理としては、純損益に計上する場合とその他の包括利益に計上する場合があります。

　純損益を通じて公正価値で測定する金融資産、償却原価で測定する金融資産、およびその他の包括利益を通じて公正価値で測定する金融資産のうち債券のような貨幣性項目にかかる為替差損益は、いずれも純損益に計上されます。これに対して、その他の包括利益を通じて公正価値で測定する金融資産に分類される有価証券のうち株式のような非貨幣性項目にかかる為替差損益は、その評価差額と同様に、その他の包括利益に計上します。

●日本基準との比較

　ＩＦＲＳ上のその他の包括利益を通じて公正価値で測定する金融資産に近い概念である日本基準上の「その他有価証券」のうち外貨建債券に関して、期末時の為替換算差損益の処理について基準間に相違がみられます。つまり、ＩＦＲＳでは当該為替換算差損益の損益処理のみが認められているのに対し、日本基準ではその他有価証券評価差額金（その他の包括利益に相当）に計上することも認めています。

　また、日本基準上の「その他有価証券」のうち、外貨建非上場株式については、期末時に決算日レートで換算し、為替差損益をその他有価証券評価差額金に計上します。ＩＦＲＳでは、外貨建非上場株式の為替差損益は原則として純損益に計上しますが、企業が外貨建非上場株式にFVTPLオプションを適用する場合は、その為替差損益もその他の包括利益に計上することにより、両基準の会計処理は共通することとなります。

しかし、IFRSでは非上場株式を公正価値で評価するのに対し、日本基準では取得原価で評価するため、IFRS上の換算差額は公正価値に決算日レートを乗じた額を基礎に算出するのに対し、日本基準では取得原価に決算日レートを乗じた額を基礎に算出します。このため、結果として為替差損益の金額が両基準で異なります。

外貨建有価証券（子会社株式および関連会社株式を除く）の換算方法

- 純損益を通じて公正価値で測定する金融資産と償却原価で測定する金融資産の換算方法および為替差損益の会計処理は同一である。
- その他の包括利益を通じて公正価値で測定する金融資産は、それが貨幣性項目か非貨幣性項目かにより、為替差損益の会計処理が異なる。

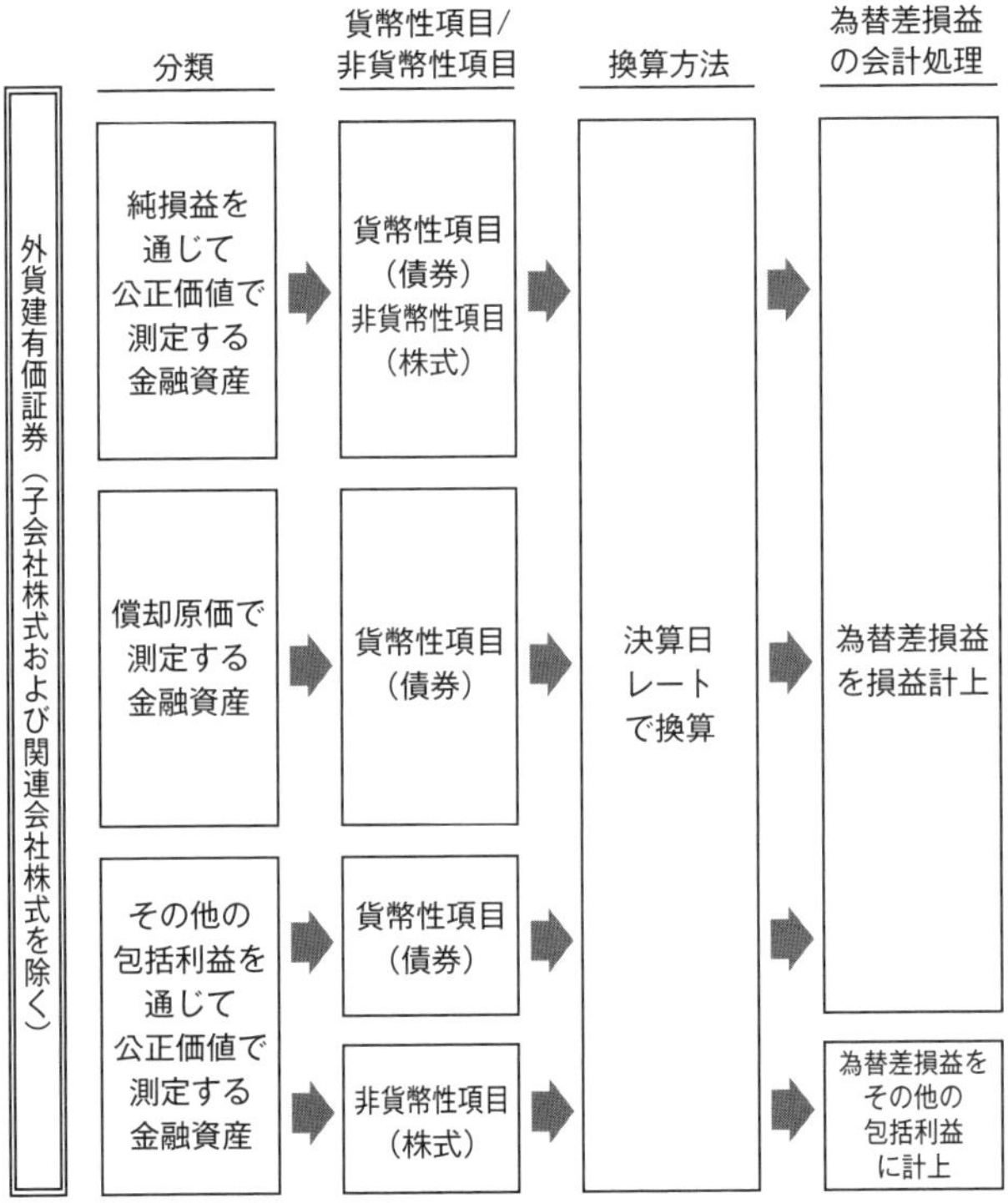

コラム

引当金の計上には，発想の転換が必要！

例えば，ある企業が保有するタイプの工場には，法令によりある種の排煙ろ過装置を取り付けることが義務づけられているとします。法令はすでに施行されていますが，この企業はまだ排煙ろ過装置を取り付けていません。この場合，この企業は将来取り付ける排煙ろ過装置について引当金を計上すべきでしょうか？

答えは「No」です。この例はIAS第37号の設例の１つを単純化したものです。確かにこの企業には法令により排煙ろ過装置を取り付ける義務があります。しかし，もしもこの企業が今，事業から撤退したり工場を手放したりしたとしたら，どうでしょうか。この企業はその時点で排煙ろ過装置を取り付けなくてもよくなるのです。つまり，この法令による義務は，企業の「将来の債務」であるものの，まだ「現在の債務」ではないのです（ただし，法令違反で罰金が課されるおそれがある場合は，それについて引当金の計上の要否を別途検討する必要があると考えられます)。企業が何らかの行為により法令上のまたは推定的な義務を避けることができる場合，その義務はまだ企業の「現在の債務」ではありません。IFRSでは，引当金の認識要件の１つとして，引当対象が「現在の債務」であることが求められます。そのため，たとえ発生の可能性が高く，かつ金額を信頼性をもって見積もることができる場合であっても，現在の債務がない場合には引当金は計上されません。この部分は，わが国の引当金の認識要件と異なる部分であるため，わが国の企業がIFRSを適用する際には，発想を転換して，まずはこの「現在の債務を有しているか？」という点を意識して検討することが重要です。

なお，現在，IASBは概念フレームワークのプロジェクトを進めており，その中で「負債」の定義についても検討中です。仮に，無条件の義務のみを負債とする（避けられるならば負債ではない）という考え方とは異なる考え方が導入され，それに沿った形での基準が設定される場合には，将来的には上記判断も異なってくる可能性がある点に，留意が必要です。

企業に「現在の債務」があるかどうか，必ずしも明らかではなく判断を要するケースもあると考えられます。また，見解が分かれるようなケースもあります。

「現在の債務」――。いろいろと考えていくと非常に奥深い論点であると思います。

《編者紹介》

有限責任 あずさ監査法人

有限責任 あずさ監査法人は，全国主要都市に約5,700名の人員を擁し，監査や各種証明業務をはじめ，財務関連アドバイザリーサービス，株式上場支援などを提供しています。金融，情報・通信・メディア，製造，官公庁など，業界特有のニーズに対応した専門性の高いサービスを提供する体制を有するとともに，4大国際会計事務所のひとつであるKPMGインターナショナルのメンバーファームとして，155ヵ国に拡がるネットワークを通じ，グローバルな視点からクライアントを支援しています。

IFRSアドバイザリー室

有限責任 あずさ監査法人のIFRSアドバイザリー室は，国際財務報告基準（IFRS）と日本基準との差異分析，IFRSの適用方法の研究や助言，書籍・雑誌への寄稿をはじめ，IFRSにもとづく財務諸表の監査やIFRS導入を支援するためのアドバイザリー・サービスに関する法人内外への様々な情報発信やバックオフィス機能を担っています。

また，ロンドンに本拠をおくKPMGのIFRG（International Financial Reporting Group）と連携しながら，IFRSに関する最新情報をいち早く提供しています。

すらすら図解
新・IFRSのしくみ

2013年10月25日　第1版第1刷発行
2014年9月25日　第1版第4刷発行
2015年5月1日　最新版第1刷発行
2016年6月10日　最新版第6刷発行
2016年11月30日　改訂改題第1刷発行
2017年5月25日　改訂改題第2刷発行

編　者　あずさ監査法人
IFRSアドバイザリー室
発行者　山　本　　継
発行所　㈱　中　央　経　済　社
発売元　㈱中央経済グループ
パ　ブ　リ　ッ　シ　ン　グ

〒101-0051　東京都千代田区神田神保町1-31-2
電話　03（3293）3371（編集代表）
03（3293）3381（営業代表）
http://www.chuokeizai.co.jp/
印刷／三　英　印　刷　㈱
製本／㈱　関　川　製　本　所

＊頁の「欠落」や「順序違い」などがありましたらお取り替えいたしますので発売元までご送付ください。（送料小社負担）

ISBN978-4-502-20791-4　C3034

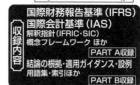